BLACK SWAN 黑天鹅图书

为 人 生 提 供 领 跑 世 界 的 力 量

BLACK SWAN

1997 年夏天和胡欢在一起

因为工作太忙，和孩子们在一起的时间很珍贵

1999 年 10 月 20 日，第一次登上杂志封面

▲ 3721 期间和外国专家在一起，图最右是海归刘千叶

▲ 360 登陆美股，纽交所上市

▲ 2011 年 3 月 30 日 360 成功登陆纽交所公开发行上市

2017 年中国互联网安全大会上，周鸿祎接受媒体采访时提出了“大安全”概念 ▶

颠覆者

周鸿祎自传

周鸿祎　范海涛◎著

北京联合出版公司
Beijing United Publishing Co.,Ltd.

目 录
contents

contents

前言

人生就是不断自我颠覆

这是一则反复出现的商业故事。

在《创新者的窘境》出版之前，哈佛大学教授克莱顿·克里斯坦森在《哈佛商业评论》英文版上发表过两篇文章，其中一篇叫作《颠覆性技术：抓住潮流》，这引起了当时如日中天的英特尔公司的重视。

英特尔 CEO 安迪·葛洛夫抓起电话，对电话那头的文章作者说："克里斯坦森，你飞到硅谷来吧，给我们讲讲你的这套研究对英特尔意味着什么。"克里斯坦森兴奋地穿越了东西海岸，如期到达了约定地点。

因为克里斯坦森的直率与坚持，他拒绝了葛洛夫只讲 10 分钟的无理要求，而是按照自己的进度讲了半个小时。他特别举了钢铁行业的例子，比如小型钢铁厂纽柯（Nucor）是如何颠覆钢筋和螺纹钢筋市场，逐步向高端延伸，并击败传统的钢铁业巨头的。葛洛夫立即明白了克里斯坦森的意思："我知道了，你的意思是我必须干掉 Cyrix 和 AMD！"

因为这次对话，英特尔在之后的一年输送了 18 个团队、2000 多人去哈佛听克里斯坦森的课程。1999 年，英特尔推出低版本的赛扬处理器，目的在于把竞争对手排除出去，避免新进者拥有颠覆式创新的机会。这个产品正是和克里斯坦森沟通后推出的低端产品。

葛洛夫的决定鼓舞克莱顿·克里斯坦森创作了《创新者的窘境》一书，书中提到一家公司决定搁置首创产品，这会扰乱正常业务运转，是任何公司都不愿意冒的风险。而葛洛夫在别人试图破坏英特尔的业务之前，自己先这么做了，从而捍卫了英特尔在市场上的尊严。

这样充满历史感的商业故事，总是让人感慨良多。

作为一个互联网的老兵，我是颠覆式创新的信徒，同时也是克里斯坦森的忠实读者。克里斯坦森所说的颠覆式创新，其实总结起来并不复杂。真正的颠覆式创新有两种：一种是从商业模式上进行创新，即把昂贵的变得便宜，把收费的变成免费；另一种是从体验上创新，即把复杂的变得简单，把笨重的变得便携。它们实际上都是从低端切入，创造一个新的、原来大企业看不上的市场，然后让很多低端用户涌进来，让很多原来不是用户的用户认识这个市场，然后慢慢地往上蚕食。

而对于一个已经有些用户的大型企业来说，颠覆式创新在某种程度上意味着公司对颠覆性技术有所预见，将资源配置给未来。但有时候这会造成企业自己和自己的现有业务相互冲突的情况，就像左右手互搏一样，而这是考验企业家是否果敢的时刻。这不仅仅要求你琢磨出一个稳定又创新的商业模式，还可能意味着企业要做出痛苦的收入牺牲，因为企业家要对现有的、已经盈利的业务做出大刀阔斧的削减，以便让位于新的战略。

这仿佛是对过去的自我否定。然而，如果不这样做，企业相当于把危险预留给了未来。

作为 360 的创始人，我亲身体验过那种“挥刀自宫”的艰难。2008 年，我和投资人沈南鹏在北京奥运会赛场观看跳水比赛。虽然身处赛场，但我还是无时无刻不在想着当时公司的战略改变。我已经思考了一段时间，希望把当时传统的计算机杀毒软件的收费商业模式变成免费的，这无异于对整个杀毒市场宣战。但是随着互联网的发展，我的直觉是互联网安全一定会变成每一个人都要面临的问题，如果安全成为一种基础服务，它就应该免费。还记得那天的跳水比赛很精彩，但我却一点也没有看进去，我第一次和沈南鹏交流着自己彻底把杀毒免费的想法，内心也逐渐走向坚定。再后来，众所周知，我终于将这个想法付诸实施。

当然我的代价是空前的。首先是在公司内部，我直接牺牲掉了每年 2 亿元的代理销售收入，要说服整个董事会并不容易。再者，我们不出意外地遭遇了杀毒厂商的围剿，也经历了各种口诛笔伐。最终，360 对整个安全行业进行了颠覆，也成为中国第一大互联网安全品牌，今天，我们也拥有了好几亿用户。

后来的故事大家都已经知道了，凭借着源源不断涌入的用户，360 最终研究出了新的模式，也让公司和广大用户都成了受益者。

在技术变革的时代，这样的故事其实已经层出不穷。微信颠覆了短信，乔布斯拿 iPod 为开端，最终颠覆了老牌手机巨头。后来者不断地超越上一代的传奇故事，过去不断发生，未来也将更加可期。而移动互联网和即将到来的人工智能时代，正在给新的颠覆式创新提供着更大的平台，这给整个商业社会带来了勃勃生机，也给创业勇士们铺陈着技术改变世界的道路。

我独爱颠覆者，也青睐有颠覆精神的年轻人。因此，我将我的自传命名为《颠覆者》，以向那些拥有颠覆精神的人致敬。

尤其是在今天的中国互联网环境里，敢于颠覆尤为可贵。众所周知，互联网企业开始向巨头聚拢，而巨头的体量也越来越大。这尤其需要笃定而且无畏的创新者。最近，人们清晰地看到“创业阶层固化”现象的出现，以至于一个行业内人士直接喊话，写出了《人民想念周鸿祎》这篇文章，他说：“只是觉得中国互联网过去两年越来越无趣了，挺好的创业者，最后都被环境塑造成风口上的骗子。没人说真话，没人敢说真话，不怀念你还能怀念谁。”而我知道，人们不是怀念我，只是怀念敢于说真话的挑战者，怀念真正具有颠覆精神的人。而没有炮火声的互联网，无疑是无聊的。

对于创业者的困惑，我想说，互联网创业者作为其中一个“马拉松选手”，不应该看到现在这几场比赛就觉得格局已定，阶层固化已成定局。总有一天，旧的格局会被打破，会有新入者打破原有的平衡。正如凯文·凯利所说：“巨头体量越来越大，在短时间内这是自然而有利的，但长期来看，还是会有一些边缘化的公司颠覆产业。”“颠覆性技术永远在发生，而且是从边缘性的地方出现。……这些颠覆性技术具有这些特点：质量低，高风险，利润低，市场小，未被证实的。没有人愿意进入。”

我相信，未来属于那些肯在没人注意的角落默默耕耘的创新者。

最后，我最想说的其实是，个人选择可以用颠覆性创新的理论，这里指的是个人对自我的超越和个人对阶层固化的突破。现在社会上有一种说法是出身决定论，社会的阶层已经固化，一个人的出身已经决定了他的未来。人们甚至用大数据的方式来预测一个人的基本情况：从一个人的出身预测他所受教育的大致水平，从一个人的教育水平判断他未来喜欢什么，从一个人的教育水平预测他未来的收入。多数人都不知不觉地被划分进了统计模型，在没有意外的情况下，和其他人一起过着大数据预测好的生活。

然而，我认为新的科技时代的来临，给年轻人创造了更多的突破阶层固化的机会。在互联网时代，这样的故事版本其实早就在连续不断地上演。在相对公平的技术平台里，年轻人不讲自己的家庭背景，无须争论自己的出身是好是坏，人们凭借谁的点子更好来争得用户，在意谁的产品更能赢得人心。在新技术平台之上，你无须拥有得天独厚的垄断资源就可以白手起家，凭借自己的真才实学对世界做出改善。

对于这一点，我的故事也许就有些代表性。和很多出身普通的孩子一样，我的父母都是国家事业单位最普通的职员，他们带着我在郑州市的一个大院里长大，我上的也是一所最普通的小学，可以说，我的起点毫无特别之处。但是，我的成长幸运地伴随着中国互联网的出生和成长，作为一个一心热爱计算机语言的年轻人，我的梦想很简单，就是做出一款好的软件和产品，造福使用计算机的人们。而互联网公平和开放的精神，最终成全成就了像我们这样一群拥有平淡无奇背景的普通人。这就是一种对自我设定的颠覆。

而实现自我颠覆的人都有一点共性。通过我的观察，最终能够实现这种颠覆的人，都有着强烈的“内在驱动力”和“使命感”，如同万维钢在《智识分子》这本书里写的那样：“内在动力才真正体现了一个人的自由意志，我之所以这么干不是因为谁刺激我，而纯粹是因为我就想这么干。对于这些人来说，工作已经不是简单上下班的事了，而是一项事业。他们做这件事情不需要外界的监督和激励，是自己要求自己非把这件事情做成不可。所以真正了不起的事业应该由使命感驱动。”

和我一起工作的员工都很年轻，他们有些很有冲劲，但是有些也为高不可攀的房价忧心忡忡，还有些为找不到自己的目标而感到迷茫。而面对后两类人时，我总是说，机会总是留给有准备的人，怨天尤人没有用，如果每天以应付的心态去工作就是在浪费生命。在这个行业，成功的人很多都是平头百姓。他们能够成功，说明只要你努力也有机会。哪怕你现在是在打工，也要考虑为自己学习一些东西，这客观上是为公司创造价值，也是为你自己积蓄巨大的潜能，因为学习到的本领是别人剥夺不走的。你可以一边学习，一边等待使命的召唤。

我鼓励今天的年轻人拥抱新的技术时代，也不断地进行自我超越，因为未来的平台无疑会更加开放和开源。虽然用大数据来看，你的性格和命运都已经注定，但是总有一些人可以从设定的剧本中跳脱出来获得自由。我一直欣赏的这位作者万维钢，曾经是美国大学物理系的一位研究员，在他的著作《智识分子》里，他总结列举了很多战胜家庭局限的人。他说——

所谓英雄，就是超越了阶层出身、超越了周边环境、超越了性格局限，拒绝按照任何设定好的程序行事，不能被大数据预测，能给世界带来惊喜、最不像机器人的人。

英雄，不是那些被大数据预测的俗人，他们，让这个世界变得有意思。

周鸿祎

360 新未来

开篇

沸腾二十年

2016年年末，一部由克林特·伊斯特伍德导演、汤姆·汉克斯主演的电影——《萨利机长》正在全国影院热映，这部电影根据真实事件改编而来。

2009年1月15日，全美航空1549号班机从纽约正常起飞，飞往北卡罗来纳州，一分半钟后，客机遭遇了加拿大雁群的撞击，随即，机舱里充满了东西烤焦的味道，飞机双侧发动机引擎失效。在这千钧一发的时刻，驾驶本次航班的机长萨利（人物原型真实姓名——切斯利·萨伦伯格）在短短208秒内，用冷静和专业做出一个惊人的决定——在确认飞机无法降落到附近机场后，他将这架载有150名乘客和5名机组人员的客机迫降到了纽约哈得孙河之上，飞机的机尾最先落入水面，然后整架飞机在河面上急速滑翔，最后，飞机停止，整个机身如同一艘大船漂浮在了河面之上，155人的性命得以保全。飞机迫降的整个过程极其惊险，而结果又让人非常欣慰。在如此危急的情况之下，这名沉着坚定的机长，创造了民航历史上的——“哈得孙河奇迹”。

这部影片让我心生感慨。

我是一个超级电影迷，家里的硬盘存有成千上万部电影，都是按照目录分好的。很多电影我观看多遍，也有很多电影让我着迷，但是没有哪一部电影比《萨利机长》更能让我联想到我所经历的二十多年的创业生涯。

我的成长几乎伴随了整个中国互联网的成长，从 20 世纪 90 年代中期大学毕业开始在校园里销售反病毒卡，再到离职北大方正后创立 3721，从与 CNNIC 的战斗到成为雅虎中国的总裁，从互联网第一口水战到“3Q”大战，从免费杀毒到 360 的商业化，一直到 360 成功在美国上市。这二十年当中有太多的故事可以分享，也有太多惊心动魄的时刻让人难忘。如同每一个还算成功的创业者一样，一路上我遇到的九死一生的事件从来没有少过。其中的艰难坎坷，很多不足为外人道也。虽然互联网创业者可能永远不会遇到像萨利机长一样的极端状况，但是我依然感觉它们冥冥之中有某种共通之处。

那共通之处就是——人们如何在没有前车之鉴的判例中进行决策，又如何在泰山压顶般的压力之下做出最优的判断。对于创业者来说，每一天都是压力测试。

从零到一，每个创业者在从无到有创立一家公司后，都要经受非人的考验，每一天都有形式不同的突发情况，大家都要经历那种面对突发情况的紧张、九死一生的惊险、迅速做出决策的逼仄、死而复生的恍惚。这所有的一切都如同本·霍洛维茨在《创业维艰》里描述的那样——解决这些难题，没有任何公式套路可用。

对于创业者来说，每一道难题都是新的。于是，创业者经常感觉到——“没有任何良方可以掌控错综复杂、变幻不定的局势，没有任何良方可以创建一家高新技术企业，没有任何良方可以带领一群人走出困境，没有任何良方可以制作出一系列热门金曲，没有任何良方可以助你成为全国橄榄球的四分卫，没有任何良方可以让你竞选上总统，也没有任何良方可以在你生意衰落之时激励你的团队。”

我完全理解本·霍洛维茨的观点，早就体会过那种每天在风口浪尖上行走的感觉。但是他说的这一切都指的是——每一次遇到问题，并没有现成的方案去解决企业成长中的困境。一切的一切，只能赤手空拳地去判断、去决策、去着手解决，有的时候甚至会面临一场豪赌。因此，企业家只能沉着冷静，再凭借一点点的运气，运用平时积累出来的商业上的专业方法，努力让风浪化险为夷，这是最考验创业者胆识的时刻。

对于我来说，我经历过的这种惊险时刻数不胜数，2001 年，我 31 岁，与号称有官方背景的机构 CNNIC 公然抗争，在中文域名领域杀出一条血路。公众就这样认识了一个“好战的周鸿祎”。2003 年，我 33 岁，以 1.2 亿美元变卖了自己创办的公司 3721，成为雅虎中国总经理，试图用雅虎的强势地位在搜索领域进行突围，却陷入了跨国公司在中国文化冲突与话语权之争的典型困境。2006 年，我 36 岁，因为痛恨到处横行的“流氓软件”，我从 360 抽调队伍进入查杀流氓软件的行列，终于在 2008 年“挥刀自宫”，进军免费杀毒业，从而颠覆了这个行业，成了一个“造反派”。

有人问：周鸿祎到底是裹足不前的网络安全行业的拯救者，还是摧毁二十年行业基础的破坏狂？再之后，绝无仅有的“3Q”大战波及了数亿网民，“二选一”的决策让互联网开放的精神第一次受到了考问，也让中国互联网经历了一次前所未有的反思。而在这次危机当中，我也最鲜明地感受到了那种绝处逢生的境地。

是的，在领导企业的过程中，很多时候都是看似没有良方，而很多时候都是摸着石头过河，每一次危机都不可能经过事先的测试，而每一次行动，都意味着无限的未知。这让我屡屡想起艾森豪威尔，在做出诺曼底登陆的决策之后，人人都将他视为历史的英雄。我们歌颂他在盟军出发之前的豪言壮语：

“你们马上就要踏上征程去进行一场伟大的圣战，为此我们已精心准备了数月。全世界的目光都注视着你们，各地热爱和平的人们的期望与祈祷伴随着你们。我对你们的勇敢、责任心和作战技巧充满了信心，我们迎接的只会是彻底的胜利。”

历史学家和军事专家都赞叹盟军在第二次世界大战中的这次行动是空前壮举，而谁也不知道，艾森豪威尔曾经也对行动的成功表示怀疑，他甚至提前草拟了一份行动失败的发言。

在多年的创业过程中，我和很多创业者一样，都经历过萨利机长的困境，经历过艾森豪威尔将军表面信心满满，其实内心犹豫恐惧的心态。我幸运地度过了一次又一次的危机与灾难，也以向死而生的心态进行过多次不得已或者不得不的抗争，我有时候被视为勇敢的异类，有时候被称为叛逆的极端，有时候被称颂为先行者，有时候被称呼为造反派。纵观二十多年的创业生涯，我时而冲锋陷阵，时而腹背受敌，用自己的身体力行体验着中国互联网的无限可能。

时至今日，我觉得一切对于我的定义都已经不重要了，重要的是，历史赋予了第一代互联网创业者的这种机会，这种通过最残酷的竞争在最公平的市场上进行角逐的机会，这种通过互联网连接全世界最鲜活血液的机会，这种以足够自信、相对公平的姿态参与全球数字经济角逐与竞争的机会。

因此，我乐于分享我的经历，分享二十年来中国互联网的成长带给创业者以及网民的故事，分享创业过程中，那些在没有套路可循却必须杀出一条血路的经历，分享那些在诚惶诚恐中杀敌制胜的瞬间，那些如同萨利机长一样勇敢沉着的状态。我相信，这种分享可以给更多的中国创业者一些勇气、一些启迪，我也愿意通过我的经历，让大家看到放手去搏的乐趣所在。

对于我来说，我更感谢这样的互联网环境，能容纳我这样一个“异类”的存在。众所周知，具有挑战、颠覆精神的人在中国当下的环境当中是很难生存的，有人说我有点偏执，过于迷恋技术，不太符合中国传统的一些价值观。也有人说老周不懂人情世故，离开了互联网肯定四处碰壁，多半成为一个一事无成的老愤青，最多也就是一个性格古怪的程序员。

但是一旦有了互联网，一切皆不同。这是一个可以容纳不同思想、不同创意的世界，这是一个可以“难得本色任天然”的地方。我们第一代互联网创业者生逢其时地赶上了计算机在中国的发展，赶上了互联网这个产业的出生，这也成就了那些正好出生于 20 世纪 70 年代，希望用新技术改变自己命运的人。

如同美国著名作家马尔科姆·格拉德威尔用数据的方式分析美国的顶尖互联网人才为什么会在现在脱颖而出时所说的那样——“1955 年前后正是计算机革命时期，出生太早，无法拥有个人电脑，而出生太晚，计算机革命的时机又被别人占去。因此，那些奇才异类得感谢机遇的眷顾。”而中国的第一代互联网创业者，除了感谢天赋，无疑也应该感谢历史给予的机遇。

纵观沸腾二十多年，这是中国互联网的胜利，也是开放精神的胜利。甚至有人说，互联网是改革开放的下半场。这里产生了更多的阳光财富和社会偶像，也是未来中国年轻人驰骋的战场，这种包容开放可以点石成金，可以让人们的性情尽情彰显。这是一个风起云涌、允许试错的年代，我也更渴望去探索下一个互联网高地。

在写作这本书的过程中，我回顾了自己年轻时伴随着计算机年代的成长，回顾了自己贫穷的程序员生涯，也回顾了很多场经典的商战，这里有不堪回首的往事，也有克敌制胜的成功；有毫无情面的争吵，也有无可奈何的妥协。这个过程也记录着中国互联网从草莽、无序、充满了灰色地带和原罪，走向规范、真实、强大的亦步亦趋的成长。同时，对于即将到来的人工智能时代，我也坚信，当更多的智能网络运行在软件之上，安全的需求将变得越发强烈。当人类科技文明发展得越来越强大，对于网络安全的需求也越来越高，而安全出身的 360，在人工智能时代，将大有可为。

在写这本书的过程中，我还回顾了很多商战帷幕渐渐展开又慢慢合上的过程。我很感慨，这就是互联网，是个外表娱乐、内里残酷的行业。它是哭着的喜剧，它是笑着的悲剧，是笑里藏刀，是血海深仇，是装疯卖傻，是撒泼卖萌。它兼具娱乐与血腥，它有侠客与英雄，它有巅峰和翻转，它有迟暮与重生。它有一切的人生如戏，它有所有的心脏骤停。它有生活里的每一幕剧情。

由于众多的故事体量庞大，因此我的故事不可能一次写完。这次回忆，是从我的童年一直写到 360 上市，对于 360 上市之后的众多更加精彩离奇的商战故事，将来将另成一书。相信那时候对于互联网后来发展过程中的诸多故事，将有更加坚实的定论。

它，是这个时代的史诗。

从未想过的私有化

在互联网时代，中国 .com 公司在美国上市曾经是一种潮流和肯定。而 360 就是有幸追碰上这种潮流和获得肯定的公司之一。我们在“3Q”大战启动前后开始了上市程序，其中的过程伴随着“3Q”大战的起落和升级，很多人惊讶于 360 在美国上市的速度之快，好像我们用四个月的时间就走完了整个流程。但实际上，如果知道赴美上市的具体要求，就明白这是根本不可能完成的任务。事实上，我们酝酿上市的过程远远超过了四个月。其中很多内情如同好莱坞大片一样惊心动魄，更多细节并不为人所知。

除了众所周知的“3Q”大战，360 在上市过程中遭遇了主承销商的临时变更、面临着没有美国对标公司与投资人解释商业模式的困难，中间还遇到了日本大地震、福岛核电站泄漏、 全球股市暴跌，这也让投行一度就是否继续上市程序感到迟疑。

幸运的是，虽然经历了千辛万苦，我们最终还是顺利登陆了纽交所。

五年来，360 在美国的资本市场学习到了很多，也获得了拓展业务的机会。在这期间，360 业绩一直稳步增长，股价一度冲破 100 美元。在美股上市的五年时间里，根据非美国会计准则下的统计数据显示，360 的净利润保持了 17 个季度的同比大幅增长。

鉴于上市过程的艰苦程度，即使最困难的时候我也从未想过退出，比如市场对我们的低估，比如曾经几次 360 遭遇做空机构香橼的恶意做空和攻击。虽然指责总是无中生有，报告让人啼笑皆非，但让人无奈的是，每一次美国做空机构都是在他们的白天发布报告，而我不得不在中国的半夜把员工叫起来开会应对。这样的剧情如此循环重复，实在让人睡眠不足。不过即便如此，我也从来没有想过退出。

但是，私有化这一天，还是来了。

到 2016 年 3 月 30 日，我们的私有化进程已经进行了大约一半，历时将近一年，取得了阶段性的胜利，我知道还有更艰苦的路程在前面等着我们。这一天，我在社交媒体上写下了这样一段话：

2011 年 3 月 30 日，也就是 5 年前的今天，是 360 登陆纽交所的日子。2016 年 3 月 30 日，今天上午，股东大会通过了投票结果，意味着 360 从美国退市又往前走了一步。我内心感慨万千，从公司创业初期、“3Q”大战、美国上市、美国退市，一切像过电影一样在脑海里一幕一幕闪过。Mark 一下今天这个特别的日子，继续向前！

为什么非要折腾？为什么要选择回来？这是很多人都好奇的问题。

其实，新一轮中国概念股（中概股）的回归潮从 2015 年就开始了。曾经，从 2011 年到 2013 年，中概股遭遇过一系列的造假丑闻和机构做空，导致了第一次退市大潮。而这一次的私有化潮，是中国 A 股市场的互联网企业受到高估值追捧的后果。很多国内互联网公司的高股价让人眼热，很多中概股私有化浪潮的一个重要因素是套利。当中国最好的一些科技公司在海外市场被严重低估时，资本有意愿把这些好的资产带回到 A 股市场，这是很自然的经济现象。

当 360 的回归也被外界猜测为是要套利时，我知道我们做出此举的原因远非短期利益。其实想一想，如果不是为了战略考虑，像我们这样一个体量略显庞大的公司从美国资本市场退出来，里面有很多难以想象的困难。我们需要说服投资人，四处借款融资，要得到很多政府机构的批准，要经过外汇管理的考验。这一系列的折腾绝不会比上市轻松简单，而在飞速发展的互联网时代，有几个公司能承受短期缺乏现金流的压力？我知道，私有化一旦启动，再艰难也必须完成。这如同在战场上，你的枪膛里只有一颗子弹，你需要一击而中。这就像我职业生涯里的又一场前途未卜的豪赌。

关于退不退市的决定，我和我的老搭档齐向东、CFO 姚珏曾经在办公室就很多方案讨论很多次，其中经历了数个小时的争辩，这里面的每一次的思考都费神耗力。

在最终决定回归之前，我们一直在思考以什么样的方式回归最好。我们内部有过很多不同的声音。曾经，我们希望只把一部分的安全业务拆分回来，还去找很多机构去交谈。但是最后我们发现，360 几乎所有的业务都和安全息息相关，做这个分拆实在很难。

而对于最终的决策者来说，最艰难的时刻就是拍板的时刻。

向左走还是向右走？这里潜伏着很大未知。做决定是一件让人左右为难的事情，也通常让人特别煎熬。毕竟最终的决策者必须为决策本身负责，成功了，一往无前；失败了，责任清晰。而在最终结果出现之前，谁也不知道我们是否能够顺利到达彼岸。

但出于对 360 新未来的战略考虑，我必须做出决定。我们必须看到更宏远的图景，而选择承受这种短期的压力。360 的回归，需要的是整体的撤回。

其中一个原因，是当今的互联网安全局势决定的。目前，互联网局势已经比以往更加严峻，就拿 2017 年 5 月 12 日爆发的勒索病毒来说，全球多个国家都遭受了勒索软件的攻击，受害者包括中国一些高校和英国多家医院。不法分子利用美国国家安全局网络武器库中泄露出的黑客工具——“永恒之蓝”攻击磁盘文件。很多电脑的图片、文档、视频、压缩包等各类资料只有支付赎金才能解密恢复。勒索病毒有时候会索要上万元人民币的赎金才会解密恢复。在短短一天多的时间里，“永恒之蓝”已经攻击了近百个国家的超过十万家企业和公共组织，其中包括 1600 家美国组织，11200 家俄罗斯组织。中国大陆被感染的组织遍布高校、火车站、自助终端、邮政、加油站、医院、政府办事终端等多个领域。英国多家医院的网络当天也受到攻击，有医院因此取消了手术，用救护车将病人紧急转往其他地方。这次袭击是一场波及整个世界的网络袭击的一部分。

可以想见，由于最近这几年斯诺登事件等的发酵、网络安全形势的严峻，国家已经把网络安全提到非常高的高度。显而易见，世界各国都一样，基础设施和网络安全软硬件都不能用其他国家的产品，安全是国家安全最重要的组成部分，这是国家的命脉所在。360 作为国内最大的安全公司，也必须和国家利益保持一致，尤其当 360 已经成长为国内安全领域的核心企业时，服务的很多机构都是政府机关、银行等机构，360 的身份问题解决应该是迟早的问题。

曾经，某个国家监管部门领导来找我聊天，提到国家对互联网安全有极大的担忧和期望,也希望360回归承担起构建网络安全核心技术能力的企业责任，成为维护国家安全的重要力量，这是我开始考虑私有化的起始点。

另外，即将到来的人工智能时代，使得整个社会都运转在互联网之上。在我从事软件行业的时候，很少有人知道软件是什么，电脑只是一个行业，电脑工程师只是一个职业。但是今天，无论是手机 App，还是智慧城市、电子政务、物联网（IOT），以及将来无人驾驶的汽车，很多东西都和软件息息相关。人们开始说，软件定义世界，一切皆可编程，万物均要互联。这确实代表了我们对未来世界的看法。但是，只要是软件，就会有漏洞，就会有被攻击的可能，恰恰就是这些软件漏洞，给我们的世界带来了极大的不安全。有一些小 bug 看起来非常无害，甚至不影响软件的正常操作运行，但这些漏洞一旦被犯罪分子和黑客利用，就可能带来毁灭性的后果。

根据统计，平均每 1000 行到 1500 行代码，就会存在一个漏洞。360 补天漏洞响应平台，累计发现了 20 万个漏洞，而现在，智能手机代码行数多达几千万，自动驾驶汽车更是高达几亿条，可以想象这些产品里有多少漏洞。而只要有漏洞，黑客攻击就是不可避免的，目前人类没有可以完全防范漏洞的可能。如果说过去的病毒只影响了电脑，那么未来的病毒可能会影响人类生活的方方面面。当公众服务都运行在互联网上，一旦系统遭遇攻击，后果是不堪设想的。

360 已经是中国最大的安全公司，拥有最先进的网络安全技术。如何应对这些挑战，将是我们巨大的挑战，同时这也是我们未来的机会。如何解决好这些安全的问题，将是我们工作的重中之重。在人工智能即将到来的时代，我们也会在安全这个领域做到极致。

除了宏观层面的战略思考之外，商业上的考虑当然也是重中之重。作为国内最大的个人安全公司，未来我们将进军企业级安全市场，这意味着我们必须从外资公司转变为内资公司。更重要的是，国家正在逐渐将军工安全对民间开放，这对 360 来说无疑是一个巨大的市场机遇。

私有化和退市——这是 360 新未来的使命所决定的，同时也再次奠定了 360 未来业务的基础——把安全做稳做牢。作为一家安全公司，我们掌握着安全大数据，也有最先进的非对称技术，无论将来把公司分拆成什么样子，这里面机会最大的，依然是 360 的起家之本——安全。

这就像我时常对员工做的一个比喻，360 的核心命脉是安全，我们再怎么把公司做成三级火箭，第一级火箭还是最重要的，是所有一切业务的基础。这是我们的品牌，如果这个做不好，其他的业务也就失去了根基。

对于回归 A 股市场，我们不是没有迟疑。最主要的原因是，我们对 A 股市场不了解，里面有很多野蛮人疯狂坐庄的传闻。我们担心规范的问题，也担心将来是否容易增资扩股。尽管回归过程有很多不确定性，但是最终我拍板决定——360 要变成一家内资企业，我们必须解决身份问题。

我坚信，不管前方的路多么崎岖不平，走得多么辛苦，只要方向正确，都比站在原地更接近幸福。

当然，最终的选择也和我内心的一个情结有关——我认为一个企业的存在不在于你股价有多高，因为股价再高，随着历史的推进，有一天也终会跌到零；也不在于企业有多少利润，这些东西都会随着时间的消逝而消逝。有的公司消失了，大家可能感觉无所谓，或者很快就有替代产品出现，大家不觉得缺这样一家公司，这样的企业真正存在的价值是没有的。我很欣赏一个理念：如果一家公司消失了，别人会为它感到难过。我希望我们能做一家让大家离不开的公司。

开弓没有回头箭。决定一旦做出，我们立刻开始了一波三折的退市和私有化的过程。事实证明，整个过程令人胆战心惊，一些困难我们有备而来，一些困难我们始料不及。

但是，我从未对此后悔。

作为一个决策者，做决定很多时候都要面临艰难的处境，但是决策必须当机立断，正如本·霍洛维茨在《创业维艰》里说的那样——那些看似微不足道的踌躇和犹豫，可能会造成致命的延误。我承担不起任何犹豫不决。

一波三折的私有化

2016年年末，还有一部非常棒的电影让人热血沸腾——《血战钢锯岭》，这是一部让人肾上腺素急速上升的战争片，也是我最喜欢的电影类型。这部电影讲的是第二次世界大战接近尾声，决定战局走向的冲绳岛战役的故事——成千上万的美国大兵被派往冲绳，等待他们的是敌军重兵防守、凶险异常的钢锯岭。

虽然战争的场面拍得老派热血，但是其实这是一部关于信仰的片子。戴斯蒙德·道斯出于童年和家庭的原因，在战场上始终不愿意拿起枪，甚至因此被送上了军事法庭。但是在枪林弹雨的战场上，戴斯蒙德凭借自己的信仰，挽救了几十条生命。

商场如战场，所有一切瞬息万变。而作为将领，如何带兵克敌制胜，如何坚持自己的信仰，如何随机应变，商场和战场确实有很多东西都是相通的。这次360私有化的过程步步喋血，其跌宕起伏的过程我不能细说，但是可以肯定的是，它的惊险程度已经超过了我们赴美上市的过程。而这个时候，坚持就成了我们的信仰。坚持，坚持，再坚持成了支持我们团队走下去的力量。

虽然有精忠报国的愿望，也对未来充满了希望，但是市场既不相信口号，也不相信眼泪，投资人不会为你的理想买单。资本都是逐利的，对国内的资本市场更是充满了期望。所有私有化的一切，都需要我们自己一点一点去完成。我们终究是一家市场化的企业，而完成这个过程，涉及特别复杂的流程。

对于私有化，虽然我们做好了充足的心理准备，但是过程让人胆战心惊。

做退市和私有化首先面临的就是要有一个完善的方案。有一些公司退市时股价很低，这样整个私有化的成本就很低。但是，我们的股价不低，算上溢价就更高了。我始终觉得，中国企业拿了美国投资者的钱，即使有一天你选择不玩了，也要给大家一个公平合理的价格，让投资过 360 的股东都不后悔。这是将心比心的决定。有人说，把公司股价做高不容易，但是做低很容易，有各种各样的方法。但是，我们从来没有想过这些歪门邪道，我们希望最终定一个合理的价格，让股东们都得到一个合理的回报。最后的定价是我拍板的，通过董事会的特别委员会订立的，而投资者有他们的律师和他们的财务顾问。整个谈判过程相当顺利。

但是，当我们给出合理的溢价，整个退市需要的资金已经达到了将近 100 亿美金。毫无疑问，这是一个天文数字。除了我们的自有资金，我们还需要找合作伙伴募集庞大数额的人民币资金。虽然数额庞大，但 360 毕竟是优质资产，也是投资者青睐的对象。因此，当时来找我们合作的各种机构络绎不绝。虽然希望争取份额的公司非常踊跃，但是在这个过程当中，突发事件频频出现。

正当我们和很多潜在的投资者谈判的时候，史无前例的股市熔断发生了，资本市场哀鸿遍野，投资人的信心遭遇了极大的动摇，合作伙伴内心惶惶。当股价不好的时候，有些参加私有化的财团和我说，能否压低退市的价格。而压低价格意味着要和股东重新谈判。我想，我们既然决心启动私有化，半路下不来是最可怕的，而时间一旦耽误，不知道后续会有什么剧情发生。因此，我坚持没有压价。

2016 年 3 月 30 日，私有化协议获得了股东的批准。4 月 26 日，360 私有化项目获得国家发改委通过，进入公示阶段。而接下来等待我们的是新一轮的换汇煎熬。

由于我们使用的外汇额度过于庞大，可能会给汇率造成一定的波动。因此，外管局要求 360 私有化财团提供证明，明确换汇资金不涉及资本外逃等违规行为，并要求分批换汇汇出。截至此时，360 的退市资金尚未完全交割，留在国内的大量资金需要进行换汇用于美国资本市场的交易。

确实，从国家汇率安全的角度来看，不能因为一家公司让汇率遭遇挑战。在此期间，我们也和外管局的高层进行了接触，对方坦率地说："国家安全当然是很重要的，你们想回来，我们也支持，也理解。但是，国家的汇率稳定和金融安全一样重要。不能因为你们一家公司，让整体的汇率有巨大幅度的波动。"

最后，我们坐下来一起想办法，希望最终在遵守国家规定的前提下，既不违反外汇政策，又可以让钱顺利出境购买公司。当然，其中的过程远比我描述的要煎熬得多。

在整个募资过程中，风雨飘摇的内容太多，连我这样经历过很多的人也显得有点犹豫。我曾经对姚珏说："像我这么坚韧不拔的人，可能都坚持不下来这个过程。"而姚珏却说："3Q 我们都挺过来了，这次再艰难也不会超过那次。"

经过一路的砥砺前行，在央行和外管局的鼎力支持之下，美国东部时间 2016 年 7 月 15 日，360 科技有限公司宣布私有化交易完成，公司股票将不再在美国纽交所公开交易。根据 2016 年 3 月 30 日特别董事会批准的相关交易条款，除创始人翻转股票以及异议股东股票外，360 全部已发行的普通股将以每股 51.33 美元（相当于每股美国存托股 77 美元）的价格被现金收购并注销。

现在回想起来，我们完成私有化的时间点是无比幸运的，其间我们也得到了国内各个机构的支持。短短几个月的时间，汇率的变动已经让私有化完成的成本剧增。如果任何一个环节出现问题，我们也许就会面临狂风巨浪一般的影响。比如，完成私有化的几个月后，我们发现人民币兑美元汇率一路从 6.5 增长到 6.9，如果私有化过程再拖上几个月，我们购买公司的人民币成本瞬间就要增加 40 亿元。这将会是一场多么可怕的噩梦。

如果对 360 的私有化做一个比喻，我觉得这个过程就像我们半夜在盘山公路高速狂奔，没有开灯。但是回头去看，幸亏我们没有开灯。如果知道路途如此惊险，也许在路途当中，我们早已吓得魂飞魄散。

在我们实行私有化的这一两年中，确实有很多人在密切观察 360 的动向。当中间我们尽量保持沉默时，很多人以为我们的私有化可能失败了。但是，我们其实只是在最困难的时刻咬紧牙关，尽量做到举重若轻。因为我相信将来网络安全一定会延伸到物理世界当中，其带来的万物互联必然是潜能无限的市场。这不是一笔简单的经济账，也不是简单地炒炒股票。这关乎我们的信仰，因此不能用短视的方法去衡量。

此时此刻，路途坎坷不坎坷已经不重要了，真正重要的是我们内心的那种坚持。正如一位影评人士对电影《血战钢锯岭》的评价一样：

真正的勇敢，并非骁勇善战，而是无论何时何地都不忘初心，坚守信仰，并秉持自己始终不会放弃的那份纯粹。

360 新未来

私有化完成后的某一天，一个来电号码反复地出现在我的手机上。由于那个时期给我推荐 A 股壳资源的人太多，我无力接听，所以我像以往一样，想都没想，把所有的来电都掐断了。

过了一会儿，手机发出哔的一声，一条短信来了——“周鸿祎，怎么不接电话，是不是现在有点大老板气派呀？”

后来我才知道，这次给我打电话的是一位证监会的领导。经过新浪财经高层一个领导的辗转联系，我才知道了这个消息，连忙把电话回了过去。

对方问：“怎么这么多人在炒作 360 概念股？这些炒作和 360 有没有关系？这种行为可是在扰乱市场啊。”

我听了之后哭笑不得，这个时候我才知道 360 已经成了“背锅侠”。

我连忙解释，这些概念股的炒作和 360 毫无关系，360 既没有参与，也没有推波助澜，任何人说 360 在借壳的消息，都是在造谣，或是在炒作。

360 私有化的成功，意味着本土公司的回归，预示着 360 新未来的到来。相对于未来的市值，我们更关心的是，360 未来的业务发展方向，以及这些方向如何与未来的人类科技发展方向融合。因此我们现在的重中之重不是别的，而是对于业务的重组和对未来的规划。

在这通电话之后，我召开了媒体发布会，一方面对外界宣布，我们从未有过借壳的意愿，也从未参与过任何 360 概念股的炒作；另一方面对外界宣布，我们目前所做的就是将 360 的业务结构理顺，将一艘大船变成一支舰队，将 TO B 和 TO C 的业务分开，以便让各个业务线更好地发挥自己的优势。尤其是对于 TO B 业务，未来将由老齐来领导，担任企业安全集团的董事长和 CEO，担起 360 最重要的责任之一。

对于未来，360 充满了信心，因为我们的着眼点是更远的未来。

人类社会经历过的 PC 互联网时代、移动互联网时代，以及现在所处的万物互联时代，技术发展和商业模式创新之间始终是相辅相成的关系。每当科技发展的红利被商业模式创新挖掘殆尽后，经济也随之步入寒冬，直到下一轮技术革命的出现，商业模式创新才能重新迸发生机。

虽然目前整个环境处于资本寒冬，商业模式类创业创新遇冷，但是我知道，在这样的背景下，能够逆势而上受人关注的，唯有人工智能领域。它之所以受到持续追捧，是因为其成为新时代的基础设施，像水、电、网络一样成为所有企业的必需，这一点已成为共识。而对于当下，如何将人工智能落地、商业化，如何适应人工智能将构建的新商业生态，尚有分歧。

现阶段移动互联网的商业模式创新已经挖光了 Web2.0 时代的技术红利，所有人都在寻找新技术，以期获得新的商业模式创新。人工智能技术无疑就是下一轮技术革命的焦点，假如未来的某一天，我们在这方面有了突破，那么新的商业模式也将涌现出来，带来一个甚至多个万亿级市场。

基于这样的战略方向，360 也在持续布局，从软件安全到硬件安全，从线上安全到线下安全。2013 年，360 进军智能硬件领域，陆续推出儿童手表、智能摄像机、行车记录仪、智能手机等一系列智能硬件产品。2015 年，360 还在人工智能、大数据、云计算尖端技术方面积极发力，目前已处于行业领先。今后，360 有望在车联网、智能家庭等生态场景中占据关键位置。在个人与企业网络安全业务稳步发展的情况下，360 的安全互联生态布局还将在社会安全与国家安全的范畴内发挥作用。

当然，我对人工智能的设想建立在泛安全的基础之上。这里所说的泛安全指两个方面：传统的线上安全和线下安全。线上安全处理的主要是大数据方面，线下安全则是人与智能硬件的交互。我们把信息传递给智能硬件之后，智能硬件要能理解我们的意图，同时要把它的信息反馈回来。

安全是基础，只有在安全的基础上，我们才有可能考虑舒适、便捷的人工智能式生活。所以，360 首先还是要利用 IOT 技术解决人们的家居安全和出行安全。对于做安全起家的 360 来说，人工智能是一个更适合的方向。

当 O2O 模式大行其道的时候，我们不为所动。但是，当人工智能的概念进入我视线的那一刻，我的第一个想法就是要抓住人工智能这次浪潮，并为之肝脑涂地，在所不惜。

在我们的世界中，科技已经如自然一样成为一股强大的力量，而我们将借助这种力量，乘风破浪。对于人工智能时代的来临，我愿意引述凯文·凯利在《必然》中描述的场景，因为我对此坚信不疑。

千年之后，当历史学家回溯过往时，会认为第三个千禧年的开端是一个古老的绝妙时代。在这个时代中，地球上的居民首次把自己与一种巨大的事物相连。未来，它的规模将会继续增加，但是如今，你我正生活在它刚刚苏醒的时刻。

未来的人们会羡慕我们，希望自己也能亲眼见证它的诞生。这些年里，人类开始用微小的智能让没有生气的事物变得活跃，把它们编织进云端机器智能这张大网中，并将数十亿心智与一个超级心智相连。

这个聚拢的过程将被当作这个星球上迄今为止发生的最重要的、最负责也是最令人惊叹的事件。

写完此篇，夜色已深。从出生到今天，我成长中的一幕一幕在脑海中浮现。我感叹于成长中科技的出现，让我们这一代人能够感受到科技最神奇的魅力。很多科技目前看依然是神话般的不可思议，但是它能否成为我们看得见、摸得着的现实呢？

作为一个生于 70 年代的人，我感谢这个沸腾时代。

生于 70 年代

第一章

生于 70 年代

我生于 20 世纪 70 年代，和那代人一样，我们基本都是被放养长大的。虽然物质生活还不怎么丰富，但是放养却给了我们那代人近乎奢侈的人身自由，没有互联网网瘾的绑架、没有电子游戏，我们的天性却在一种自然状态中得到了最大的释放。

从小我就算是一个非主流的儿童，有点像电影《看上去很美》里的主人公方枪枪，小小年纪就在自我意识与正统世界之间进行着一场轰轰烈烈的斗争。方枪枪使了吃奶的劲也得不到秩序社会里的几朵小红花，最终对他向往的世俗世界不屑一顾。现在看来，我也不是传统价值观的社会会青睐的孩子。“听话”这个评价，从来没有被用在我的身上。

小时候我留着平头，身体干瘦，经常穿着我妈用脚踏缝纫机做出来的布衬衫。现在看当时的照片，我的眼睛瞪得浑圆，懵懂又不服一切。印象中，我经常因为追跑打闹把同学的裤兜拉开了线而遭到老师的训斥，最后的结果通常是，我不得不拿着同学的衣服回家，让我妈用缝纫机重新缝好。

现在回想起小时候，一切如同一部怀旧电影：阳光洒落在郑州市测绘局家属院里，那正是我长大的地方，一群孩子正在嬉笑打闹，我们玩的是一些当时

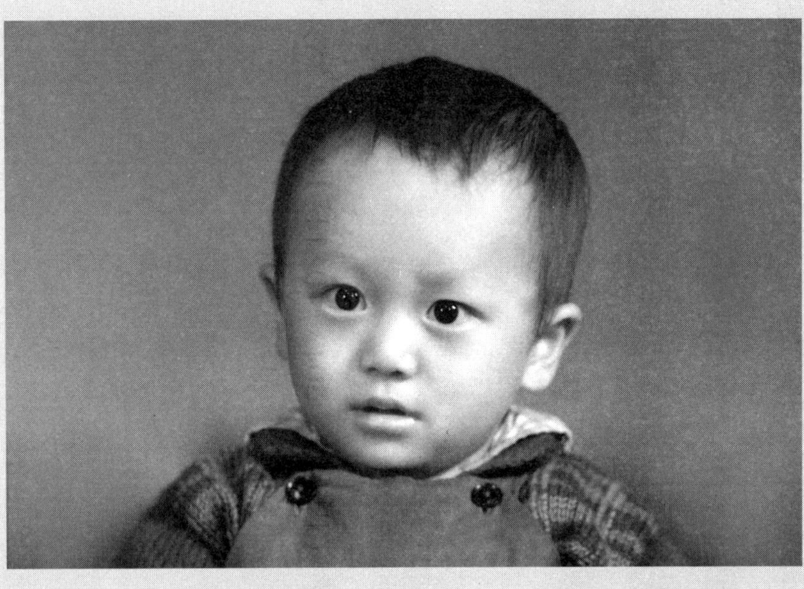

生于70年代

很大众的游戏——滚铁环、弹玻璃球、摔泥巴、叠纸飞机。因为我太瘦，所以没有成为孩子王的可能，而是成了跟在别人身后的“跟屁虫”。

小院的节日随着“爆米花人”的到来而到来。做爆米花的人总能引发我们的兴奋点。他一到，会把随身携带的风箱呼呼拉得巨响，然后，空中某个时刻忽然发出砰的一声爆炸声。这个时候，白花花的一团东西从黑色的风箱里稀里哗啦地倒进旁边的麻袋。白色泛黄的米花热气腾腾，一股腻腻的甜味就飘了出来。这个过程总是让我很开心。与其说是爆米花好吃，不如说是这一套流程颇具观赏性。因此，只要爆米花人一来到我们大院里，小孩儿们就纷纷管父母索要一个 5 分钱钢镚儿，人人端着一碗米等待着去爆破，这个场景蔚为壮观。

那时候，我们迷恋上了来自上海的产品。在我的印象当中，如果一件东西来自上海，就意味着新鲜和时尚，意味着一种让人心里痒痒的新奇感。我第一次知道泡泡糖这个东西，就是因为一个小朋友的家长从上海出差回来，带回来了这种神奇的糖。

那白色的糖片如同变魔术一样，放到嘴里嚼一嚼，就变得软软的，一会儿就能吹出一个大的泡泡。那泡泡通常会在空中膨胀一下，形成一个白色的圆球，然后啪的一声迅速炸开。对于我来说，这个过程简直太神奇了，大家也都感觉极其增长见识。为了把这种神奇的糖复制出来，大院儿里小朋友们的动手能力被激发了出来，纷纷开始研发泡泡糖的制作秘方，一时间，院子里好不热闹。最终，一个孩子把终极秘方研制了出来：先拿一个破搪瓷盆把一坨面放在水里，然后用手不停地揉洗，直到面被洗成了有弹性的面筋时，再在面筋里加一点白玉牙膏，泡泡糖就做好了。得到了真传，我回家将秘方如法炮制，试了试，面筋放在嘴里果然也是泡泡糖的味儿，而且还能吹出小小的泡泡。这个小发明，一时间在小院里竞相传颂。孩子们奔走相告，纷纷在院子里开展“洗面”活动，也没有人去争夺一下产品的专利权。

现在回想一下，孩子们的好奇心层出不穷，除了制作泡泡糖，小院里自行发起的发明创造其实源源不断，孩子们甚至自己复制出了一个露天电影院。

那个时候，大院里晚上总会放露天电影。每当到了夏天傍晚，大家早早地拿着小板凳来占一个位置，我们一边听着知了的声声嘶叫，一边等着电影开演。当时经常反复播放表现抗日战争、抗美援朝的电影，因此《地道战》看了很多遍。

也在那个时候，我看了人生中的第一部动画片，名字叫《渔童》。这些露天电影是当时的重要娱乐项目，也是我受到的最初的电影启蒙。在精神产品并不丰富的70年代，我在这些影片里接受了革命启蒙教育。很多当年的主旋律台词，我都烂熟于心。

露天影院是如何被小孩复制出来的呢？其实就是我们这些小孩用毛笔和墨水把玻璃片上涂抹上各种图案，然后再用手电筒进行照射，把光投射到大屏幕上。现在看，这其实就是一个简易的幻灯片。小伙伴用这些幻灯片编成故事，有人拿着手电筒，有人负责换玻璃，有人负责在旁边照看着，有人在旁边讲故事。就这样，大家玩得不亦乐乎，后来我们还讨论过要不要卖票，不过因为设备简陋、故事粗糙，问津者寥寥，最后只能不了了之了。

也许正是因为物质生活的匮乏，造就了当时小孩们一种普遍具备的动手能力，各种自制发明层出不穷。对于我来说，也许好奇心就是在那个时候培养出来的，喜欢自己创造的感觉每天都在生长。我喜欢各种各样的收集：纺织厂里的小铁片、院子里捡来的剩木头、大家丢剩下的冰棍棍儿、各种各样的玻璃糖纸。而慢慢翻看夹在书页里的糖纸，成了当时的一种享受。随着我收集东西的增多，我逐渐成了一个喜欢因陋就简，自己动手做简易玩具的孩子。

我可以用缝纫机将剩下的木头线轴、橡皮筋和一团蜡做成小车。做法是：我在木头线轴上抹上蜡，然后再用橡皮筋缠到线轴上，然后轻轻一松，小车就自动地向前慢慢滚动了。因为蜡可以给小车提供摩擦力，所以小车不会滑动得很快。另外，我还会用铁丝自己做弹弓枪，然后用废纸揉成纸团做成子弹打来打去。

从做这些小玩具开始，我动手能力的基础在无形当中被奠定了。在制作玩具中，我找到了无穷的乐趣。到了后来，这种动手能力逐渐升级，再长大一点，我可以自己改造无线电，还可以改造双卡录音机。上了中学之后，我爱上了组装和拆卸，经常邮购各种零件自己去组装和拆卸，家里散落着各种零件。当然，长大之后我就开始玩计算机了，有一段时间还帮着别人攒电脑。我对动手这类事情从来没有发过憷，这和我童年时就开始利用各种天然废料做手工不无关系。

童年时，我的行动没有受到约束，想象力也没有任何限制，也许正是从那个时候开始，一段充满好奇的旅程就悄然无息地开始了。

革命氛围之下的启蒙教育

我是 1970 年 10 月 4 日在河南出生的，父母都是普通的国家机关干部。

我的父亲叫周学斌，他年轻时的梦想是当一名飞行员。但是，因为我爸爸的一个姐姐，也就是我的一个姑姑，1949 年跟丈夫去台湾定居，造成了我父亲的背景里存在一段“海外关系”。就是因为这样一个“污点”，他在 17 岁时没有通过招飞政审，飞行员之梦就此草草终结了。从此之后，我的父亲就变成了一个谨小慎微的人，也许正是因为这个，他在日后变成了一个保守严厉的父亲。

高考过后，他成了武汉测绘学院的一名大学生，专业是航空摄影和测量。填志愿时，他以为那个专业是学习怎么在飞机上拍摄图片，然后画出测绘图的，这样一来，学校还是得先教开飞机。谁知道，武汉测绘学院的校园里既没有机场，也没有飞机。整个大学期间，他只亲眼见过两次真飞机，喷洒农药的那种。据说飞机上噪声特别大，味道很刺鼻，在飞机上待一会儿，他的头已经晕得要炸掉了。

大四最后一年，武汉测绘学院的校园里开始闹“文革”，到处上演着武斗、侮辱教授的场景，我的父亲并没有参与到这场轰轰烈烈的运动当中。和那时激

儿时和爸爸在一起

进的青年们相比，他选择了在长江里学习游泳，一个月后竟然可以自己横渡长江了。这样的选择让他可以顺利从大学毕业。毕业后，他被分配到了河南驻马店测绘队。一年之后，他与武汉测绘学院中专部毕业、同样被分配到驻马店测绘队的我的母亲胡少先相遇。

对于频繁经历政治风波的我父亲，他对我的成长要求格外简单。他只要我们好好学习，做一个成绩好、不惹麻烦的孩子就行。他深知成绩是改变命运的出路，因此对我的教育问题十分重视，我很早就开始读书识字了。

那个年代不仅物质稀缺，精神产品也不丰富，但是我从小就开始认字了。作为 70 年代生人，我认字的方式都和现在不太一样。和利用手边的废物制作手工一样，我认字也是就地取材。各种革命大字报是我的识字卡，“文革”标语和刷在高墙上的各类口号成了我的教科书，我最先认识的字都很“革命”。

“四个伟大”“抓革命、促生产”“深挖洞、广积粮”——很多标语用宋体写成，标准规范。当时我爸的一项日常功课就是用自行车带着我去买菜，然后路过标语时对着这些字教我逐一朗读。凡是墙上有不会的字，我就要追问怎么读，我爸告诉我一遍，我就跟着大声念一遍。等买菜回来的时候，我已经熟练掌握这些字了，不但可以把这些标语正着读一遍，还可以倒着念了。于是，“粮积广，洞挖深”经常是我发神经时对着天空喊出的六个字，听着莫名其妙的音节，我自己也被自己逗乐了。

1976年“文革”刚刚结束，打倒了“四人帮”，印象中当时人们都在上街游行，大家踩着高跷，扭着秧歌，非常欢乐。《毛泽东选集·第五卷》发行的时候，人人都拿着一本书的模型去街上游行。从那个时候开始，街上、墙上的标语也逐渐多了起来，我的识字卡也开始无处不在了。我的启蒙教育就是这样在革命的氛围中不经意完成的。

虽然父母对我的期待之一——努力学习这一条我完成得不错，但是在养育一个省心的孩子方面，我似乎从来没有让大人得到过满足。从小我就是一个麻烦制造者，很少消停。

我经常会捅出让家长不高兴的娄子，偶尔会因此遭遇一顿打。那个时候年纪太小，没有政治敏锐性，有时我犯的错误让家长大惊失色。记得毛主席去世的那一年，我妈在家里扎花圈，我搞不懂为什么突然每个人都要阴沉着脸，还

小时候的理想是当解放军

哭。我才不管那一套，四处摸摸，到处看看，觉得花圈里的小白花特别好看，就偷偷地摘下来几朵自己拿着玩，后来我妈发现了如临大敌，赶紧把我揉搓的那几朵小白花烧掉了。

这种闯祸模式后来延续到了我的学校生活。如前面所说，我经常在课间和小朋友追跑打闹，有的时候抓烂了同学的衣服，老师就让我把弄坏的衣服拿回家，让我妈妈缝补好。这个时候，我妈妈不但要给全家做衣服，还得加班给我的“客户”补衣服，工作量瞬间加大很多，这经常触动我爸的“龙颜”。

有一次，我作文比赛得了个奖——一个灰色的小书包。等我斜挎小包，器宇轩昂地跨进家门时，爸妈的脸上没有丝毫高兴，而是一种风云突变的感觉——原来，他们以为我又抓烂了谁的书包拿回家修补。这已经成了一种条件反射。

我就是这样慢慢长大的。我之所特别欣赏那部完全用儿童视角制作的电影——《看上去很美》，是因为它把儿童世界里的新奇、无奈、搞笑和懵懂全部拍出来了。导演对方枪枪这种从来得不到小红花的孩子充满了同情和关怀，也让我这种非主流儿童心有戚戚焉。

90 年代，我回到家乡重新看自己儿时居住的地方，发现原来印象中大院的房子竟然是那么低矮、陈旧。但是，这里竟然发生过这么多有意思的事情，它承载了 70 年代生人独特的记忆。

在好孩子与熊孩子之间

第二章

搬到郑州

拿着玩具枪打来打去的年代过去了，我到了上学的年纪。我刚开始上的是一所大院里的子弟小学。这个小学只有一个女老师，一个年轻的知识青年包揽了所有的科目。不但教语文、数学这样的主课，连音乐、美术、体育这样的科目也包圆了。这怎么可能教得好呢？上了一年学，我感觉一切太简单，就跳到三年级，但是我的父母开始意识到这样的教学方式只能是“毁人不倦”。

就在这个时候，爸妈的工作终于也迎来了调动的契机。20 世纪 70 年代国家测绘局一度撤销，所有工作人员都解散了。父母从测绘队分别去了建筑公司和制药厂当工人。到了 1973 年，国务院下文恢复了测绘局，但是各个省建立测绘局一直等到了 1976 年。等到各省恢复建局后，我父母也调动到了位于郑州市的河南省测绘局，干回了测绘老本行。随着父母工作的调动，我们一家人也因此搬到郑州市生活，我也顺其自然地转到了郑州上小学。

测绘局就在郑州市黄河路 8 号，我家在测绘局的家属院，我便就近上了与家属院一街之隔的黄河路第三小学。这所学校在郑州市金水区的黄河路以北，红旗路和政六街的交界口。1977 年，这是一所普普通通的小学，直到今天，它仍拥有一个既不张扬也不高调的门口，如果稍不注意，很容易因为和当街的各类超市、小餐馆混淆而错过。学校门口的上空，几截黑色的电线拦截在空中，分割了人们的视线。

70年代黄河路以北就是一片广阔麦地。一到夏天，麦浪翻滚，蚊虫很多。它们大批量地藏匿在讲台下方。老师一上台，蚊子们就开始群体出动，然后疯狂地兴风作浪，这经常对教学造成很大的困扰，也把我叮得浑身是包。学校是一座二层小楼，基础设施一直不好，晚上只有一楼有灯。到了五年级，教学楼的二楼才装上电灯。

我本来在驻马店的小学跳级到了三年级，因此也去参加黄河路三小三年级的考试。所有的考试都过了，但是老师看我个子太小，身材瘦弱，怕我在三年级跟不上，坚持让我从二年级开始上。本来我在驻马店是跳级生，现在要被迫蹲回一级，这个决定让我很不高兴。那一天，当我的老师和我的爸爸在讨论把我放在二年级哪个班时，我抗议般吐出了三个字——我、都、会。我的老师和爸爸看了一下我，觉得这小孩真好玩，便一起哈哈大笑。一个小孩的心事就这样被笑声淹没了。不服的情绪，成了小学生活开始的记忆。

就这样，我在郑州的小学生活正式开始了。我爸低调谨慎、远离是非的性格完全没有遗传给我。我过剩的精力无处挥洒，顽皮的性子自此发扬光大。我成了一个调皮捣蛋的异类分子，自由散漫的我成了老师的心腹大患。搁在今天，我可能会被定义成一个标准的熊孩子。

上课说话、做小动作不在话下；被老师点名字、叫到教室前面罚站成了家常便饭。有时候我被拎起来罚站，我不但没有变得安分，反而站在教室前面面对全班同学做鬼脸，继续表演。教室不但没有安静下来，同学们还被我逗得哈哈大笑。课堂秩序彻底乱了。老师连课也上不下去，只好把我拉到办公室，给我一本练习册让我全部做完。

这个老师有一个习惯，就是经常看谁不顺眼，就把粉笔丢过去，因此各色的粉笔头经常在教室里乱飞。我不但被粉笔砸，还经常被尺子打。有一次，老师把我的头打出了一个大包，我气不过，就开始画漫画丑化他。我画画其实一直还不错，虽然没有接受过专业训练，但兴趣浓厚，属于无师自通型的。我利用一点小天赋把老师画成猪头的样子，栩栩如生，然后把本子传给全班同学，同学们被逗得前仰后合，笑声不止。不过第二天就有人把这事告诉了老师，直

小学时期的全家福

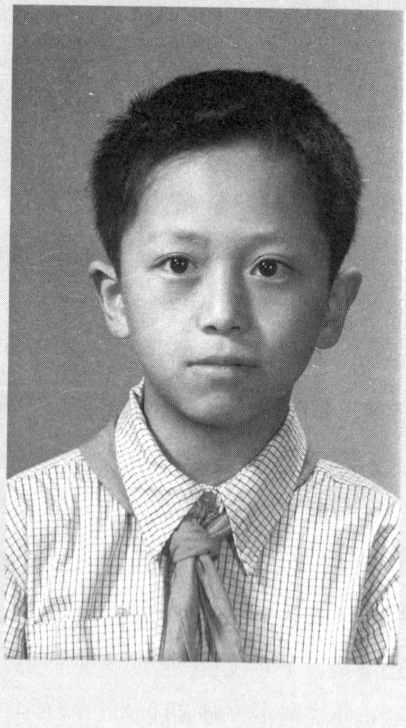

小学时期

接导致老师怒吼：“周鸿祎，我要把你赶出少先队！”我觉得好委屈，这事儿不应该是同学之间取笑老师的秘密吗？大家应该心照不宣地保守这个秘密，怎么马上就有人告老师了呢？我后来发现自己从小就不是一个八面玲珑的人，不知道怎么讨好老师和领导。

老师看过了猪头画，不但怒吼，还用教鞭打了我的头。这种体罚让我非常不服气。于是，我等同学都放学回家后，重新翻入了校园。我走进教室，把教鞭掰成了两截，再用胶水马马虎虎地粘了一下。这让教鞭的外表看上去和以前没什么两样，只不过已经变得非常脆弱。等我完成了这一切，再从校园的墙头翻了出去。果不其然，第二天，老师再用教鞭的时候，稍微在空中一用力，教鞭就突然在空中解体了。教室里又是一片炸锅似的笑声。我到今天也不知道，我骨子里那藐视权威的劲头是从何而来，完全不输今天的“90后”。

小学五年级，我们班换了一个真正纵容另类孩子的老师，她叫王芙蓉。她个子不高，脸很圆，很年轻。在我的印象中，她的普通话格外标准，声音又脆又清晰。另外，她的态度比较温柔，完全不是对学生那一套霸道蛮横的作风，无论对“学霸”还是“学渣”，王芙蓉老师都一视同仁。她没有怒吼，只有宽容以待。这让我完全放下了对抗，第一次走上了和这个教育体制握手言和的道路。

我印象最深的一件事情就是画画。上小学五年级时，我依然是每节课只能集中精力 20 分钟听课，之后的 25 分钟基本都在走神当中度过。后来，我穷极无聊，开始在作业本上画画打发时间。我从小虽然没有受到美术方面的专业训练，但是特别喜欢画。小时候，父母看我哭闹不停，终极解决方案基本上就是递给我一本本子、一支笔让我画画，这能让我彻底安静下来。上五年级时，我坐在教室前排，上课一半的时间都是在本子上画画，这让王芙蓉老师尽收眼底。

下了课，我没有遭到怒斥，也没有受到气急败坏的指责。相反，我得到的是朋友般的询问。王老师用清脆的普通话问我：“周鸿祎，你在画什么？”我说：“我在画马。”王老师饶有兴趣地拿起我的画本一边看一边点评：“没有想到，你画得还真不错。”她甚至还问我能不能就这样连着画出 100 匹小马，后来我真的画了。

知道我喜欢画画后，王芙蓉老师把这事记在了心里。有一天，她把我喊到办公室去观赏她自己的作品。我记得那是一个扇面，上面是毛笔画的梅兰竹菊，旁边还有王老师用毛笔题的字。“你看我画得怎么样？”王老师竟然邀请我来品评她的作品。我抓住扇子不肯放下，说：“王老师，原来你也喜欢画画呀！”

师生之间，因为交换作品这件事，变得格外亲密。

我的学习成绩其实一直不错，但是课堂表现一直好似“学渣”，直到遇到宽容大度的王老师，我才感到暂时摆脱了阴影。王芙蓉老师当时教数学，我就暗下决心一定学好数学。在我爸的帮助下，我当时对数学应用题分类学习得极好，和差问题、和倍问题、归总问题，我都烂熟于心，每次解题都解得飞快。想一想，那是一个没有快乐教学理念的年代，但是王芙蓉老师的宽容，没有压制我的另类个性，也没助长我的叛逆。

那时打下的良好的数学基础，暗暗奠定了我对计算机的兴趣。

爱上阅读

虽然我的课堂表现经常透露出一股“学渣”气质，引发老师的怒吼，也让家长气急败坏，但是我的学习成绩始终不错。慢慢地我发现，学校的功课对于我来说，只花去我三分之一的精力，吃不饱的感觉有点强烈。

从认大字报开始，我的阅读能力得到了飞速提高。后来我爸又教会了我查字典，这让我的阅读能力如虎添翼。很快，我对阅读产生了浓厚的兴趣。但是那个年代没有什么儿童读物，我只能把大人的书从书架上取下来读。因此，小小年纪，我读的是《林海雪原》《敌后武工队》这种革命书籍，心里装的都是杨子荣智取威虎山的故事。除此之外，《水浒传》《三国演义》《西游记》我也读得昏天黑地。那个时候我年纪太小，不是每个字都能认识，但是我太好奇书里的内容，就连蒙带猜地去读，也能把意思猜个八九不离十。这无意中练就了我“快速阅读”的童子功。

小学三年级，那爱扔粉笔头的老师在班上读了几则成语故事。我觉得这些故事太有意思了，回家就让父母给我买几本成语故事书反复读。小的时候，记住了故事，忘记了道理。而事到如今，反而是故事里的道理不断地在脑海里跳进跳出。我至今有时依然拿寓言故事给创业者讲道理：很多人创业一次成功了，但是第二次不管三七二十一还是按照原来的方法来，这不就是守株待兔吗？有的人创业的大方向不对，还说自己有很多钱，要接着往里砸，这不就是典型的南辕北辙吗？

小学三、四年级时，我的美术老师很喜欢我，让我做她的小帮手。有一天，她给了我一份工作——让我到学校的图书室整理图书。这简直是喜从天降。我第一次有机会接触各种从国外翻译而来的儿童读物，这让我乐不思蜀。我分秒必争地读书，读到整个世界都消失了。如痴如醉的幸福感充满整个身心。

我正是从那时候开始接触外国小说的。那种新奇的写法，对我来说是一种前所未有的阅读体验。我第一次读到了英国作家史蒂文森的作品——《金银岛》，自此对外国作品的语言很着迷。那是一个少年历险的故事，充满了魔幻色彩的内容，跌宕起伏的语感把我带到了一个陌生又遥远的国度。

十八世纪的英国少年吉姆得到一张传说的藏宝图，于是组织了探险队前往金银岛，而同行者因为轻信，纠集了一批海盗与之同行。因此，伊斯班袅拉号一起航，就注定是一场不一样的危险旅行。

冒险、闯荡、藏宝、以正压邪，这些情节描写突破了我对阅读的旧有认知。这种写给孩子的语言，让我停不下来。本来我就与现实世界有点格格不入，阅读又提供给我一个逃离现实的通道。我在另外那颗小星球上逍遥自在，得心应手。

我很容易将文字描述自动形象化，本来是阅读文字，但我的眼前却自动播放着一幕一幕的小电影，出神入化。我的发散性思维让我在阅读中自动生成了很多画面，在我的整个阅读过程中自动播放。所谓不疯魔不成活，后来我经常感觉脑子里好像有两三个 CPU 在运转，会有硬件过热的感觉。这个时候，我经常感觉脑子就要爆炸了。

《金银岛》在一段时间内激发了我探险的欲望。回到现实世界，“去探险”成了我的口头禅。然而 70 年代到处破败荒凉，让我无险可探。家附近盖起了新的居民楼，我就带着小分队去楼房里看看每一家的格局，研究一下房子的不同户型。在居民楼前有一片竹林，我就和同学一起钻到竹海里，去寻找所谓的

从小就热爱阅读

童年在河边

“宝藏”。我把在居民小区的每一次溜达，都想象成一场去远方的刺激旅行。

确实，我永远和正统的教育体制是一对欢喜冤家，你很难说清我是好学生还是坏学生。今天回想起来，一部分的我很适合应试这个教育系统，学习对我来说非常轻松，往往是我看上去双目无光、吊儿郎当，但是成绩一出来，都是名列前茅；而另一部分的我难以和这个教育系统相融合。在这个圈子里，我显然是个异类。

从小学开始的阅读让我如同置身于一个奇异星球。阅读的好处是增进了认知，坏处是助长了性格里的孤傲。但是阅读习惯的一个重要的潜移默化的影响就是，它让我日后步入理工男的逻辑世界时，却依然拥有人文学科的视野。后来我一路创业，在计算机互联网行业里工作，20 年来经手的工程师、程序员不计其数。我发现，单纯的理工男经常缺乏基本的人文认知，就算技术再好也有软肋。

文字素养是一个人的基本素养。文字不好，你没有办法写出一份漂亮的商业计划书，前言不搭后语而经常错失投资人；文字不好，你没有办法成为一个好的产品经理，因为你没有办法精准地描述出产品的功能，打动不了用户；文字不好，你不能和竞争对手在公开领域沟通，做不出好的 PR（公关），甚至连打场口水仗都赢不了。

多年以后，沃尔特·艾萨克森写的《史蒂夫·乔布斯传》风靡一时，里面乔布斯提到了类似的观点。乔布斯说：“我小的时候，一直以为自己是个人文学科的人，但我喜欢电子设备。然后我看到了我的偶像之一，宝丽来的创始人埃德温·兰德说的一些话，是关于既擅长人文又能驾驭科学的人的重要性的，于是我决定，我要成为这样的人。”

这样的观点让写过《史蒂夫·乔布斯传》《富兰克林传》以及《爱因斯坦传》的传记作家沃尔特·艾萨克森也深表赞同，他说，写了这么多的传记之后，“最让我感兴趣的话题是，一个具有强烈个性的人身上集合了人文和科学的天赋后所产生的那种创造力，我相信这种创造力也是在 21 世纪建立创新型经济的关键因素”。

经过多年的揣摩和感受，加上我后来多年在互联网领域创业的经验，我对这种描述感同身受。

回想童年时代，调皮捣蛋爱挑事和海量阅读爱文章，看上去格格不入的两件事，就那么自然而然地发生在我身上。听上去有点分裂，但是我自己乐在其中。这矛盾的我，就是我成长中典型的样子。

年少轻狂

第三章

校园闹剧

一边顽劣，一边成长。另类儿童逐渐长成了一个少年，我的青春期也徐徐拉开了序幕。现在回想起来，都是草根少年的故事渐次生发。小学毕业后，我考入了一所即使在今天看来也十分牛的学校——郑州八中。

郑州八中在黄河路以南的经五路上，一眼望去，校门简陋粗鄙，但门口的两排硕大的法国梧桐格外惹眼。梧桐枝繁叶茂，树干粗壮，挺拔沧桑的枝干一直延伸到天空之中。高大的法国梧桐给简单的街道提供了遮阳的地方，也给小区的市井生活增添了一些“洋范儿”。

我的身影当年就是这样穿梭在这校门和青灰色的树影之间。那个身影还很瘦弱，刚进少年时代，我依然是一副营养不良、发育迟缓的样子，头小、个儿矮、肩膀窄，无论是在人群密集的经五路上，还是在黑压压的操场里，都是一个容易被忽略的目标。但是，我内心小宇宙的燃烧似乎一刻都不会停止，过剩的能量又转化成一出出让人哭笑不得的闹剧。

我和正统教育体制的关系还是那样，时好时坏。要求的成绩我可以全盘奉献，要求的纪律我却完全无法接受。课堂表现我保持了“学渣”风采，更有甚者，课堂之外，满街群架少年的江湖里，我也不甘落后，免不了插一脚凑个非主流的热闹。

我初中的第一个班主任身材瘦弱，我还清楚地记着他的名字——李梅生，是一位教英语的老师。当时的英语课我觉得太无聊了，上着课就哈欠连天。为了缓解无聊的情绪，我小学时代用画画打发时间的习惯还保留着，于是我“重操旧业”。不过，我已经不画马了，而是给插画“加点料”。我的圆珠笔不自觉地瞄上了英语课本里的那些作为配图的大卫和玛丽，我开始尝试着为一个人画上了眼镜，又给一个人画了条裙子，画完了我一下子感觉精神抖擞了。于是我再接再厉，又给老大爷画上了胡子，给女孩加上了尾巴。如此一来，我越战越勇，为英语教科书上所有的人物画上了配饰，并且在所有人物伸出的手上都加了把手枪。一本书被蓝色圆珠笔涂得密密麻麻。事实证明，这种创作颇具传染力，我画完了自己的书，还无偿地给其他同学的书配图，最后周边同学就开始自己画了，一时间班上兴起了配图热。

我在班上这样兴风作浪，终于激怒了英语老师。他站在我的座位前面头发直立，大发雷霆，暴怒地想要撕书示众。他站在我的面前，口沫横飞，我听着他的教诲一言不发。但是等到老师一转身，我立即假装在空中给他打针。抽针管，挤针管，短短几秒就表演了一个哑剧。全班同学当然是哄堂大笑。

身材瘦弱的我，经常在八中上演着这种闹剧，仿佛要用这种方式刷出存在感。我不仅仅挑战老师，有时候也挑战同学，尤其是女同学。女生的文具盒里有我放进去的小水蛇，女孩的辫子有时候被我悄悄地系在椅子上，借了女生的橡皮切碎了再还给她们。现在回想，不知道是不是给女孩子使坏就可以显示男生的优越感，反正当时的男生和女生之间，永远保持着一种对抗的、老死不相往来的关系，连女同桌的三八线也不能越过。

我当时的同桌是个女孩，叫张冬清。脸圆，扎着两根很小很圆的辫子，也是一个小矮个儿。我们按照当时的传统在桌子上画了一条三八线，男女生各自守护着自己的地盘儿。只要谁的胳膊肘越过了线，一场用胳膊肘推来推去的斗争是一定要打的。我已经不记得我们多少次因为跨越三八线的事情争吵了，或许可以用不计其数来形容。后来，当我们再猛烈地斗争时，坐在我们后面的人总会帮助我们计数，悠悠地说“第四十二次世界大战又开始了”。

由于经常引发战事，班主任终于有一次把我轰出了教室。我没学可上，但又不敢惊动我的父亲母亲。结果，我最后的解决方案就是上学时间背上书包，假装去学校。但是我去的地方其实是学校附近的菜市场，我在那里混日子，穷极无聊地度过了一个星期。我混迹于大妈云集的菜市场，一会儿蹲下来研究研究乌龟，一会儿数一数蔬菜水果的品种，想方设法混到天黑，等着放学时间到了，再晃晃悠悠地回家去。我就这样平安无事地过了几天，直到有一天，我被工会老师发现了，我爸爸风尘仆仆地赶来和老师交涉，我才回到教室上课。但是，我又遭到了不同凡响的待遇，被老师勒令搬到了最后一排，因此，我是唯一有幸和前排女生做同桌，又和后排女生做同桌的人。

尽管表面上和女生说一句话都要被男生群体嘲笑，但是青春期的懵懂其实已经暗潮汹涌。对女生有好感这事儿那个时候已经开始发生了，只不过那个年代没有今天“90后”面对的环境开放。男生要说出喜欢谁，基本属于很丢人现眼、很流氓的事情。在当时的环境下，所有的心事只能闷在心里。

初二的时候有了录音机，同时也涌现出邓丽君、刘文正这样的歌手，还有一个喜欢模仿邓丽君的歌手张蔷。灰蓝色制服流行的年代，那所谓的靡靡之音，还有《甜蜜蜜》歌词的温情格调，像一阵暖风，吹遍了大江南北。人们被封锁多时的心解冻了，多少人沉浸在这歌词中完成了爱情的启蒙。我们那一代是在流行歌曲里建立的爱情观。而我和很多当时的男青年一样，哪里敢于追求什么爱情，我唯一的、最大胆的举动，是在暗恋对象的书桌里放了一个橘子。结果她大喊大叫，让全班受到了惊吓。

对于十几岁的我来说，课堂、生活都有点乏善可陈，唯一的安慰就是阅读。随着阅读量每时每刻增长，我读到了郑渊洁的童话——《皮皮鲁和鲁西西》，这两个不受老师喜欢的坏孩子简直是我的知音。他们充满理想，但是和正统世界格格不入。他们身上从来没有什么条条框框的捆绑，完全是一种自由的状态。我的内心深受感动。后来，我最喜欢的作家就是郑渊洁。

后来我又爱上了《舒克和贝塔》，开飞机的舒克和开坦克的贝塔，乘风而来，又呼啸而过。读着两只小鼠无拘无束地和这个世界相处，我惊讶于世界上还有这种读物，这么贴近一个不乖儿童的内心。

一张邮票引发的风波

80 年代的中国少男少女们不像今天这样有条件被送进钢琴班、小号班学习各种特长。但是大家也有爱好可以连接彼此，相互交流。集邮和交换邮票就是其中之一。那个时候的集邮真的是从信封上一张一张把邮票剪下来积攒着，都是纯手工劳作，非常传统。

我也是一个集邮爱好者，慢慢地攒了一个集邮册的邮票，里面简单大众的邮票居多，但一张开国大典的邮票算是我的最爱，褐红色的邮票面值是 20 分，毛主席站在城楼上宣布中华人民共和国成立，很有时代感。当时谁有这样几张有代表性的邮票就是班里集邮界令人瞩目的对象了。同学们经常把集邮册拿到班上来相互翻看，交流一下最近有什么收获。我时常因为那张开国大典的“看家邮票”受到同学关注，难免得意扬扬。

我的那张开国大典邮票，引发了一个波澜起伏的故事。

我之前说过我对动手制作这类事情特别有兴趣。有一次，大院里的一个朋友买了一套类似乐高的玩具让我很眼馋。那玩具由各种各样的金属插片组成，可以拼成各类车子、房子。我看着这玩具脱口而出：“能不能让我也试试？”而对方也脱口而出：“可以呀，不过你得拿你的开国大典邮票来换！”

朋友随口一说的事儿，我却很当真。他本以为我不会拿出我的看家邮票才随口要价。没想到我二话没说，回家就把开国大典邮票从集邮册里取出来拿给了他。那时候我对动手制作这种事情着了魔，只要能够让我体会任何有关“创造”的新鲜事物，别说一张邮票了，让我去砸锅卖铁好像也不在乎。就这样，同学拿走了邮票，我拿走了玩具。大家达成了一次你情我愿的交换。

我的初中同学赵军和李二亮知道了我换邮票的故事，一直在嘲笑我。在他们眼中，那套玩具只值几角钱，而一张开国大典的邮票却价值不菲。我做这个生意是“亏大了，没情商的表现”，两个人纷纷怂恿我把邮票索要回来。我掂量了一下，当然觉得大丈夫一言既出，驷马难追，要回来不合适。没有想到的是，我以为已经结束的故事还有一个波澜壮阔的续集，我猜到了开头，却没猜到结尾。

有一天，正要做课间操的时段，竟然来了几名穿着制服的警察。他们是来找我的。

这几名警察来到我们学校，点名要找二年级9班的周鸿祎。我们学校是一座三层小楼，而我们班当时在二层。警察一路走来的过程如同电影镜头。学校里三个楼层的教室门都开着，大家探出脑袋，看起来黑压压一片，还窃窃私语着。警察到达9班之后，问：“谁是周鸿祎？”在众目睽睽之下，一头雾水的我被带到了老师的办公室。我当时只有14岁，虽然老是惹事闯祸，但是也没有经历过这种阵势。我完全不知道自己出了什么问题，心里害怕极了。我们当时所接受到的新闻宣传都和“严打”有关，街道上到处是“严惩不贷”这样的标语，随处可以听到高音喇叭用气势汹汹的语调在进行广播。

后来警察在老师的办公室对我进行了仔细盘问。我才知道了事情的大概经过：我的初中同学赵军、李二亮在放学途中偶遇了和我换邮票的大院朋友，就问起那位同学和我换邮票的事情，还流里流气地管我朋友要钱买两根冰棍儿，一共索要了一角三分钱。我那朋友给了钱之后，吓得落荒而逃。他不知道那俩人的名字，只知道他们认识我。

本来只是孩子之间的小争斗，但是在那个正在实行“严打”的年代，孩子的父母对这事儿的性质有不同的认识，马上向派出所报案了，案由是他们的孩子遭到了抢劫，而案件之后的主使是周鸿祎。

14 岁的我

就这样，我无缘无故地受到了警察的传讯。

在老师办公室，警察发现我对整个事件完全不知情，于是很快弄清这事和我没关系，更不是什么抢劫，就让我回到教室上课了。但是警察来学校找我这一幕，让我和我的班级在学校里“一举成名”。我初二时的班主任叫刘金安，他是一个在事业上非常上进的老师，一心想把我们班打造成全国优秀少先队班集体。受到这个重大事情的影响，那一年，他的愿望泡汤了。

我本来就是一个小祸不断的孩子，现在更是罪加一等。在刘老师眼里，我把警察招来了学校，不管怎么样都是我的问题。后果很严重，在老师的心目中，我似乎完全失去了改邪归正的可能。这件事发生之后，老师对我更严苛了，比如我不小心打碎了教室的玻璃，就不能不了了之，必须要去配一块和原来等大的，而且还必须自己装回去。这件事我不敢告诉家人，只能去玻璃店求店家赊给我一块废玻璃。但这块玻璃的大小和窗户不匹配，装回去几乎是不可能的，于是我只能又胡乱在露出的缝隙处抹了玻璃泥，让玻璃勉强“站”在那里。

我记得那个买玻璃的下午，我一个人一手推着自行车，一手抱着一块玻璃，怀着忐忑的心情向前走。那个时候，14 岁的我仿佛正经历着和整个正统世界最出离的时刻。

也许跟我被警察叫走调查有关系，我们学校把唯一一次去社会上参观公审大会的机会给了二年级 9 班。1983 年的氛围就是这样，每个单位都要派人去观看公审大会，算是一种对公众的普法教育。在那个严打的年代，整个社会充斥着整肃的氛围，而对于我们这些小孩儿，其实不太理解公审大会的实际意义，不过一个下午不用上课倒是把我们给乐坏了。

当时公审大会在河南省体育场举行，我们到时那里已经人山人海，体育场周围有很多荷枪实弹的军人。每个警察都是白衣服、蓝帽子，一模一样的皮带上挂着一支枪套，配着枪，每部车上架着机枪。当时体育场太大了，我们根本看不清这些犯人的样子，只隐约看见那些犯人双手被捆在背后，头上戴着画红叉的牌子。看台上人头攒动，大喇叭里念着这些死刑犯人的名字，声音传来，忽远忽近。这些人被万人公审之后，就会被汽车拉走去执行死刑。

安排我们这样懵懂的小孩去看儿童不宜的杀人大会，现在想想挺荒谬的。

这就是一张邮票引发的一系列不可思议的风波。但是，如果回到当初，我还会不会做出这种完全不平等的交换呢？我想，我还是会用生命里最珍贵的一张邮票去换取这个动手制作玩具的机会。我还记得我把那套插片玩具在房间里摆放好时，内心那种尘埃落定的感觉。我非常投入地进行着手工制作，外界的一切都离我远去了。这种感觉，和我多年之后醉心于编辑计算机程序时的感觉相似。我可以在一个完全属于自我的世界里，享受着一个完全属于自我的帝国。

继续阅读和初识计算机

初中三年，应试教育给了我一如既往的感觉，我还是感觉到“吃不饱”，学校教育不能满足我全部的求知欲。我依然保持了在课外生活当中寻找一片自己的天地的习惯。因此，我在阅读方面一如既往地保持了泛读的兴趣。

虽然在遵守课堂纪律方面我的表现不太给力，但是求知欲一直统治着我。初二的时候，我要代表学校参加一种智力竞赛，是那种一半考知识储备，一半考脑筋急转弯的竞赛。学校非常重视这次比赛，不但搞了内部选拔，还给优胜者搞集训。内部选拔我轻松胜出了，这让我特别开心。比赛输赢本身对我倒没什么吸引力，但我知道，凡是参加集训的人都可以随便使用学校的图书馆，这让我欣喜若狂。郑州八中的图书馆限制非常严格，一个班级只有一天能去借书，而且每次只能借一本。而参加集训的人可以享用全面开放的图书馆。我趁着这来之不易的机会把学校图书馆的各种书看了一遍。也就是在这种情况下，我练就了速读的基本功。

白天在学校上课，放了学我经常去一个叫周涛的同学家里看书，他的父母在教育局工作，家里各类报纸杂志很多。当时很多有意思的杂志，《儿童文学》《少儿文艺》等，我都是在周涛家里看的。在那个双卡录音机刚刚兴起的年代，同学们去周涛家多是冲着双卡录音机去的，大家一边听音乐一边群魔乱舞，有人跳迪斯科，有人跳那时特别流行的霹雳舞。而我去周涛家，最大的享受是窝在他的书堆里看书。我坐在那里纹丝不动，而心灵已经到了阿凡达的另一星球。

多年后，周涛是杜康集团的董事局主席。我俩在同学聚会时还会提起这段往事。他往往会捶我一拳，说："当时爹妈给我买的书我全没读，都被这小子读了。"饭桌上往往是一片爆笑声。

在初中阶段，除了阅读，还发生了一件重要的事情——计算机第一次走进了我的视野。这无心的接触，却奠定了一生的挚爱。

当时在大洋彼岸的硅谷，美国已经悄然走进了个人电脑时代。《史蒂夫·乔布斯传》生动地记录下了 80 年代硅谷发生的事情：1981 年，IBM 推出了他们的个人电脑，乔布斯让自己的团队买了一台进行详细分析。大家一致认为这是一款很糟糕的产品。苹果公司在《华尔街日报》上刊登了一整版的广告，标题是"欢迎 IBM——真的"。它把即将来临的电脑产业大战定位成了两家公司的竞争——生气蓬勃又叛逆的苹果和老牌巨头 IBM。

在我刚刚上初二的那一年，1984 年，苹果发布了红极一时的"1984"广告片。

广告中的女主角是意图挫败老大哥世界的反叛者，她穿着纯白色背心，上面印有一台 Mac 电脑，当老大哥在屏幕上宣布"我们必胜"时，女主角的锤子击碎了银幕，一切都在一阵闪光和烟雾中消散。乔布斯希望通过"1984"这部广告片向自己和世界重新确立他所希冀的自我形象。

我是多年以后读到这本精彩的传记时，感受到 80 年代美国硅谷欣欣向荣又叛逆的先锋精神的。但是 1984 年的我，只是一个爱做无线电的懵懂中学生，才刚刚开始接触神秘的计算机世界。那个时候，中国的计算机产业也只是如同一个学步的孩子，刚刚艰难起步。

我本来是对做无线电感兴趣的，从初中开始就在家里拆卸各种无线电设备，甚至在小摊上买各种电阻、电容自己组装音响。但是很快，我对硬件的热爱就升级了。

我父亲的单位分来了一个大学生，叫李朋德，是来武汉测绘学院做计算机工作的，被分配到了我爸爸的组。我爸爸常常把他叫到家里来玩。李朋德和我很投缘，每次他来都饶有兴趣地和我谈他的工作，其中一个内容就是组里刚刚安装的计算机。在他的描述中，计算机王国的神秘之处开始慢慢向我展露出来——计算机语言可以编辑程序，可以进行复杂的运算……我听着听着，心向往之，特别想知道计算机真正的样子。

那时候省测绘工作也刚刚开始引入计算机管理，我爸爸也开始学习计算机了，于是家里开始有了关于 Basic 语言的书。我是家里有书就会读的人，对于计算机这个领域刚刚萌发出一点热爱，所以对这本计算机编程的入门书自然也不会放过。

当时计算机在中国处于起步阶段。中国也刚刚打开国门，人们完全想不到这个领域会给中国乃至世界带来翻天覆地的变化。我完全是凭借自己的兴趣不知不觉地进入这个世界的。我开始自己揣摩 Basic 语言，并深深入迷。虽然那个时候我还小，很多东西看不懂，但是我对计算机知识变得渴求起来。

记得爱上计算机语言之后，我得知班里有个同学的父母是轻工学院的，家里有一套计算机教材，感觉眼前一亮，央求那个同学把书带到班上来让我看一看，他对我说："看书没有问题，不过你只能拿一张邮票来换，而且书看完你不能带走。"又是邮票？没有问题。我二话不说，又从集邮册里翻出了一张看家邮票。书也顺理成章地到了我的手里。我利用午休时间争分夺秒地翻看着这本晦涩无比的书，结果发现书里的东西实在太复杂了，我一点都看不懂，只好把书还给了主人。

尽管如此，我对计算机的兴趣被真正地引发了。

1985 年，上海发行了第一份计算机报——《少儿计算机报》，这份报纸是宋庆龄基金会主办的。我一得知这份报纸创刊了，就迫不及待地让家里订了一份。从此，我最大的期盼就是等这份报纸寄到家里来，一打开报纸，我就可以和那个未知世界来一次酣畅淋漓的接触。

记得报纸第一次送来的时候，附送了读者一张彩色的键盘纸。那个时候我还从来没有见过键盘，因此对这张键盘纸特别珍爱，我和爸爸一起把它小心翼翼地压在写字台的玻璃板下。从那时候开始，我就经常对着玻璃板模拟打键盘。每次报纸来了，我都像享用一顿丰盛的大餐，慢慢品味着报纸上的美味珍馐。少年写的那一行行幼稚程序，为我打开了狭小世界的一扇窗户。

《少儿计算机报》是一份 16 开小报，当时在报纸上很活跃的一些小孩已经显露了计算机方面的天赋。很多人在今天已经成了行业里的极客。当时经常在报纸上发表文章的宓群，比我大几岁，正在上高二。当时他写了很多程序发表在报纸上，让我非常景仰。另一个经常在报纸上出现的名字是梁建章，比我高一届。他可以用计算机程序写诗歌，七言七律，让人佩服不已。还有一个姓阮的同学，我忘记了他的名字，只记得他当时上华东师大附属中学，可以用电脑画出竹子和熊猫。这些同龄人或者高年级学生做出的成绩，让我对如何编写出计算机程序感到非常向往。后来宓群加盟谷歌创投，之后转身创建光速创投。今天他依然在行业当中屹立潮头。梁建章后来成为携程网的 CEO，也是互联网圈子里耳熟能详的名字。那位姓阮的同学，今天不知所终。

这份报纸对我人生的影响是深远的。它除了介绍在 80 年代初初显峥嵘的少年同辈之外，还会介绍很多美国的各种计算机软件，就如同今天纷繁的手机 App 一样，各类应用让我眼花缭乱。我就像走到一个黑洞附近，不知不觉地被吸引了进去。尽管破旧的城市、沉闷的生活，以及正统的世界让我没有方向，但是计算机世界那扇窗已经略微地打开了，若隐若现的光照射进来，变成了我每天生活的希望。我自学 Basic 语言，感觉那语言比文学世界还迷人。

看出我对计算机的浓厚兴趣，李朋德开始拿大人看的《计算机世界》给我阅读。当然，这份报纸的专业程度一下子加深了很多，完全超出了我一个初中生计算机爱好者的知识水平，即便如此，我也在囫囵吞枣地看。

多年后和同学相聚，他们谈起年少时候的我，说我当年很有个性，年纪轻轻竟然烫了鬈发，一头乌黑鬈毛的样子，眼神略带不羁，充满了对这个世界的不服气。也有人回忆起我当年在学校练习武功和柔道的事，我勤奋地在校园里练习鲤鱼打挺，后来还带着双节棍来学校上课。他们眼中的我，另类不羁，略带几分古惑仔气质。但是没有人知道，我当时已经沉浸在计算机世界里，如醉如痴。我仿佛看见了当年那个不羁少年，留着一头倔强的鬈发，在街道上行走，但内心其实早已神游到了一个深不见底的世界。

和计算机世界的一见钟情，冥冥中注定了我一生和这个领域耳鬓厮磨的命运。我是 1985 年到郑州一中上学的时候第一次真正使用计算机的。那双时常在写字台玻璃板上模拟敲打键盘纸的双手，第一次碰到了真实的键盘。从此，我的生活就是心有所爱的样子。

一个正统教育的出离者

第四章

郑州九中——一所普通中学成就的重点大学梦

中考时，我考上的本来是郑州最好的高中——郑州一中，但是由于离家太远，我又缺乏自律，半年以后，我在父母的要求下转入了一所普通中学——郑州九中。虽然中学的档次降低了一格，但是我的内心深处却没有任何苦大仇深的感觉。对于我来说，普通中学反而是个更接地气的地方，学生们也没有那么疯狂地在乎学习，这点特别适合我——一个渴望自由空气的人。

郑州九中坐落于金水区农业路 21 号，在郑州的位置相当于北京的海淀区。那里有很多学校和文化单位，河南博物院也在那里。今天的郑州九中，校园很漂亮，里面有楼阁亭台，还修建了一条蜿蜒的小溪。几座白色的教学楼俯瞰着有 400 米跑道的大操场。在 80 年代，一个学校有 400 米一圈的大跑道还是一件很酷的事情，而郑州九中当时就有。

转入九中之前，除了小学期间的王芙蓉老师，我遇到的老师都是对抗型的，直到遇到我的高中班主任徐良老师。他身材高大，声音洪亮，留着发哥一般的发型，十分帅气俊朗。教我的时候，他四十出头。在那个年代，他就拥有和谐教学的理念，经常主张学生们参加课外活动，开班会讨论各种时政问题。他是教物理的，在他的物理课上，他不但给我们讲普通的高中物理知识，有时候会故意延展到深一点的领域，把课堂变成大学物理的启蒙圣地。有时候，他会启发性地说：“你们说，如果时间能对折会怎么样呢？”这时候他的眼睛远远望向空中，引发出意味深长的思考。全班同学都被这种气场给感染了。那时候我们全班都洋溢着一种热爱物理的气氛，我更是对这个学科有着一种独特的感觉，我一度觉得，将来我会成为一个量子物理学家，去改变世界，其他的都是碌碌无为、浪费生命的工作。

我在九中上的是重点班，学习气氛比普通班浓烈一些。班上同学你追我赶、暗自竞争的氛围还是有的，但是我好像永远无法和其他人一样，一天到晚只是单纯地忙功课。这对我来说，有点太疯狂了。中规中矩的学校生活似乎总也满足不了我这个另类青年的需求。我太想了解学校以外的世界了，经常想逃跑，想突破课堂这个僵化无味的重围，给自己塑造一个小星球沉湎其中。

除了物理，我最喜欢的科目是语文。今天，很多人可能认为我是标准的理工男，是产品经理，甚至是一个极客，是一个逻辑思维占主导的人，但是在上大学之前，我一直认为我其实是形象思维占据了上风。除了语文课本里的课文知识，我特别喜欢诗歌，从唐诗宋词到现代诗歌，我都很着迷。我最喜欢的词人是南唐后主李煜，因此喜欢自行研究他如何完成了从诗到词的过渡，他的词中时时浮现亡国之痛，有很多浮华与衰败的对比。

多少恨，昨夜梦魂中。还似旧时游上苑，车如流水马如龙，花月正春风。

体会他沉湎于追忆昔日繁华的情绪，我感觉自己也被触动。没事我也吟诵吟诵诗句——“桃李依依春暗度，谁在秋千，笑里低低语。一片芳心千万绪，人间没个安排处。”可以说，我对婉约惆怅的宋词尤为喜欢，相反，苏轼和辛弃疾这种豪放派却并没有让我痴迷，这和我那群架少年的气质似乎相当不符。

后来我特别喜欢读现代派诗人的诗歌，尤其喜欢戴望舒和何其芳。戴望舒的《雨巷》充满了淡淡的忧伤——“在雨的哀曲里，消了她的颜色，散了她的芬芳，消散了，甚至她的叹息般的目光，丁香般的惆怅。”这首诗歌和南唐二主之一李璟的诗句“青鸟不传云外信，丁香空结雨中愁”隔空相望，排遣了很多我在青春期的苦闷情绪。

那个时候，我一本接一本地读《李白全集》，读李商隐，以及从小书摊买回的各种诗人全集。后来，我就懵懵懂懂地读《庄子》，读《道德经》。这些既不属于高考要求掌握的范围，也不是语文课要求掌握的内容。读这些，我全是凭自己的一腔热情。词中的美学对我的感染很深，也许人们会觉得那很不像我，但我其实也有感春悲秋的时候。

我当时还是延续了初中的阅读习惯，读得多，读得快，完全没有按照中学课本的要求那样读书做题。我读弗洛伊德，也读黑格尔和卡夫卡，当然也读中国的一些文学作品。不知不觉地，我对各种文体都有了一些认知。我深刻地记得，《中国作家》1985 年第 2 期刊登了莫言的小说《透明的胡萝卜》，我觉得那是我读过的最好的小说。那时，我甚至想：是不是以后专门就待在家里写作，当一个纯写字的人？当然，这种想法也就是一闪念的工夫就消退了，我后来发现了更吸引我的事情。虽然这种大量阅读的习惯并不是课堂的要求，但是阅读给我带来的副产品是，它会对我的课堂表现产生各种意想不到的影响。

有一次，语文老师给了我们两天时间，让我们第一次去尝试小说写作。当时我对魔幻现实主义的小说特别膜拜，对卡夫卡非常着迷。于是我模仿卡夫卡的《变形记》写了一篇小说，叫《我与苍蝇的对话》。在作文阅评课堂上，老师拿回了那一摞作业，缓缓地对台下的我们说："上次，我给大家留的作业是写小说，大家完成得不太好。所有的人几乎写的还是叙事性作文，文体上不太像小说。只有周鸿祎，这次的作文是全班唯一写得真正像小说的！"听了这番评论，我心中大喜。不料老师话锋一转："不过，他写得乱七八糟的，我完全看不懂！"

班上同学顿时爆发出哈哈大笑。

事到如今，我完全想不起我的这篇小说处女作的具体内容了，但是依然惊诧于这个标新立异的标题。

泛读让我有异于同龄人的思维，而且当时就已经爆发出"语不惊人死不休"的潜质。多年后我回河南郑州探望高中班主任徐老师，我们聊起高中时的一些往事，徐老师说："我当时觉得你的想法和别人的很不一样。我都不知道怎么表扬你！"

他说起的是一次讨论班会，徐良老师当时拿出《中国青年报》上发表的一篇文章给大家阅读，文章里一个学者发表了到美国参观后的感想。徐老师让我们根据这篇文章写一篇读后感。

那个学者的观点主要以批判美国为主，写了很多到美国旅行的观感。他说美国将自己的矿产封存起来，又将污染工业放到了国外。现在美国青山绿水、环境优美，但是这是以牺牲其他国家的利益为代价的。还说到美国亲情淡漠，父母和孩子一起吃饭，也要实行 AA 制，父母竟然也要出钱。这种亲情关系的淡漠，无法和中国的亲情关系相提并论。

在 1986 年高二（4）班的那次主题班会上，帅气的“发哥”徐良老师平淡地点评了我们写的读后感，并且做了总结发言。他鼓励同学们独立思考，并且不要在人生关键的时候走错路等，但是对于我的文章只字未提。直到多年之后，徐良老师见到我才对我说，虽然他当时没有评论我的那篇读后感，但是我的那篇文章却让他默默地记了 30 年。

他对我说：“几乎所有的学生都是在一致地批评美国，说美国把自己的国家利益凌驾于其他国家之上，大部分学生把美国淡漠的家庭关系归结于资本主义制度的弊端，但是你的观点和其他人的都不一样。”时隔多年，徐良老师依然精神矍铄，声音高亢。

我很好奇我是怎么写的。

据徐良老师的回忆，我写的是——

确实美国有美国的问题，但是我们国家的资源管理是不是也有问题呢？现在很多地方对环境治理实行“以罚代治”，不管人们怎么侵害了当地的自然环境，只要交了罚款就好，之后该怎么破坏就怎么破坏，这给环境治理造成了更严重的问题。

美国的亲情关系倡导的应该不是家庭的隔离，而是家庭关系的独立，这是一种文化上的原因。如果说，很多人认为美国的亲子关系不正常，中国的亲子关系真的就完全健康吗？中国父母认为自己给予了孩子生命，就拿孩子当私有财产，对孩子享有绝对的权威，甚至替孩子做一切决定。这种亲子关系，简直是对孩子追求独立生活的一种扼杀。

我个人对这篇文章的记忆已经很模糊了，但是我的班主任徐良老师提起来还是感慨不已。现在的徐老师满头白发，但是说起话来依然字正腔圆："当时我就想，这小子看上去貌不惊人，脑子里怎么装了那么多惊人的观点。我觉得你写得很标新立异，但是也不敢公开表扬你。那个年代嘛，哈哈哈。"

我想，如果这是一篇命题作文，放在那个年代，算是有点大逆不道，不可能得到高分。就算思想前卫的徐良老师，也只是在心中给我默默点了一个赞，甚至没有敢把这篇东西拿出来和同学们分享。但是，这篇读后感也许反映了我这个另类青年的一种真实状态。

我当时并不知道自己是太不随大流，还是生错了世界。

我一度热情洋溢地参加了郑州九中的文学社，成为校刊《小树林》的编辑。这可能是我当过文艺青年的唯一标志了。同学们来稿，我负责审稿，但经常是来的稿子我都不满意，我大笔一挥，用红笔在格子纸上打上大叉，然后把稿子扔在地上。文学社的老师看了大为光火，怎么能这么扔同学的稿子呢！过了不久，我就被《小树林》编辑部赶了出来——我被文学社开除了。

关于理想的课堂作文——物理和计算机

20 世纪 90 年代流行一首校园民谣——关于理想的课堂作文，歌曲散发着 90 年代校园的浪漫气质。我这个 80 年代的高中生，听起来也觉得很有感觉。我想，如果让当年的我写一篇关于理想的课堂作文，我会写什么呢？毫无疑问——物理和计算机是我的挚爱。

我一直这么觉得：作为一个年轻人，真正幸运的并不是在很年轻时就得到了很多财富，而是在成年之前就感觉到了自己来到这个世界的使命，有了目标之后努力才不盲目。在我们那一代，很多人接受的只是来自社会的“饭碗教育”，却没有接受过“梦想教育”。不清楚自己要什么的人就会影响效率。在这一点上，我是幸运的。

在郑州九中学习的过程中，我对物理和计算机的热爱，让我的课堂生活和课外生活都充实无比。

徐良老师是我们的班主任，物理教得又特别好，这激发了全班同学学习物理的兴趣。当时我的偶像是罗伯特·奥本海默，他于 1945 年主导制造出世界上第一颗原子弹。这个人性格很直，在别人发表演说时多次打断，然后上台拿起粉笔，说：“这样会更好！”我多次听徐良老师讲奥本海默的故事，对这个犹太裔物理学家充满想象。当时杨振宁、李政道的故事依然还在广为传播，他们获得了诺贝尔奖，让华人世界非常振奋，他们也是我们那一代理科生的真正偶像。我当时想研究物理，多少受了点英雄主义的影响。我的理想一度是要研究宇宙和物质的秘密，要干一点大事，对人类有意义的事。

对于物理的浓烈兴趣，也成就了我比较好的物理成绩。当时徐良老师经常鼓励全班同学参加全市的物理竞赛。一个重要的原因是，如果在全市物理竞赛中夺得名次，就可以去参加全省乃至全国的竞赛，如果在全国比赛中得到一等奖，就可以获得保送上大学的资格。不用参加高考——这是一种致命吸引力。当时徐良老师每次号召大家参加物理竞赛，全班都会有二三十人报名。我是每赛必报名，总是希望得到最好名次。当然，我也对保送的机会心向往之。

除了物理，我对计算机的热爱还在不断升级。从初中开始，我就开始看《少儿计算机报》了，我自学 Basic 语言，玻璃板下一直压着那张彩色的键盘纸。到了高中，我可以亲手摸到计算机了，这让我对计算机的热爱变得三维立体，更加真实。如果说物理竞赛是和学习高度相关的，而对计算机的沉迷则显得非常“不务正业”，因为高考又不考这个。

一点也不意外，父母并不喜欢我接触和高考无关的内容。可是我偏偏最恨被课本束缚。当时我不但喜欢计算机，还喜欢唐诗宋词和古典油画，我用零花钱买了《西方美术史》，研究拉斐尔和鲁本斯的画作。爸妈一看，怒不可遏，把我那些充斥着女性裸体的油画书给扔了。后来我天天要学电脑编程，整个人沉浸在计算机世界里，爸妈更不乐意了，他们觉得玩电脑是玩物丧志的表现，太耽误时间。

但是我对计算机是发自内心的热爱。

从初中开始看《少儿计算机报》，到后来还懵懵懂懂地读《计算机世界》。一路走来，它们奠定了我为程序痴狂的基础。我对宓群这些能在报纸上发表程序的中学生佩服得五体投地。他们在报纸上发表程序，但是也不说为什么，就是发出一行程序的标题，然后啪啪啪下面抖出来一行 16 进制的代码，看得人眼花缭乱，我真是又羡慕又崇拜。

没有什么真正的领路人，我就天天自己琢磨。同时，我开始为一切能上机的机会疯狂。

第一次亲手摸到计算机，是在郑州一中上学的那半学期，那是我人生中第一次上电脑课。那一年，我16岁。在那个年代，进入机房是颇为兴师动众的事儿，老师让同学们安静，换上拖鞋，然后顺次进入。而当老师还在讲上机的要领时，我已经迫不及待地在计算机上输入程序了。期盼了多年的上机机会，我是有备而来的，我手抄了报纸上的 Basic 程序带了过去。我做梦都想知道，这些程序在一台真正的计算机上跑起来是什么样子。

还记得我抄的是一个做抛物线的程序，一个小程序把抛物线做成炮弹，然后把目标击中。我在击打键盘的时候心里怦怦直跳，感觉很兴奋、很刺激。整节上机课，我根本没听老师的介绍，整个人专注在程序输入的过程当中。但是我敲键盘的速度太慢了，直到下课铃响，我还在敲最后一行程序。这个时候，老师让大家起身离开机房，而我还死死钉在座位上不肯走。最后老师是揪着我的脖子把我从机房里拎出来的，画面有点尴尬。

从那一刻起，我好像真的知道我到底有多热爱计算机，又有多热爱编程了。从敲击键盘的那一刻开始，一种归属感油然而生。丹尼尔·科伊尔在《一万小时天才理论》里说："在未来的某些时候，也许已经发生了——你会坠入爱河。不是和某个人，而是和某个你自己的想法——关于你想成为谁，关于你生来会成为谁。这种爱，这种激情，就是发展才能的原始燃料。"而我在那个时候，找到了我的原始燃料。

从那一年开始算，到今天，我接触了电脑 30 年。

后来我转到了郑州九中，普通高中条件没有重点高中好，学校也没有电脑室。但是我发现九中教务处有一台电脑，是很先进的苹果 2（Apple II）。这个发现让我大喜过望，我开始赖在教务处和老师勾搭聊天，还满面春风地告诉老师，我会写程序，想帮学校写一个用电脑排出课程表的软件。教务处的老师很开明，满口答应了我这个要求。就是因为这个工作，我可以随时到教务处去享受上机的特权。我经常把报纸上的程序抄下来，然后上机去改动运行，看看程序的效果。计算机程序的奥妙让我茶饭不思。

当年，我爸爸的单位也已经有一台 IBM PC 了，经过了一些练习，我学会了用 Basic 语言写出小程序，然后让计算机写出几句歪诗。我可以把词汇输入电脑，然后让电脑随机组合出一些诗句。电脑会运行出一堆奇怪的句子，比如"火红的太阳挥舞着翅膀 / 鲜红的大海飞扬着力量"。虽然语言有点奇怪，但是可以对仗得很整齐。我把这些计算机写出来的诗给同学们看，大家都觉得很惊讶。我的大多数高中同学那时都没有接触过计算机，因为大家关注的是前途和功课，看我玩电脑玩得这么兴奋，很多人都觉得我是个异类，不可理喻。

今天的互联网常常让人觉得人很强大。30 年前，我就已经体会到了电脑如何让人变得很强大。苹果机当时的应用软件就和今天的 iPhone App 一样，丰富的应用程序就如同让人们已经念开了那个芝麻开门的咒语，洞开的门里有一个神奇的世界。

有一次，我在报纸上看到了一个应用程序的介绍，很想自己编一个这样的程序，但是始终没有成功。那是一个教你背单词的软件。电脑先要让你记住一个单词，一定时间过去之后，单词会在屏幕上被拆开，你需要指挥一只小熊把单词拼起来，如果在特定的时间里你拼不出来，小熊就会被淹死。我觉得这个软件太有意思了，能把枯燥的事情变得有意思。我从那时候起就产生了一个强烈的想法，如果能做一款软件让很多人使用，该是多么有意思的一件事情。

计算机当时占据了我很多时间，我自己有很多疑问，又没有谁可以去咨询。这造成了一个事实：在我没有系统学习计算机理论之前，我有很多问题是靠自己悟出来的。我逐渐发现自己有很好的直觉，那种感觉可以意会，难以言传。我感觉，计算机领域正在向我散发一种神秘的吸引力。

后来，当我正式进入计算机领域之后，我接触了很多从小接受计算机系统培训的人。我发现，一些人在这种培训中其实受到了很多不良习惯的影响，比如只写一行程序，比如使用大量的 goto 语句[1]，却并不讲究程序的结构。再比如，很多 Basic 语言的高手，因为受 Basic 语言影响太深，而恰恰违背了写其他语言的规范。

我学电脑是出于自身爱好，没有人强制我按照特别的规范写程序，这样反而没有养成不良习惯。那个时候，我写程序也会经常陷入死循环，因为我没有递归和嵌套的概念。但是在自学当中，我积累了一堆的问题，这对未来真正的

---

[1]goto 语句，也称为无条件转移语句，其一般格式如下：goto 语句标号，其中语句标号是按标识符规定书写的符号，放在某一语句行的前面，标号后加冒号（：）。语句标号起标识语句的作用，与 goto 语句配合使用。goto 语句的语义是改变程序流向，转去执行语句标号所标识的语句。goto 语句通常与条件语句配合使用，可用来实现条件转移、构成循环、跳出循环体等功能。不过在结构化程序设计中，一般不主张使用 goto 语句，以免造成程序流程的混乱，使理解和调试程序都产生困难。

计算机学习大有益处。从那个时候开始，因为内心汹涌的兴趣，我成了一个喜欢带着问题去学习的人，一个自我驱动型的人。我也逐渐明白，计算机这个行业，肯定将会是我毕生要从事的事业。

高中三年，我对计算机的热爱已经升级了。只使用学校的电脑已经无法满足我接触计算机的欲望，我便借了一台娃娃电脑 Laser310，并且经常去同学家连上显示器——一台彩电。

那个时候，彩色电视机还不普及，我经常到一个叫韩玉刚的同学家去玩，当时只有他家有一台彩电，可以让我的娃娃机运行出最佳效果。一放学，我和韩玉刚经常一起回家。然后，一场大张旗鼓的折腾就开始了。

到了他家，我们先要进行一番家具大腾挪，先搬动他家的电视，再挪动他家的桌子，把电脑和电视挪到相近的位置，以便将二者相连。看到显示器上出现光标以后，我们就进入了自己的世界，一起在电脑上跑程序。我的目光死死地盯住电视屏幕，念念有词地讲着一些计算机程序用语和运行规则，我自告奋勇地当起韩玉刚的老师，告诉他各种程序的玩法和特点。屏幕跳跃着程序行，我们沉浸在自己的王国里，从下午阳光灿烂到夕阳落山，时间飞快地过去，我们还浑然不知。韩玉刚后来也爱上了电脑。

高二的那一年，我们常常召开班会。有一次，徐良老师让大家谈一谈自己的理想。同学们依次登场，侃侃而谈。但是我发现，大多数人的理想都是很模糊的，并没有一个清晰的脉络。多少年后回想这个场景，我忽然明白，很多年轻人其实不但在高中的时候并没有理想,到了大学也不知道自己要学什么专业。很多人甚至都已经工作了，仍不知道自己现在所从事的行业是不是自己真正的兴趣所在。

记得在那次班会上，我缓缓地走上讲台。在那个理想主义的年代，我身后的黑板是用彩色粉笔勾勒出的几个空心大字——我的理想。我环顾四周，顿了顿，开始发表自己唯一一次有关理想的演说。

我说：“我觉得人生来就要有理想，人生来就可以狂妄。”

台下发出一阵嘘声。

“我的理想很明确，我这辈子就要做一个电脑软件的开发者。做一款产品，改变世界。”

完美的结局——保送

在计算机上花的时间越来越长，内心对计算机世界的向往也越来越深。慢慢地我就打定了主意，无论如何，以后上大学就要学计算机专业。我知道，只有这个专业才能激发起我人生全部的兴趣。

但是高三来临，高考在即。我却如同一只孤独的困兽，忽然之间整个人非常低迷。夏天马上到了，我竟然没有一点想参加高考的情绪。这是一种非常可怕又难以控制的失落，就在 1988 年的那个春夏之交，我的人生跌落到了谷底。

经过一系列的努力，又经过一系列的打击，一波三折，我当时已经和所有的保送机会失之交臂了，这对于当时年轻的我，不是一个普通的打击，而像是一种对人生的全面否定。全国物理竞赛的失利，接着又阴差阳错地丢失全国力学竞赛的决赛机会，一时间，我心如死灰。我并非没有能力得到保送北大或者清华的机会，我只是求成心切，反而和这些机会擦肩而过。越是曾经和机会无限接近，心中的痛苦和失落感越是难以克服。

高二的时候，我对物理非常痴迷，在班里的物理成绩一直名列前茅。当我得知如果获得全国物理竞赛的一等奖就可以获得保送大学的机会时，兴奋之情溢于言表。由物理老师徐良担任班主任的我们班，学习物理的氛围本来就十分浓厚，对于竞赛这种潜伏着巨大机会的事情，大家更是一声令下，应者云集。而我特别希望能够把握住这个机会，因为我不想高考。不想高考并非我不愿意去千军万马地挤独木桥，而是在我眼中，通过竞赛获得保送是一件非常酷的事儿。

高二的暑假，父母带着妹妹去北戴河玩，而我则窝在家里整整两个月，这两个月我只做了一件事——潜心准备物理竞赛。我埋在物理题海里，眉头紧锁，目光如炬，饿了就去爸妈单位食堂打饭，晚上困到极点就倒头大睡。我性格里“宅男”的一面忽然在这个时候表露无遗了，在需要专注的事情上，我可以投入所有忘记一切。我心里牢牢地记住了从参赛到保送的整个流程：选手们先参加全省物理竞赛，选拔出来的人再参加全国竞赛。从全国竞赛胜出的选手可以参加物理奥林匹克集训，而获取奥林匹克集训资格的人，就可以直接升入北大、清华。

全省考试对我来说非常容易，和太多的物理题打过照面，所有竞赛试题都已经变成了我手下的小怪兽。第一次全省考试，我考了全省第二，郑州市第一。这次比赛脱颖而出，我被选入了为全国物理竞赛召集的集训班。所有全省获胜的选手都在这里参加集训。也正是因为我的成绩不错，在集训班里，老师都把我当成了种子选手，一位大有希望的明日之星。而全郑州最好的物理老师也集中到了全国物理竞赛集训班给竞赛选手们培训。为了全力准备全国物理竞赛，我和选手一起又住回了我曾就读的第一所高中——郑州一中。九中的正常课，我也不去上了。

一中的教室里没有空调，整个空间热气腾腾，汗津津的味道在空气里隐约飘浮着。教室里挤满了能力极强的竞赛选手。我还清晰地记着某一个瞬间：一位老师在黑板上耐心地画图，讲解的是一道圆形的小球在滑轨上滑行的题。小球在圆轨上滑行，重力势能转成动能，脱离轨道的那个瞬间，压力为零。小球继续滑行，脱离滑轨，动能转化成了势能。老师把这道题目分解成三个阶段，用不同的公式把题目轻松化解。那一瞬间我恍然大悟，原来这么复杂的一道物理题可以用分解的方法变得如此简单。就在那个瞬间，我似乎对物理这门学科完全开悟了。掌握了分解的道理，后来很多物理题对我来说都是手到擒来。

集训班每天都有测验，而我的成绩每次都特别好。如此一来，集训班的老师自然对我寄予厚望，他们对我说：“你正常发挥一定没有问题。”或者说：

“那个全省第一名的选手是个来自农村中学的孩子，他的理论不错，但是做实验的能力没有你强。你只要在实验上加把劲，一定没有问题。”得到了太多赞扬，身背着过重的期许，我有了得失心。

尤其是一想到只要能在全国物理竞赛中获奖，我被保送到名校的那一天也不会远了，我的内心就会涌起难以抑制的激动。在全国物理竞赛的前一天，我失眠了，各种纷乱思绪涌入大脑，我半梦半醒地想象着各种结果，一整夜都没有睡着。第二天早上起来，一夜无眠让我昏昏沉沉。以这样的状态进入考场，发挥失常并不意外。其实，那天的很多题目并不难，但是我当时就是感觉做不对，出了考场和同学一对答案才恍然大悟。当时当刻，一阵揪心涌上心头——我知道自己考砸了。

就这样，全国物理竞赛，我的名次在十名开外，保送的机会已然丧失。而自此开始，一连串霉运在短时间内向我集中袭来。

有一天，我接收到一封通知我参加全国力学竞赛决赛的通知书。打开这封信一看我就傻眼了。原来，当时的邮政系统效率太低了，在我收到这封通知的时候，全国力学竞赛的决赛已经举办过了，而所有参加决赛的人都被留在了上海交通大学。

物理竞赛厄运连连，力学竞赛没有能参加，连我参加的计算机编程比赛也无疾而终。我用我这辈子做的第一个产品——将化学题库随机组合变成试卷，提交，参加了一个计算机编程竞赛，但是提交后并未得到竞赛组委会的一丝回音。

命运就这样，又和我开了一个玩笑。

付出了海量的时间，又没有得到预期的结果，我陷入了非常低落的情绪。当时的我太年轻，连续遭遇到挫折很容易无法振作。参加各种大赛耽误了太多时间，我很长时间没有正常上课，等我回到九中的教室时，已经无法和那些准备高考的同学保持在一个步调上了。最主要的是，我根本不想参加高考了。

正当我沉溺于这些接二连三的挫折，并且不知所措时，一封大学的录取通知书竟然悄悄地寄送到了学校。有一天，徐良老师走到了我的面前告诉我：“周鸿祎，你被华南工学院录取了，专业是食品工程！”

我抬起头，充满惊喜，同时感到不可思议。

当我觉得已经彻底失败时，这样一个消息无异于救命稻草，“忽如一夜春

郑州九中八八届四班毕业照

风来，千树万树梨花开”。原来，徐良老师认为我条件不错，应该获得保送机会，于是他分别给华南工学院、中国科技大学、西安交通大学、武汉大学写了推荐信，对这些大学招生办解释了我的情况，并恳请这些学校破格录取我。而华南工学院，正是第一个回信的学校。

从此，我的运气似乎好了起来。

对于这样一个时来运转的状态，我似乎不应该有讨价还价的态度。但是，我性格里的倔强又开始“发扬光大”了，我对这样从天而降的大喜事儿一点没有全盘接受的主动，这让我爸妈都很惊讶。我爸妈对华南工学院的录取大喜过望，他们认为，儿子这下终于不用高考了，还可以去爸爸的出生地广东生活一段时间，简直是个两全其美的选择。但是我却提出：“食品工程有什么意思？我要学的是计算机呀！”

我坚决不接受这样的录取。

正当我和爸妈对抗时，决定我命运的人来了，他是西安交通大学招生办的老师，姓郭。那一天，郭老师行色匆匆，刚刚从郑州十一中离开，就赶到了我的学校。他把徐良老师和我叫来，连水都来不及喝一口，就翻着我的简历，开始了一段决定我命运的交谈。他平静地解释：“我们西安交通大学的这个班呢，是个教改班，学的是计算机和通信，算是一个优异生班，将来竞争可能会非常激烈。周鸿祎，我觉得你的条件不错，要不然你就来我们这个班上课吧！”

真是山重水复疑无路，柳暗花明又一村。

郭老师当场拍板，把我破格录取进了西安交通大学的教改班。他的一句话，悲喜两重天，即刻决定了我的命运。我的眼前本来是一片苦大仇深，转瞬之间就变成了一片繁花似锦。统治我的沮丧情绪立刻烟消云散了。西安交通大学，计算机专业，冥冥之中，也许一条道路已经暗自铺成。

此后我的好运一起来了，华南工学院同意我改学计算机专业，武汉大学也同意录取我。当然，此时我已经不会对西安交通大学改变心意。

接到录取通知书的那段时间，我眼前浮现的，一直是我在《中国青年》杂志上看过的一篇文章所描写的情景：几个大学生，毕业之后被分配到了航天部、研究院等政府部门工作。但是他们心怀大志，不愿意在机关里混日子，想用自己的力量做出真正的产品。于是，他们集体辞职，创立了一家软件公司，每天没日没夜地写程序、做软件，等稍微有一点钱，大家就合资买了一辆车，夏天开着车去北戴河游泳、放松，等充满了电再回来疯狂地编程。日子过得有松有弛，所有的人是被宏伟的目标所驱动的。

这篇文章对我的人生意义重大，在读到这些文字的时刻，我被这样的生活所击中。我知道，这正是我最向往的日子，没有窠臼，没有约束，有的只是一个不死的理想。

丹尼尔·科伊尔在《一万小时天才理论》里说，一个念头浮现眼前，那个念头将像一个雪球滚下山去。这些孩子并不是天生想成为音乐家，他们的理想源于某个清晰的信号，源自他们的亲人、家庭、老师身上的某些东西，源自他们在短短几年生命中看到的一系列景象、遇到的各色人等。那个信号触动了无意识的反应，发生了强烈的变化。这种反应具象化了一个念头：我想成为像他们那样的人。

多年之后，我看到这本书，清晰地知道我被录取的那个时刻，有个念头浮现眼前，这种反应具象化了一个念头——我就希望成为自由世界的、属于计算机王国里的那些年轻人。

被这样被保送，真是一个完美的结局。

老鼠掉到米缸里之我的大学

第五章

进入大学

别人还没有高考完，我就已经被大学录取了。当时我唯一的感觉就是，虽然被保送的过程并不顺利，但自己依然还是很酷。

西安交通大学的教改班提前开学，当别的同学还在殚精竭虑地准备高考时，我和几个同伴已经搭着一列绿皮火车，背着自己家的一床棉被，像个青年难民一样晃晃悠悠地去西安交大报到了。这是一趟意气风发的旅行。火车从郑州开往乌鲁木齐，预计到达西安的时间是次日凌晨两点。在火车上，我们几个年轻人高声谈笑，对未来的生活充满期许，我还和一个陌生的旅客大谈特谈起自己未来做软件公司的理想，不管对方是否觉得我在异想天开。那一年，我只有 17 岁。

火车准时靠站，凌晨两点，我们到达了西安火车站，当时没有什么交通工具，我和几个结伴的同学只得坐着人力三轮车，吱吱嘎嘎地被拉到了西安交通大学的正门口。西安交通大学的正门对面是一个公园，里面黑洞洞的，样子稍稍有些吓人，而交大的校门口也只有几盏破败的路灯发出惨淡的光。这时我们才发现，我们抵达学校的时间失算了，这个时候学校大门是上锁的，新生根本进不去。我们只能被迫在学校外面过夜了。这戏剧化的场景和想象中进大学时被师哥师姐欢天喜地迎进大学校门的场景完全没有吻合之处。

5月初的夜晚寒气逼人。我们穿得都很单薄，冷气一阵阵往身体里钻，即便17岁的年轻身体也消受不了。被迫在学校外面过夜，我们把行李和棉被往一棵大树旁一堆，就开始走路取暖了。我们一边走着，一边大声聊着天，希望通过运动获得几分热量。月光清冷，我们的身影又小又弱，让我们看起来如无家可归的流浪者。

为了驱散寒冷，一个同学打开了随身背来的大录音机开始播放磁带。理查德·克莱德曼的名曲——《水边的阿狄丽娜》开始在夜色里播放出来，那首优美的钢琴曲此时此刻竟然显得非常凄厉，温婉流畅的旋律像一道道冰冷的声波将空气劈开了一道裂缝。这曲子没有缓解我的寒冷，反而让我感觉寒气更加逼人，我打起了一阵阵寒战。多年以后我才知道，人的记忆也是会有通感的，后来我每次听到克莱德曼的曲子时，都感觉冷气上身，多年前被锁在校门之外的那一幕，仿佛重现了。

这让我想起，2003年我在运营自己创办的公司3721。当时“非典”袭来，已经没有人敢坐飞机了。而我却用逆向思维来进行思考，我想，现在没有人坐飞机，也就是意味着现在没人做生意了，而这正是我去全国各地推销产品、抢占市场的大好时机。于是我开始戴着防毒面具频繁地坐飞机，到全国各处去见代理商。有意思的是，国航飞机每次一落地，一首熟悉的乐曲也会随之响起。以后我每次听见这首曲子，总会想起“非典”时的情形。

清晨，一群年轻的困兽终于被放进了校园，我的大学生活，就这样在一幅如同小品的情景中被徐徐拉开了帷幕。

乔布斯说：“一个人开始热爱一件事情的时候，就会达到一种非理性的状态。”凭借我对计算机世界的满腔热爱，我也会达到一种非理性的状态吗？一个终于实现自己的专业梦，还很懵懂的年轻人，会带来怎样的一场演出？

事实证明，演出一开始，就高潮迭起。

危机四伏

第一个暑假刚刚结束，有一天，一个同学慌慌张张地跑来对我说："周鸿祎，你要被交大开除了！"

一瞬间，真是晴天霹雳。

西安交通大学的教改班此刻还没有正式开课，一种出师未捷身先死的信号从空气中传来。

果不其然，原来是西安交大少年班的一个同学把和我打架的事情上报给学校了，学校决定处置我。是的，刚进大学我就打架了。祸事不断的风格，在大学生活尚未正式拉开序幕的时候又开始延续了。

我进大学是 1988 年 5 月，那是一段轻松的小学期生活。此时全国高考还未进行，我们在西安交大上的是教改班的预科课程。这段时间没有考试，大家只是学习一些基础的介绍性课程。另外，也有一些科研机构来做调查。调查内容是我们这些所谓的"超常儿童"到底是怎么长成的。

没有什么事儿，又没有什么学习压力，我喜欢路见不平就伸手伸张正义的特点又开始蠢蠢欲动了。也许从郑州九中上学时开始，我就不知不觉发展出了一种人生观，我认为"铁肩担道义，妙手著文章"是一种情怀。我认为侠肝义胆、该出手时就出手是一种气质。我梦想着自己是正义的化身，能够为别人排忧解难。

和我打架的人是西安交大 87 级少年班的一个小同学。所谓少年班，就是很小的年龄就考上大学的孩子。他虽比我高一级，但比我小三岁，经常来我们宿舍串门，然后找他的一位老乡混吃混喝。他有一个特点，来找人从来都是让别人出钱请他吃饭，自己分文不掏。慢慢地，这位同学喜欢混吃骗喝的名声在班里扩散开来，大家都很不满，抱怨的声音开始在班里此起彼伏。这个时候，我内心的“正义之声”显灵了，我想，我必须站出来警告一下这个贪婪的人，让大家免于月底受苦的处境。80 年代的大学生都很朴素，所有的钱都在月初换成粮票和钱票，每个月饭票的总数是固定的。一旦提前花完，后半个月就苦不堪言。

我带上了我的防身武器——双节棍，去寻找目标了。我高中时练过一段时间的双节棍，这家伙用起来很有技巧，虽然它看起来不起眼，但是一旦抡起来力量特大，抡不好就经常会抡到自己。我练了很长时间才学会如何不伤着自己。后来，双节棍就成了我的防身武器，走到哪里我都带着。我希望伸张正义的时刻，这双节棍该派上用场了。这一次，我去少年班的宿舍找到了当事人，用双节棍中的一节敲了一下他的脑袋，并警告他不要再继续骗吃骗喝。

这所谓除暴安良的行为幼稚到了极点。因为无论是被蹭饭的同学还是去蹭饭的同学和我都不熟，他们之间发生的一切更和我一点关系也没有。今天想来，我所有的正义行为更多的是沉浸在自己假想的世界里，而所有的人可能也会如此看待我的行为。

而战事一旦引爆，就没完没了。江湖里的恩怨势必是往来反复。这个小同学高高瘦瘦，戴着一副小眼镜，长着鹰钩鼻子，看上去普普通通，甚至有几分斯文。但他也并非等闲之辈，在江湖里有一群救兵，注定不会对我这一棒子忍气吞声。

有一天，报复如期而至了。那天我正在宿舍休息，一群“江湖人士”如蝗虫一般涌来，踢开宿舍的门，揪住我的头就是一顿打。地上正好有些喝剩的啤酒瓶，全被他们抄起来当成武器。他们抄起啤酒瓶子就在我头上开了两个。砰砰两声，玻璃哗哗散落一地。我看不清也感觉不到几双手在同时抓着我，拿着我的头往墙上撞。有人抄起了地上的碎玻璃在我的腰间划了一下，鲜红的血汩汩地涌了出来。

此时我疼得乱叫，根本顾不上江湖风范了，连连道歉求饶。“蝗虫们”要求我拿出一条烟向他们请罪，然后才轰然离去。我虚弱地靠在墙上，面对眼前的一片狼藉：墨绿的玻璃碴子散了一地，鲜红的血迹染红了水泥地。墙边是第二天我要带走的行李。

那一天，是第一个小学期结束的日子，我打算第二天回郑州过暑假。而经过这一场突如其来的洗劫，我辛辛苦苦存的五十多元生活费和路费被这帮人抢空了。而我呢，脑袋开花了，腰间挂彩了，一个玉树临风的大学生形象在瞬间彻底崩塌了。

人生中的第一次商业行为

我被送进校医院缝了好几针，脑袋一直疼着，晕晕乎乎地回到了郑州。被打了事小，被抢了五十多元钱事大，那可是我的全部家当。这种事儿我是不敢告诉父母的，只能想办法自己解决。我回到了家里，心里一直琢磨着无论如何得把我的损失给挣回来。这就是我开始我人生中的第一次商业活动的原因。人生第一次，我开始认真考虑怎么挣钱的事儿。

很快我就想好了——我要开始练摊儿。

这个想法来源于刚进大学时的观察，刚进西安交大时，我就发现很多大四的师兄师姐在摆摊儿。后来我了解到，这种方式很像美国大学生最后的“Moving Sale”（搬家销售）。将近毕业，毕业生要离开学校，他们就把自己不要的东西摆出来卖。他们卖袜子，卖英语磁带，也卖各种旧书。床单一铺，旧货一摆，自然就有生意上门了。因为旧东西很便宜，又很实用，所以受到低年级同学的追捧。想着当时络绎不绝的场面，我立即把这种模式山寨到了郑州九中门口。

当时我的高中同学已经高考完了，我挨个儿地把他们用过的高考参考书要了过来，一共收集了一百多本，准备用摆地摊的方式卖掉。我把一块破布往地上一铺，把所有的书往上一摆，买卖就开张了。薄的卖一元，厚的卖两元，正是高二同学的暑假补习班开始的时候，校门口的参考书精准地符合用户需求。这些参考书马上受到了追捧。没有费劲，所有的参考书我全卖掉了，立刻弥补了所有的经济损失。

我并没有满足于这个简单的商业模式。其实，在第一次练摊儿的过程中，我依然在不断地观察、发现和揣摩着新的可能。很快卖完参考书之后，我已经对另一个生意产生了浓厚的兴趣——用计算机进行科学算命。原来，我去练摊儿的路上每天会路过一个集市，经常看见有位大叔在用一个便携式电脑在帮助人们进行所谓的科学算命。我凑上前去仔细观察过，发现他用的是一个有点像今天的 POS 机一样的便携式电脑，就是一个超级计算器里面卡着一些卷纸。原来他是在帮大家算心理周期、智力周期和体力周期。通过他的计算，人们就知道自己的智力什么时候处于高峰值期，什么时候处于低峰值期。人们什么时候情绪好，什么时候情绪糟。大叔算一次收一元钱，生意很不错。我顿时眼前一亮，心想这事不难，我也可以干。

回到家，我立刻开始行动。我把自己的电脑拿出来，半个小时就编出了一个计算周期的小程序。然后，我去买了一本公历和农历日期的转换书，以便给人们提供日期查询。我想，肯定有的人只知道自己的农历生日，不知道自己的公历生日，但我不能因为这个就失去了一单生意。我要为人们提供现场查询服务，人们就不会走掉了。周密地想好了一切，我就开始做生意了。我带着一张便携式折叠桌，叫了两个同学帮我在一个电影院门口放置好设备，在一张纸上用蓝黑色的钢笔水写上“科学算命”四个大字。

新的商业模式就这样神速启动了。

到了现场我才发现自己的短板——脸皮太薄，实在不好意思吆喝。我看看身边的同学，脸皮比我还薄，毫无上前招揽生意的举动。一时间，我们几个站在那里，气氛非常尴尬。好在那个时候大家还觉得计算机是神秘的，人们充满了对技术的敬畏，而我的胸前还别着一个西安交通大学的校徽，从身份认定上给我加了不少分。就这样，我们虽然没有吆喝，慢慢地也有顾客上来围观了。

我的正弦曲线有的以 33 天为周期，有的以 30 天为周期，有的以 28 天为周期，我帮大家算一个月之内，智力高峰在哪里，情绪低谷在哪里，体力的峰值又在哪里。有一对小两口要来算他们什么时候怀孕比较合适，我就现场把程序调了调，把两个人的正弦曲线叠在一起，算出了他们的最佳怀孕期。想一想，真是难为我了，我那个时候还很清纯，连女孩儿的手都还没有摸过。

“科学算命”的生意很不错。我算一次收一元钱，一天竟然能挣100多元。在当时，这算是一笔巨款了。我分给帮忙的同学一些，自己还能剩不少。但是好景不长，没过多久市场管理员就来骚扰我了，以我不交税为名，不让我接着做生意。受到驱赶后，我就把摊子挪到了集贸市场，可是市场管理员又追我到了集贸市场……

无论如何，我的这两次生意都有比较好的商业结果。虽然现在看来，这完全是学生时期的小打小闹，但是这在某种程度上潜移默化地建立了我对商业的兴趣和信心。所有的大生意都是从最微小的生意开始的，而我在这些小的生意里，第一次学习到了怎么周密地思考、怎么和人交流、怎么组织一个团队，甚至怎么对付各种无厘头的危机。这种经历当时没有觉得有多少价值，但是对我今后的创业有微妙的影响。

我想，这开启了我的无畏之心。

虽然生意做得断断续续，但是我已经挣到了足够多的钱，头疼的问题也慢慢缓解。夏天已经过去，终于到了返校的时间，我要回西安上学了。在此之前，我想方设法还上了两条云烟给少年班的敌人。一切危机都看似解除了。

但是我可不是这么想的。按照江湖的规则，战争必须是你来我往，我吃了大亏，势必应该再有一战的。于是我刚刚回到西安，立刻找朋友帮忙，又想方设法收拾了对方一顿，并且奇迹般地抢回了云烟。

如此这般，战事再次升级，他不再恋战，竟然到学校把我告发了，言辞里全是对我单方面的诋毁。因此，我刚刚回到学校，就听到这么一个噩耗，说我要被交大开除了。

当时于我那可真是如五雷轰顶。

进入西安交大这个教改班，对我来说本来就是从天而降的礼物，按照原本的要求，教改班只收重点中学的学生，而且只收获得全国竞赛一等奖的学生。而我呢，不但来自普通中学，在全国竞赛中也只得了二等奖，能上交大本来就是个意外之喜。对此，我怎么能轻易放弃呢?

一直没心没肺的我，终于意识到了事情的严重性。我心急火燎地去找老师了解情况，把事情的前因后果和盘托出，同时也展示了自己腰间的伤口和医院的治疗证明。我的班主任老师很不错，她去找学校说明了情况。学校再三思量，最终没有把我开除，只是给了我“全系通报批评”的处分。

我在西安交大的岁月就是以这样的一个处分开头的。这场纠纷最终并未让我被学校开除，但是让我内心充满了反思。如果说这场“战斗”是以无厘头的缘由发起的，但其中的过程却让我学习了很多。

一场架催生了我人生中的一次商业活动。而绕了一小圈，我忽然发现，我有我的计算机，我原来可以什么都不怕。

教改班奇遇记

大学生活正式开始了。先简单地交代一下这个了不起的优异生班——西安交通大学教改班。这里有来自五湖四海的“学霸”。以前无论是郑州八中，还是郑州一中，聚集的都是本地“学霸”。随着我进入西安交通大学教改班，“学霸”的水准也升级至全国范围。

在“学霸”聚集的地方，神人也层出不穷，这给我的大学生活带来了很多欢乐。

当时我们大学流行给自己的宿舍命名，每个宿舍门口都挂一个用毛笔字写有宿舍名字的匾额。匾额上的名字五花八门，有的写着“狼穴”，有的写着“黑洞”，都代表了自己宿舍的风格。我们宿舍的名字是由我命名的，叫“不系之舟”，意为没有拘束、任意漂流的小船，代表一种渴望无拘无束的心情。

我很得意，认为我的文学素养终于有了用武之地。

会书法的同学写完这四个字之后，我拉住他让他别走，又为我自己的床头写了一幅床头字——十步杀一人。写完后，我把这幅书法挂在床头的墙上，随时欣赏。事实证明，这幅字给我惹了不少麻烦，不但检查宿舍卫生的人每次都不太高兴，就连管理宿舍的老师也觉得这些字杀气太大。其实“十步杀一人，千里不留行”只是李白《侠客行》中的一句诗，表现的是豪气冲天的情怀。当时作为文学青年，我对诗词歌赋充满热情，这样被质疑让我感觉很无奈。

在我们的“不系之舟”里，一共住了 7 个人。我住在靠窗的上铺，住在我下铺的同学叫张小川，他虽然年纪小，但一看就很机灵。住我对面的兄弟叫胡军，是个内向内敛的人，和我很情绪化的性格形成强烈对比。住在他下铺的是一个神人，叫吴启凡，我们总是给他起各种各样的外号。他最神奇的地方是喜欢练气功，每天还要打坐，宿舍里因此经常仙里仙气。除此之外，“不系之舟”里还有江苏省数学竞赛状元范刚，是个智商奇高的家伙。他从不懂围棋到自学围棋，几个月就成了我们班围棋下得最好的人，而且编程水平也很高。另外两个室友是性格豪爽、大大咧咧的王鹰华，以及慈眉善目的第一任班长俞晓军。

虽然大学生活一直比高中还紧张，但是宿舍里经常会发生一些令人哭笑不得的事情。

那个时代的学校条件没有现在的好，每个人都要自己去打开水。每天泡个面、洗个手、泡个脚，都得用到热水。但是宿舍离水房很远，每天打水着实成为一件令人头痛不已的事情。男生们对这个问题很不自律，热水没了经常跑到隔壁宿舍去蹭，口气一定是：“哥们儿，我急着泡个面，现在没水了，先借一点儿，回头一定还！”但结果往往是“回头一定还”变成了“回头一定忘了还”。有的人把热水瓶摔了，就永远没有热水了，天天想方设法地去蹭别人的热水。

打水成了很多人的痛点，但在我们的宿舍不是。那时候宿舍仙人吴启凡，也就是经常打坐的那位同学，总是自觉自愿地为大家做好事。其中一件大好事就是每天帮我们打水。一天两三次，他往往是拎起几个热水瓶就往水房走，回来的时候负重而归，几只墨绿色的热水瓶挂在两臂上。吴启凡坚持做好人好事，毫无怨言。作为他的室友，我们刚开始享受这种福利时很不好意思，常常羞涩地说“麻烦了”。但长此以往，这话渐渐地没人说了，我们已经被惯坏了。再后来，我们不但不羞涩了，还对此甘之如饴。

那时，只有我们宿舍的热水瓶永远是满的，因此我们宿舍也成了我班同学的圣地，那些懒汉往往不请自来，拿起热水瓶就倒水，连“哥们儿，借点水”这种客套话都没有了。

后来，吴启凡觉得光打我们宿舍的热水已经无法满足他做好事的愿望了，就自觉地把这事儿升级了一个版本——从 1.0 版本升到了 2.0 版本，开始给别的男生宿舍打开水了。从此，全班男生都能享受到这项福利了。

不过，凡事有好就有坏。糟糕的是，吴启凡是西安人，一到周末或者放个“十一”长假，人家是要回家的。他一走，打开水的工作就无人问津了。一层楼的开水一时间都没了，宿舍里是凄风冷雨，哀号一片。我们这才领悟到“用进退废”的含义，“打开水”这门武功被我们彻底废掉了。

后来，大学同学聚会，这种周末哭号的场景常常被提起，我们自己都被年轻时的懒惰给逗坏了。

有段时间，我们楼下空着一排宿舍。我想资源浪费是一种罪，楼下的空宿舍没有人住我可以去住，缓解一下宿舍里的拥挤问题。我用一个塑料片把装有简单弹簧锁的门撬开，从传达室电闸拉了一根线接上了电。这样一来，我不但有了独立的居所，屋子里还有了长明之光。这样的“一居室”让我非常享受。为了防止被人发现，10 点熄灯时间一过，我会用被子把窗户蒙上，因为只有这样，我才能自由自在地用电。

我的这个“壮举”也感染了我的同学们。他们看见我住到了楼下，纷纷效仿我，撬开其他空屋，拉上电线。但是，他们不懂用棉被挡住灯光的重要性，这样一来，熄灯时间一过，整个一层灯火通明。这样大规模用电无疑太引人注目了。不到三天，我们就败露了，纷纷被赶了回去。

在大学生活里，这种有趣的事情不少，除了偶尔的捣乱外，大家喜欢打扑克、玩拱猪和四国大战。那个时候大家不赌钱，赌的是教工二食堂的肉包子。那肉包子是人间美味，但价值不菲，买一个需要好几张饭票，算是当时的奢侈品。后来有人赢了几百个包子，好像没有办法执行赌债了，只能作罢。

平心而论，像我们这种教改班的同学，平时疯玩的人不是很多。大家在物质上鲜有攀比，我们大部分时间都奉献给了学习。

到周末，偶尔会有人希望拉起牌局，但往往是应者寥寥。在学习压力很重的教改班，拉人打牌是很不容易的。那些喜欢打牌的同学往往孤独地站在走廊中间，高喊几声“一缺三，一缺三”，而回应他的往往只是几声孤独高亢的回声。

老鼠掉到米缸里

在教改班，大家是凭着硬性指标来到学校的。同学们都是在各自省得过全国物理或者数学竞赛的冠军，有的甚至提前学完了物理和数学的大学课程。更有人本来已经获得保送资格，却偏偏要参加高考，用实力证明自己是全省第一，然后才来上的教改班。一种不疯魔不成活的氛围弥漫在教室里。

无论是初中阶段，还是高中阶段，学习对我来说，从来都不是一件困难和痛苦的事情。但是大学一开学，老师就给了我们一个下马威。在第一次英语测验当中，老师播放了母语人士说的英语。当令人云山雾罩的音节在空气里播放时，我一向志得意满的神情悄悄地收了回来。我发现自己什么都听不懂，而我周围的大部分同学都神情轻松，泰然自若。

这时我才知道当时河南省的英语教学水平是比较低的，我在高中学习到的全是哑巴英语。在真实环境里听英语，我只能是一头雾水。这个测验让我感到难过，我意识到自己在此班中的英语水平必定是属于中下游的。当我看到几个来自陕西山沟里的同学和我一样愁眉苦脸时，我立刻将他们引为知己。

我明白了我所在班级的精英程度，更明白在这所大学里得真玩命才行。事实证明，那是一种比高中还要疯狂的学习状态，竞争的氛围甚至比高中还要激烈。

学疯的原因既有外因也有内因。外因是，当时我们班实行的是如同美国教学理念一样的末位淘汰制，排在最后 30% 的学生最后都要被调整到别的系去。这相当于被教改班淘汰。对于一群本来就是学习疯子的人来说，这无疑是非常丢脸的事情。但促使我们学疯了的更在内因，我们这群人从小就是“学霸”，对学习有种天然的狂热感，即便到了大学，也不会改变多年来的习惯。

我们班的学习氛围非常浓，大家比的不是谁更早恋爱，谁有经济实力在教工二食堂多买几个肉包子，而是比谁上自习上得早，谁下自习下得晚。我对大学的印象很多都停留在西安的寒夜里，几个理工男在宿舍里裹着棉被挑灯夜读的场景。天气太冷，我们又不懂得怎么护理自己，好多人手上会长冻疮，奇痒无比。

对于我来说，这是我真正可以肆无忌惮地拥抱计算机世界的时刻，这是我当时唯一想要的珍宝。无论生活条件多么艰苦，竞争多么激烈，这都是梦想照进现实的时刻。

第一年的基础课程，我的成绩平平。第二年，我们班分成计算机专业和通信与自动控制专业，所有教改班的人会面临新一轮的选择——到底选择哪个专业。当时无线电、通信与自动控制是热门专业，就业前景好，因此很多同学都选择了学习通信，这不难理解。而计算机专业的前景还比较模糊，不确定因素很多，因此只有很少的人选择。显而易见，这个选择对我来说不是难事。我的志向一直是编程做软件，最后创立一家电脑公司。因此，我毫不犹豫地选择了计算机专业。

自从大学二年级开始上计算机专业课，我唯一的感觉就是——老鼠掉到了米缸里。此时，高中自学的计算机知识在我心中风起云涌，太多向往，太多疑问，一并涌来。我心里存留了太多需要解答的问题，而大学课堂正是我把这些疑惑一个个慢慢解开的地方。

我变成一个自我驱动型的人，我学习不是为了考试，也不是为了和任何人展开竞争，而是为了解决问题。好奇心驱使我去解决心中的困惑，这在客观上塑造了一个主动学习的态度。我上专业课时，往往是听课最专心的那个孩子，我不停地举手提问，和老师交流互动，正是这种主动的态度，让我得到了专业课老师的喜欢。我的专业课成绩一直都很好。

在大学期间，我更肆无忌惮地体会着程序之美。我的一大爱好是阅读程序案例。有种程序语言叫 Turbo Pascal，我把它的源代码打印出来，如饥似渴地感受程序写作的规范和艺术。这些程序源于世界顶级的高手之手，阅读这些程序，我的感觉会逐步产生一些微妙的变化。刚开始读这些程序时，我觉得程序只是程序。随着时间的推移，我从中感受到的乐趣与日俱增，我融入了那种语言当中，痴迷于其中的写作韵律，我好像是在品读唐诗三百首，那种程序语言的韵律在心里千回百转，让我欣赏到无限的风景。不仅读 Pascal 语言，我把 Turbo C 的库函数打出来研读，并尝试着自己写。可以说，这段把自己埋在程序海洋里的日子练就了我日后的编程基本功。

除了品读程序，我还有一个爱好，就是到处去拷软件。那时候我在市场上买了很多磁碟，是那种当时正流行的 3.5 英寸的软盘，有了这些软盘，我就到处去拷软件了。那时大学的信息交换都是靠学校各处贴着的大海报来进行的，食堂前面的大海报，是集各种信息之大成的所在地。我几乎天天在那里驻足徘徊，希望从五颜六色的海报中发现有关交换软件的信息。那时经常会有高年级的学生在海报里发送软件交换的信息，我因此认识了很多人。我和高年级的学生交流心得，也因此知道了很多先进的软件，比如 Norton Utility，当然，也有一些游戏软件，我也会拷走去玩。

曾经有一个叫 Prolog 的软件，是一个高年级的同学送给我的。可是我一点也不了解这个软件。那时候对于不了解的软件，我们通常会通过搜集软件说明书来了解。搜集软件说明书是一件极其富有时代感的事情，因为那时软件都是国内汉化版，我们搜集的软件说明书都不是正版的，而是由一些小的电脑公司通过油印的方式翻印而来，印刷质量可想而知。很多时候，我们的手指会被这些翻印的说明书染黑。但是，我们那个时候的理工男依然将这些翻印品视若珍宝。我清晰地记得有家公司叫北京希望电脑公司，做的就是翻印的事儿，在圈子里挺知名。

对于这个不熟悉的软件，我和以往一样，希望尽快和它相知相识。因此，我到处去寻找软件说明书。后来，有个同学终于找到了一份，但只有一份，他说不能送给我，只能借给我看。

为了一字不落地看到那份软件说明书，我能怎么办呢？作为那个时代的极客，我们的选择不多。今天随便动动手指打印或者复印就能够解决的事情，当时我却需要花费整整一个晚上。但是，内心的纯粹很多时候正是来源于此。我别无选择，只能选择纯手工复制。

于是，等到宿舍熄灯之后，我点起了蜡烛，开启了这个看似痛苦的抄写工程。在微弱的烛光中，我一字不落地抄写着这份密密麻麻的软件说明书，神情安然，下笔如有神。对于我来说，这个因陋就简的过程，反而是一个自我丰富的过程。在抄写这些说明的同时，我的大脑也在学习和运转，因此，我丝毫感觉不到乏味。而在很多安静的时光里，我从这些思考过程中获得了潜移默化的益处。

当窗边已经泛起灰白色的曙光，我的抄写也结束了。虽然眼圈泛红，但是我的思维似乎一直没有停止奔腾。对于这个程序，我像认识了一个新朋友一样欢喜，我的嘴角稍稍上扬，无比享受这个相识的过程。

回想那个走火入魔的黎明，我已颇有计算机疯子的样子。

我为上机狂

如果时间停留在1988年到1989年，我依然会觉得，如果世界上能有一台计算机专门为我所用，于我是最幸福的事情。如果时间回到当年，我可能还像那年一样，天真无畏地和我接触到的一切计算机知识相依为命。在那个计算机并不普及的时代，即使是在高校里，我也不能随心所欲地使用这个工具。因此，我对这个工具始终有种渴望耳鬓厮磨的心态。

于是，如饥似渴地蹭机成了我那时的一种常态。蹭机，对于当年的学生来说，并不陌生。当学校开设计算机课程时，总有那些不爱上机的人根本不出现在课堂里。一旦有人逃课，他们的位置就空出来了。这个时候，就是我的机会，我会冒用逃课者的名字去使用计算机。

不疯魔不成活，如同《霸王别姬》里的程蝶衣，那个时候，我为上机狂。为了使用计算机，我内心的感觉就是“哪怕缺少一个时辰都不行”。

我经常去学校的计算机中心上机、蹭机，哪怕没有具体的功课，没有任何具体的任务。总之，只要在机房里待着，任务是可以现想的。每次上机，我都沉浸其中，最疯狂的一次，我竟然无意中攻破了西安交大的计算机中心。这是我的第一次“黑客”体验，这次体验既让我心惊肉跳，又让我后怕不已。但是，这又像是我和这个世界接触的难以躲过的一个必然。

第一次当黑客的感觉并不美好。并非有意搞破坏，我无意中进入了学校计算机系统，进去之后我很好奇，四处“闲逛”。就当我在系统中好奇地“走动”时，我无意中挪动了口令文件。最糟糕的是，我挪动之后根本不记得我将口令文件挪到哪里去了，就退了出来。现在我当然知道，挪动口令文件这事是不能做的，一旦挪动，整个系统就会立刻锁死。当我从系统中退出以后，我发现没有办法再进入系统——整个计算机中心已经瘫痪了。

在无可奈何的情绪中，我只能去向计算机中心老师坦白，希望他能对我从宽处理。管理计算机中心的老师非常宽容，他并没有暴跳如雷，只是问我到底把指令代码藏到哪里去了。我一脸难堪，尴尬地说“我也不知道”。计算机中心的管理老师实在没有办法，只能让我写一个书面说明，然后就让我走了。最后，学校的计算机中心重装了系统，整个运转才恢复正常。现在回想这次黑客经历，老师对我的处理方法真是宽容，丝毫没有为难我。

虽然我有惊无险地度过这个小事故，但是我对自己专业的疯狂已经初见端倪。我虽然制造了事故，但更重要的是，我喜欢利用这些计算机知识去学以致用。我想我和同龄人最大的区别是——我更喜欢实践。

大二的时候，学校要求我们参与老师的课题组的实践课程，目的是让我们在实践中学习如何去解决真正的问题。在这种实践课程中，老师不会给低年级学生很大的压力，更多的是让低年级学生在一旁观摩。毕竟很多同学此时还没有真正开始编程，谈不上解决实际问题。

即便知道实践课程对学生并无硬性要求，但我从来都没有抱着打酱油的心态去参加课题组。我当时已经自学了 C 语言，编过很多程序。我把进课题组的机会视为可以享用的珍馐美味，我暗下决心要慢慢地享用这个机会，而且，我内心的火种早就已开始悄悄燃烧——我不要只是在旁边观摩，我一定要亲手做点什么才行。

我所在的那个课题组中，一些老师正和西安交大的几名研究生，以及本科高年级的学生做数字程控交换机。那个年代，华为公司刚刚起步，国内能做这种交换机的并不多，我现在回想，他们当时也许是在和大唐电信进行某种合作。进组的时候，人们正在那里一张一张地画电路图，工作氛围非常浓厚。当然，友好的交流只局限于研究生和高年级本科生这些组里的“老人”之间，他们通常在组里做毕业设计，来组里的时间比较长，相互很熟悉。而我们这些看上去什么都不懂的大二学生，存在感很弱。初到课题组，我感到被边缘化了。

但是没有过多久，这种局面就改变了。

我感觉我们组里做程序的方法有点不对劲。当时课题组里使用几百张电路图，会用到 Pascal 语言，老师和同学把几百张电路板用 Pascal 程序一张一张画出来，然后去运行。然而，协调这样的程序非常困难。因为只要有一个语句写错了，一个 goto 的坐标写错了，整个电路图就错了，组里的人就要一点一点地如同排雷般地查找错误，看看到底是哪个电路图出现了故障。可想而知，这样的工作方式对人的体力和耐力都是一个巨大的挑战。事无巨细的海量工作足以让任何人失去耐心。

我在课题组观察了两天，心里暗想，不能这么干呀！事情该如何解决这个问题开始在我脑海里翻滚。我开始思考有没有简单的方法解决这个复杂的难题，让劳动力从这场旷日持久的挑错大战之中解放出来。学以致用的希望此刻在内心里慢慢涌动。

最终我从玩苹果机的经验当中找到了灵感。我想起在高中阶段，我玩苹果机时，鼠标还没有被发明，当时人们用四个光标键控制屏幕上的一个小光标，让小光标在屏幕上走来走去。受到这个想法的启发，我认为此刻应该做一个画图工具，用一个程序把电路板画出来，再写出一个显示程序，将电路板显示出来。这样一来，我甚至不需要一个会编程序的人来做事了。我们只需要把相应的数据录入就可以完成电路板的显示了。

虽然是受到苹果电脑的启发，但是我的解决方法和苹果电脑的画图方法并不一样。在苹果电脑上画一个图，组成图像的其实只是像素点阵，没有结构化的数据。但是，用显示程序显示电路板，我不仅画了一个点阵，还生成了另一个记录。这个记录还是有语义的。现在总结，其实我做的是结构化的图像编辑器。

潜心研究了几个晚上，我把程序做出来了，从此画图变得特别简单。人们只要告诉我电路板的哪一个角出问题了，我们输入数据，坐标即刻就显示出来，我们在关键位置建立了对应表格。

这就是我 1989 年秋天做的事情。我今天对波兰德公司还有非常深的感情，因为正是那家公司发明的Pascal语言。虽然这件事情已经过去二十多年，回头去看，我依然认为我那个想法很棒。用一个并不复杂，且一以贯之的方法解决一个麻烦的问题，让事情化繁为简，成为我解决很多问题的一种习惯。这正是我特别推崇的一种理念——问题要优雅地解决。

做出这个画图工具之后，课题组的老师对我的态度大变。虽然没有大张旗鼓地表扬我，但是课题组的气氛已经变得其乐融融了。之前我经常被认为是去课题组蹭电脑的，现在课题组的老师竟然允许我拿着打印纸去打Pascal程序源代码了。不但如此，我买有关计算机的书的费用，也可以用课题经费报销了。那个时候计算机书籍价格不菲，至少十元钱一本，绝对不是我能消费得起的。这个待遇对我来说，简直是久旱逢甘霖。

我就是这样天真无畏地爱着计算机世界里的一切。那个世界的一切给我很“对”的感觉，给我提供着源源不断的灵感，提供给我大千世界里一个唯一久待不腻的角落。

我当时进课题组做这个程序的改动不是出于任何利益考量，完全是心甘情愿，并对整个思考过程甘之如饴。我投入了大量的感情在这个项目当中，也获得了一些成就感。通过很多事情，我理解了这样一个道理，做一件事情总要不计回报，一旦投入了全部感情，最后的回报总会出其不意地到来。我最享受的不是做事的最终结果，而是在投入的过程中，那种说不出来的内心的平静。

正是在那个阶段，我的专注力得到了极大的提升，我有意让自己在每个需要工作的时刻都聚精会神。记得有一段时间，学校让我们去校办的无线电厂实习。当时我对自己的要求很严格，老师派给我焊电路板的活儿，我力求做到将每个电路板的焊点都焊得饱满圆润。我验证自己劳动成果的标准是——收音机一打开，就能正常工作。

多年之后，我读到奥普拉的一段话：“（我感觉）充满了希望、满足感和说不清的愉悦。我坚信，甚至在每天从不同角度轰炸我们的疯狂之中，存在着，仍然存在着，这一直都在的安宁。”

而我的计算机世界里，正充满了这种安宁。

课外兼职：人生的另一堂课

自从上了大学，《中国青年》那篇对我人生很重要的、描述青年人创业的文章就在我的心中挥之不去。几个年轻人辞去安稳的政府部门的工作，一起创立公司做软件，尝试不同的生活方式。累得发疯的时候去北戴河游泳，忙的时候关在房间里没日没夜地做事，他们都是产品主义者，有明确的目标。我的眼前时时在播放这些年轻人的生活方式短片，我深深地觉得，那就是我要的人生。

在改革开放刚刚进行不久的年代，我深知这种生活方式绝非主流，也并不是很多年轻大学生的真正追求。在进入大企业工作或者出国留学成为毕业生两大方向的校园里，我希望单干的愿望确实显得有些和主流格格不入。虽然出国留学的念头也曾经出现在我的头脑里，但是经过缜密的思考，我最终决定不去盲目跟风。既然已经有了明确的目标，我应该直奔我的目标而去，我最终的归宿只有一个——自己创业。

有了这个终极目标的指导，一切都变得简单起来。我开始有了一个清晰的感受，生活中所有的一切都是为将来“创业”这个终极目标服务的。我要有意识地锻炼自己的能力，渴望知道所有未知的东西，默默积攒那些我未来需要的真知灼见。

我不喜欢学校的社团活动，认为那些都毫无意义。我对所有形式大于内容的东西都深深痛恨，对所有人浮于事的机构采取非暴力不合作的态度。我还是喜欢用自己的方式去千锤百炼。

在专业方面，我不想浪费任何一个磨炼自己的机会。当你希望在一个事业上从一而终，那种热爱既是热望又是本能。就算是放假，我也想和计算机待在一起，有的时候我自己尝试编辑好玩的程序，仿佛是在试探自己的功力究竟练到了几成。

有一年元旦，管理操作系统的老师把实验室的钥匙交给了我们，让我们可以随便用几天电脑。这个消息对于从始至终都有上机饥渴症的我来说，简直是天大的喜讯。12 月 31 日当晚，当校园沉浸在一片欢乐的过节氛围时，我早早溜进了实验室，在那里玩了一个通宵。

我并没有浪费这个晚上，而是用自己的想法做出了一个程序——机打贺年卡。那是一个还流行纸质贺年卡的年代，一过节大家就流行买好卡片互相邮寄。就在这个晚上，我用计算机设计出了一个画图软件，写出的程序可以用卷纸打印出贺年卡，使用的工具是九针打印机。尽管机打的图案看起来有点粗糙，图案灰度只能靠点阵的疏密来调整，但这毕竟让贺卡有种与众不同的感觉，拿着几张薄薄的机打贺卡，一种对计算机的驾驭感在我心里油然而生。这种让工具为我所用的感觉，是学习计算机专业最具乐趣的时刻。后来我拿着我的“作品”给身边的同学看，他们都感到很新奇。我为自己的这个小实验感觉到欣喜的同时，也深感自己在专业方面应该不断进阶。这种创造、磨炼，再体会、再创造的感觉，形成了我在专业方面的良性循环。

大三的暑假，我开始在校外接活了。一方面希望可以增加自己的收入，另一方面也想去真实的世界实践自己的专业，看看我离真实世界的距离远不远。我去了一个信用社干活儿，面临的第一个任务就非常棘手。

信用社有一个算利息的计算机，其实是个单板机，用的 CPU 叫 Z80，里面程序是写死的，显示工具其实是八段 LED 式的显示管。那个时候国家刚刚调整了利率，信用社需要有懂计算机的人去调整单板机上的利率程序。信用社的领导到西安交大计算机系找人，希望有人能够帮助他们解决这个难题。老师觉得我还算有能力，就把这个活儿派给了我。

到现场观察了一番，我发现问题的难度超出我的想象。程序在单板机上是写死的，怎么提取出来再写进新的程序成了一个死结。这个问题要是放到今天，可能根本不成问题。因为我们有闪存，我们有硬盘，从电脑里拷出数据是分分钟可以搞定的事情。但是在 80 年代末 90 年代初，做这事儿远不是那么简单。

好几天之后，我才想到了解决方法：Z80 的程序都写在 EPROM 可擦写的存储器上，存储器上有个窗口，用紫外线照射之后可以把里面的信息全部抹掉。然后对原先程序进行改动，改好之后，就可以通过烧录器把软件和数据烧进去，信息就不会丢失。

这样一来，我们需要烧录器把程序给读出来，再进行反汇编。做完之后，我发现这个程序充满了反破解，到了某个地方就跳转了，根本无法正常运行。就这样，我的工程整整一个星期停滞不前。我不断地和自己进行着头脑风暴，想解决这个问题。当年给程序纠错，没有任何程序调试工具，解决任何问题都只能把程序打印出来，一行行地读，靠大胆的猜测。所以，那个年代要破解一个软件，需要狠下功夫。

后来，我绞尽脑汁才想到一个主意——写一个模拟机来虚拟 Z80 的运行模式。我找了一台电脑来模拟 Z80 的程序，把它的 CPU、寄存器、指令集全都模拟出来。一段时间，我成了 Z80 的机器语言专家。我一步一步地把程序在虚拟机上走下来，终于发现了问题的症结所在：原来我们数据本身就读错了。

找到了问题的症结，解决方法也就随之产生了：我找了一台好的烧录器，把数据正确地读出来，然后把利率公式算好，接着在程序空白的地方插进一段代码，最后把程序重新扫进单板机。就这样，虽然过程有点小坎坷，我还是很快地把这个艰巨的工作利落地完成了。

现在回想起来，当时我就已经有极大的耐心去解决一个复杂的问题。我秉持着一个理念，面对每个问题，我希望以普世性的方法来解决它。这种习惯一直延续到现在。虽然现在的调试工具多如牛毛，但是解决问题的这个理念始终根植在我心中。

这种理念，让我在专业范围之内不断地有所斩获。我不仅在专业内有意识地磨炼内功，在专业之外也对一切新鲜事儿照单全收。我记得当时在校外接活儿，同学们一上来就问“我要做的是什么工作”，一般人不做与专业无关的事情，认为没有技术含量，我却特别喜欢这些“不务正业”的事情。我琢磨怎么卖东西，怎么做销售，关心和人打交道。我知道，如果将来打算创业，商业领域的知识必然不可或缺。

大四的时候，我去一家软件开发公司上班，那是一套设计数字电路的软件，使用 Unix 系统。我当时对 Unix 系统还不熟，他们交代的活儿，我也做不出来，但是我热衷于参加这个公司的商业活动。

这个小公司有各种各样的小买卖，其中一项就是销售数码产品。每当有人到店里面询价，我就装作特别熟悉的样子，热情地迎上前去，给人介绍各种产品的功能。当时我心里埋藏了一个愿望——要是有一天我能靠一己之力卖出一套设备，我就成功了。在兜售多日无果的情况下，终于有一天，我的一个同班同学告诉我，他父亲所在的武警学校希望购买一套设备，其中就包括电脑照排系统、数码印刷机和激光打字机。我一听，喜不自胜，这不正是我们公司帮助代购的产品吗。我顺理成章把生意介绍给了公司，做成了一单生意。

不过，这对我来说只是一个开始。

当时社会上已经有拿回扣、从中渔利这样的灰色操作了，但我对这一套完全不感兴趣。我最感兴趣的事情是，如何独立把销售这整套流程走完。我马上向经理申请去北京提货，经理爽快地答应了。就这样，大学还没有毕业的我，开始了去北京提货跑生意的第一次旅行。尽管这种生意模式还太过原始，说白了就是到北京的中关村买一台设备，但是整个过程我还是做了充足的准备。

我带着一张汇票到了北京，先找了一家银行去入了账，然后就走到北京的大街上去挑激光打印机了。那个时候我对中关村还不熟悉，只好找一个在清华大学的朋友带我去转悠。

虽然我对这些设备不太懂行，但是为了不露马脚，我故意装作专家的样子和别人谈价。只记得当时我的样子，背着手，用挑剔的眼光看着这些设备，然后告诉店家：“我想先验验货，先给我打 20 张，我看看质量！”我至今记得店家那心疼的表情：“20 张？那么多！”

“是呀，买东西总要先看看效果呀。”

我记得我不仅买到了设备，最后还学习了怎么开发票、怎么办理运输。我按照设想把整个流程走了一遍，非常有意思。所有这些在同学看来“不务正业”

的事情，对我来说都是一片广阔天地。事实证明，我做的这些专业以外的杂事，对我今后创业起了很大的作用，最重要的是，当这些既复杂又重要的事情滚滚袭来的时候，我都不再惧怕。

我记得在回西安的火车上，我暗自得意：我终于学会做生意了。那个时候，从北京到西安的火车要运行二十多个小时，我一去一回都是硬座坐过来的。那时年轻气盛，一宿不睡第二天也精神抖擞。

第一次讲课练就演讲能力

现在回想，那家公司实在是没有什么商业模式，什么业务都做。除了倒货卖货，另一项业务就是开设电脑培训班，做培训业务。他们没有钱外聘老师，就让我这个大学生直接去站台。因此，在那家公司上班时，我第一次成为老师给别人讲课。

电脑培训班来的都是一些 20 到 30 岁的姑娘，她们有的是文秘，有的是家庭妇女。在我的想象中，第一次传道授业解惑，应该是一个很有意思的经历。当老师是一种很神圣的体验，但是我刚刚讲了几节课，就已经大汗淋漓。并不是我讲课的水平不够高，而是我第一次感觉到，这些人确实是实打实的小白用户，很不开窍。

对这些小白用户来说，你必须用最通俗易懂的语言来解释所有的问题。

我做事情比较投入，无论这件事情是简单还是复杂，我都能够乐在其中。认识到这些学生的真实水平，我开始为这些小白用户精心地备课，绞尽脑汁想出最通俗易懂的语言，让计算机语言尽量变成白话。

我其实是从那个时候开始接触小白用户，并开始了解他们是用什么思维方式思考的。这个经历潜移默化地影响了我的产品观。在和小白用户的接触过程中，我开始明白做产品不能总从程序员和产品经理的角度出发，还要化繁为简，达到使用的极简主义。当这种思考潜移默化地进入我的生命，一种做产品的思路也默默地根植到我的思维当中。

讲课对于我的帮助不只如此，在每天试图讲解计算机语言当中，我的演讲能力也得到了潜移默化的提高。很多年后，我才认知到这是一种必需的能力。很好的表达能力，无论对于程序员之间的沟通，还是与用户之间的交流，都至关重要。这对于今后作为企业的创始人，和员工之间的沟通、领导力的建立都很关键。创业之后我需要经常上台演讲，没有想到的是，这时我已经变成了续航能力极强的“麦霸”。我喜欢滔滔不绝地说出自己的想法，不喜欢被打断。因此，每次演讲之前，我的员工都小心翼翼地提醒我，一定要注意控制时间。后来很多人问我，你是不是天生就很会演说。其实，没有任何人是天生会演讲的，这个能力是我从年轻时开始慢慢锻炼而获得的。

在研究生阶段，我就开始创建自己的公司。我接触很多年轻人，今天还在雇用年轻人来公司工作。我经常给一些年轻人分配一些基础性的工作。很多年轻人听到不喜欢的工作，或者认为不该自己做的工作，会有抵触情绪，认为这事儿不符合自己的身份。我觉得这种观念是很错误的，任何一件小事情里，都隐藏着大天机。对能力的训练来自对每件事情的体验。所有的经历都不会白白浪费。

我的大学生活很充实，但似乎很难用开心和不开心来总结。开心来自简单的事情：吃了一顿好饭、听了一首好歌、疯狂地读了一晚上的程序，或者暑假的时候邮购了音响零件，自己制成了一个噪声巨大的音响。而不开心的时候也是有的：走在西安交通大学的林荫大道上，没有姑娘的瞩目，没有浪漫的故事，有的只是一颗理工男的寂寞心，偶尔悲壮。

后来经常有人好奇，问我除了学习，大学那时到底有没有谈过恋爱。对于这个问题，我只能如实回答：虽然我对恋爱这事儿并非没有向往，但是当时确实没机会。我“痛恨”当时女生的择偶标准，她们不是倾心于学生会干部，就是喜欢高大威猛的体育特长生，会写诗的文艺男青年也颇得她们芳心。像我们这种其貌不扬的“草根”和极客，基本上没有任何市场。我们只能在夜谈会中谈谈对女生的向往，抒发一下愁苦情绪。

我对女生也并不是全无行动。有一次去北京，为了去清华大学见一位我少年时认识的女生，我狠狠心，用一整年做家教的钱买了一双彪马旅游鞋。我清楚地记得那双鞋需要 120 元人民币，而我一年做家教只挣了 100 元。当我到了商店，我发现我的存款不但不足以购买这款名牌旅游鞋，而那鞋也根本没有我的号。但是我实在不想错过装扮自己的机会，依然执着地买下了大一号的鞋子，现在看当时的照片，我如同脚踩两只大船。不但如此，我还借了班干部的一身运动服来搭配这双彪马鞋。那是一身蓝色的滑雪绸运动服，束腿束腰，当时看来是很顶级的衣服，现在看来很廉价。

精心装扮了一番，我去清华看望了心中的女生，不出所料，这次看望最终无果而终。

在大学期间，无论是出于主观因素，还是出于客观因素，我都把所有的精力投入到学习当中。毫不惊奇，我把图书馆里所有有关计算机的书基本都通读了一遍，那是一种一个人日夜独处的狂欢。当时流行的歌手是李宗盛和王杰。在这种日夜独处的狂欢中，我常常哼唱李宗盛的《寂寞难耐》：“总是平白无故的，难过起来；然而大伙都在，笑话正是精彩；怎么好意思，一个人走开……寂寞难耐，寂寞难耐……”

走过了这段难忘的大学岁月，我非常感谢所有的孤独。正是因为严谨的学习氛围，西安交通大学把我培养成了一名基本功扎实的程序员。在那段晃晃悠悠没有爱情的时间段里，我完成了从一名计算机爱好者到专业计算机从业人员脱胎换骨的蜕变。

多年后的一次大学同学聚会，我听到了同学们对很多往事的回忆，大家在欢声笑语中纷纷对我当时的标准形象进行了描述，他们说，当年的我通常是，腋下夹着一堆软盘，头发乱如茅草，但是眼睛贼亮，除了接学校外面的活儿，一有空就往机房跑。

研发反病毒卡——创业初体验

第六章

开始逃课 准备做产品疯子

从高中开始，我受到《中国青年》杂志那篇有关创业的文章的感染，内心一直憋着一个做公司的梦。我暗自朝着那个目标前进，从来没有觉得任何时期的学习是任务。相反，我像饥饿的人渴望食物一样，渴望了解世界的真相。

在中国计算机事业正在起步时，美国硅谷的计算机事业已经蓬勃发展了一段时间，其中一些优秀的公司已经如雨后春笋一般冒出来。我渴望着了解另一个世界科技发展的现状。

大三时，我去上海的一个单位实习，坐在火车上，我阅读了一本对我影响至深的书——《硅谷热》。埃弗雷特·M. 罗杰斯的这本著作荡气回肠，回顾了硅谷兴起的过程、描述了硅谷当前发展的现状和未来可能面临的种种问题。这本书如同一场饕餮盛宴，让我如痴如醉。这次阅读给了我丰富的精神滋养，对我产生了深远的影响。

《硅谷热》总共分三部分：第一部分是“硅谷的崛起”，以苹果电脑的传奇故事为主线，讲述了硅谷的发展历史；第二部分是“高技术文明”，从风险投资、创业故事、人物传奇等各个方面描绘了硅谷的生态状况；第三部分是“硅谷的明天”，讲述了硅谷模式在全球的扩散、硅谷面临的全球竞争和对世界的深远影响。

这本书严谨的风格、美式的语感，以及里面传递的舍我其谁的精神，像一针催化剂，让我这个理工男的内心波澜壮阔。

在这本书里，我第一次知道了乔布斯。

乔布斯说他年轻的时候曾想：一个人是不可能改变世界的。世界太大了，十分复杂，威力无边。但是，他近年来创办苹果公司的经历，使他产生了一种欣喜若狂的感觉。他说："你可以在这儿激励世界，也可以在那儿影响社会。"这种效能感，就是给许多企业家生活带来欢乐的原因。

当某个人有了这种能驾驭未来的威力感，他就会勇往直前。乔布斯喜欢用一些形象的比喻来说明问题。例如他说："费尔柴尔德半导体公司就像朵成熟了的蒲公英，你一吹它，这种创业精神的种子就随风四处飘扬了。"

在那本书里，我看到了硅谷的年轻人的工作状态：

硅谷是袖珍计算器、影像游戏机、家用计算机、无线电话、激光技术、微处理机和数字显示手表的诞生地。近年来，在电子产品方面的每一样新产品，都是从硅谷出来的。工作的人的信条是"猛干，猛玩"，没什么差别。在硅谷，我们可以看到一种独特的生活方式与工作方式。工程师往往一天干15个小时，每周工作7天，许多人计划干上10年成个百万富翁，然后就退休。

在那本书里，我看到了信息革命与工业革命的区别：

今天的信息革命不同于过去的工业革命。其中一点不同是，当前的这场革命进展要快得多。向工业时代的转变用了几代人的时间，而信息革命却只在一代人的时间之内就发生了。另一点不同是，在信息革命产生的同时，我们就认识了它，而一百年前，在曼彻斯特或其他工业城镇，几乎没有人知道他们的社会在发生什么变化。

使用计算机的数量，标志着信息革命的飞快速度。由于硅谷，使用计算机的体积越来越小，价格越来越低。1984年，计算机已经变得到处都有。

在车库里创造出一个产品，孵化出让人受益的理念，没日没夜地去改变世界、去拥抱信息时代的革命……看着让人热血沸腾的文字，我恨不得马上投身这场革命。

《硅谷热》成为影响我最深的一本书，它对我是一种价值观的影响。当时我对 VC 没有兴趣，因为我还想象不到 VC 的作用。我看到的是一堆孩子在车库里做出的神奇的产品。“产品为王”这个想法对我影响很大，因此这么多年来，我一直都是在做产品。另外，这本书还提及那些硅谷人怎么藐视大公司的，书中的人个性都很鲜明。最早这些人都是从大公司里出来的，但是他们不怕挑战大公司。最经典的是苹果和 IBM 的故事——其实 IBM 做 PC 胜过了苹果，从商业上讲，苹果败给了 IBM，但从价值观来说，苹果被当成硅谷的英雄。我受这种价值观影响很大——如果一个社会只以成败论英雄，或者只以金钱多少论英雄，是不可能鼓励年轻人创新的。

自从看了这本书，我就决定要像那些硅谷的年轻人一样——“在这儿激励世界，在那儿影响社会”。这让我浑身充满了创业的欲望。

大四毕业之后，我被保送到了西安交通大学的研究生院，但读的是管理专业。当时我的想法是，既然决心要做一家软件公司，除了计算机知识外，一定要知道管理知识，所以研究生想当然选读了管理。但是刚刚学了几天我就失去了兴趣，我觉得没有进入过任何公司就学习管理简直是天方夜谭。那时候我就觉得，要不要研究生学位我无所谓了，要一个没用的学位简直是在浪费生命。于是，我开始逃课，心里有个声音正在对我振臂高呼：此时不创业更待何时？对于自己想做的事情，我不想再浪费一分钟了。于是，我一头扎进了市场，要去做一个产品疯子。

至于做什么产品，我经过思考，做出了一个宿命般的选择——我要做一块清除计算机病毒的电脑外接卡，简称为反病毒卡。除了觉得研究反病毒是一件很酷的事情以外，我做这个产品还有其他方面的考虑。

当时的计算机发展过程中，病毒的出现已经不是一件新鲜事了，它逐渐成了人们使用电脑的一个痛点。顺延着解决这个痛点的思路，我制作产品的想法就是，用一块外接的硬件来帮人们查杀电脑病毒。根据我连续几年阅读《计算机世界》的积累，我知道瑞星公司已经进入了这个领域，而且做的硬件卖得很好。

当时我义无反顾地选择做硬件,除了因为已经声名鹊起的瑞星的榜样作用,还有几个原因。

首先，中国用户当时认为所有的软件都应该是免费的，因此把软件做成一个生意很难，而硬件却有得到利润的可能。其次，通过设计，我们有信心通过外接硬件，在电脑的操作系统启动之前，就获得电脑的控制权。最后，我倾向于用一种更加通用的方法来解决电脑病毒的问题，比如根据病毒的行为而不是根据病毒的特征来防范病毒。

我给反病毒卡配一张软盘，让电脑插上反病毒卡之后，通过调用软件来实现整个功能。可以说，这是一种软硬件结合的思考方式。

想好了这些，我的内心便非常笃定。《中国青年》上的那篇文章中所描绘的场景，我想我准备亲手去缔造了。《硅谷热》中年轻人的狂热，我也要去亲自感受了。不眠不休我完全可以做到，我甚至可以更狂热。

我一头扎进了我的理想。当然，早期创业我们并没有注册公司，而是希望想方设法先把产品做出来再说。直到今天，我也认为注册公司等琐事只是创业的形式，而创业的关键取决于推出什么样的产品。我找来负责技术的范刚和负责统筹的石晓虹和我一起工作，而我作为产品的总策划和推进者，每天都在思考着一件事，那就是怎么尽快把反病毒卡生产出来，并迅速推向市场。

理想如此丰满，但现实往往骨感。一个希望以查杀计算机病毒起家的学生公司，需要每天在电脑上调试程序，寻找病毒特征，而此时，我们却连一台属于自己的电脑都没有。

这一切看起来多像痴人说梦。这时候，已经有人在说我们几个办公司的事儿是异想天开了。

讥讽和嘲笑开始在空气里无声流动，我们该怎么办呢?

送进公安　连夜受审

作为穷学生的我们当时没有电脑，也没有钱，但是又想自己做出产品。这看起来非常矛盾——我那么想创业，却连基本的创业条件都不具备。但是一穷二白挡不住我做事的欲望。对于创业，我的理念是，有条件要创，没有条件创造条件也要创。

于是，我们想出了一个没有办法的办法，通过在学校找一些活干，一边干活一边借“单位”的电脑用。想一想，这正是我们做产品研发的阶段，这种创业的艰苦，现在的年轻人估计很难想象。

当时我们学校有一个老师，他当年的想法就是做一个类似电子词典的产品，有点像今天的金山词霸。人们只要在电脑上输入某一个英文单词，相应的中文就会显示出来。我们接下了这个工作，希望一边干活，一边研究自己的反病毒卡。

没有想到，一场跌宕起伏的大戏其实刚刚拉开帷幕。

我们一边干活，一边研究产品，所以干活的进度很慢，经常被老师诟病。另外，我们能用计算机的时间远远不够。我意识到，想要研发成功一个产品，要经过无数遍测试，这种过程比想象的痛苦漫长。

于是，我们流窜在整个校园里，创造着一切可能的机会在学校里蹭电脑、混电脑。

学校各个计算机机房里时常出现我、范刚和石晓虹三个人的身影。和当年本科学习的时候一样，我们蹲守在机房门口，只要有人翘了计算机课，我们就迅速补位，进去分秒必争地使用这台机器。或者哪个研究生同学的导师的研究经费比较充足，教研室配有计算机，我们就偷偷溜进去蹭用他们的电脑。具体的方法是，等到我的同学 10 点回寝室睡觉时，就把我们锁在机房里。我们在那儿用一个通宵的电脑，等到黎明时分再从门上的气窗翻出去。我想不少地方都留下过我们爬墙的证据。昼伏夜出成了我们的日常。

要测试反病毒卡，我们有时候要打开电脑机箱，反复插卡又拔卡，过程十分惊险。当时的电脑机箱都是有螺丝的，打开需要用螺丝刀，我每每打开一台机器都提心吊胆，心想千万不要把机器给烧了。有时候我们的产品插在电脑上，忽然一声长鸣，电脑就黑屏了，我们吓得手忙脚乱地去检查。有时候我发现电路板没有焊接干净、电路板上的两根槽儿连接上了，还得用小刻刀去把多余的焊接部分割掉。这样，每次产品测试，我们都非常忐忑。而每次我们插上卡发现机器能够正常自检，就特别高兴。

那个时候，我常常扮演着一个界面设计者的角色。除了设计产品的整体思路，我坚持在有限的 EP-ROM 空间里加一点界面设计。

就在我们没日没夜地蹭电脑、昏天黑地进行产品研发和检测时，有一天，几名便衣警察走进了我的宿舍。一进门就对我厉声呵斥，给了我一个下马威。

“有些事情需要你配合调查一下，跟我们走一趟。”

“什么事情？”

“到学校公安处再说！”

此时此刻，我一头雾水。每天除了吃饭睡觉，我都沉浸在做研发的工作里，丝毫不知道自己犯了什么事儿。我感觉肯定是什么事情弄错了，因此被带走时还嘻嘻哈哈，一副无所谓的样子。到了楼下，几名便衣甚至让我试骑了一辆三轮车。按说一般人要掌握骑三轮车的技巧需要一些时间，大多数人并不会骑，可我偏偏就会。于是在两名便衣警察的看护下，我一路吱吱嘎嘎地将三轮车骑到了校医院旁边的学校公安处。现在想来，这真是奇葩的一景。

后来我知道，因为西安交大的级别较高，所以学校公安处的级别也不低。

真正到了公安处我就笑不起来了，整个氛围让我感觉情况不妙。我被带进一间小黑屋受到几名警察的厉声呵斥，他们让我老实交代自己做过的事情，看起来形势严峻。他们一会儿唱白脸，一会儿唱红脸，来来回回地在我面前轮番上阵。一些人不断地对我重复着我将面临的各种各样的可能性——“这事儿你只要交代了，肯定对你从轻处理，你还年轻，未来的路很长，要是不交代，肯定对你重判！”一会儿说：“就你这种情况，不判十年，也得是五年！”一会儿又说：“交大那么大，为什么我们不找别人，专门找你们仨？自己好好想想吧。”

你方唱罢我登场。在好言相劝和厉声呵斥的不断重复中，我这种见多识广的人也开始发蒙了。虽然从小到大我经历的风波不断，也算是经过风雨见过世面的人，但是基本上是小事不断大事没有。而这种阵仗让我第一次感觉到了害怕。

不知道自己犯了什么错，我只能东拉西扯地和公安处的工作人员谈谈自己的理想。在小黑屋里，我侃侃而谈，我告诉对方自己想做一家什么样的公司，研究反病毒应该并不犯法。我也希望对方告知，这起案件到底和什么有关。

一整夜就这样在东拉西扯中过去了，渐渐地，我像一只泄气的皮球，从亢奋转为萎靡不振。而更加悲惨的白天来临了，我被拉到一个有天井的院子里站着，依然不让睡觉。公安们让我在阳光下好好反省自己做过的事情，想不起来就好好想。在火辣辣的太阳底下，本来就一夜没睡的我更加昏昏欲睡，没过一会儿，我就东倒西歪了。而每次我身子刚刚一斜，背后就会挨上一脚，一个声音高声喊道：“不许动！站直了！”我赶紧睁开眼睛站好。恍惚中，我看见我的创业伙伴石晓虹也在院子的一个角落站着，表情和我一样木然。这时除了难受，我更多感觉到的是屈辱。

夜幕再次降临，第二个晚上的轮番轰炸开始了，而这一轮轰炸更为密集。此时的我体力已经被逼到极限。头顶昏黄的吊灯似乎在晃荡，眼前的一切和幻灯片一样，开始变得不太真实。我依然不知道到底为何被抓，但是开始试图搜肠刮肚地在脑海里收集自己做过的错事，希望能够早点过关。人在那个极点上就开始失去理智，我把所有能想起来的芝麻绿豆的错事都交代了。

“有一天我路过足球场，里面飞过来一个足球，我觉得这个球不错，就抱回宿舍了！”

“我在学校给唐老师打工，一直对唐老师的那个词库感兴趣，有一天我打开他的柜子想偷偷拷贝一套！”

警察们都觉得我在顾左右而言他，不老实。

终于，在对方的“启发”之下，在漫长的对话过程中，我捕捉到了一些重要信息——公安处正在查一批丢失的电脑配件，这些电脑配件丢失于学校的某个计算机机房，而嫌疑犯曾经骑着三轮车销赃。

这时我才恍然大悟：我们三人因为常常潜伏在学校的各个机房，神出鬼没、行踪诡异，早已成了偷窃这批配件的嫌疑犯。我们应该已经被盯了很久了。这时我才知道，几天前为什么我的杯子在宿舍里不翼而飞，很可能就是被拿去采对指纹了。为什么被带走的那一天，我下楼就被公安要求骑三轮车，这也是因为要看看我有没有嫌疑犯具有的技能。

在两晚一天没有合眼的情况下，我的精神游走在崩溃的边缘。时间在一点一滴地慢慢流逝。几名公安不断在我耳边重复着：“今晚就带你上路，去市局。”所以我从那个时候开始，总是偷偷瞄一眼墙上的钟表，看着秒针在嘀嘀嗒嗒地走，我的脑子里总是在盘算，到底什么时候把我送走。最具戏剧性的一幕在午夜时出现了，办案人员在屋外拿着一沓按着手印的文件走进了屋子，他们拿着那堆纸晃了晃，对我说：“你看，你的同伙都已经招了，现在就差你了。”

我被这一幕惊呆了，这成了压垮我精神的最后一根稻草。连续数小时不能睡觉加上轰炸一般的审讯让我开始出现幻觉，我觉得自己是不是真的干了什么事，只是想不起来。那种强大的诱供方式把我逼到了精神绝境。在那一瞬间，我只有一种心态，只要让我先过了这一关，明天怎么样都行。与此同时，我也充满了疑惑，到底石晓虹和范刚都招了些什么呢？

我开始希望迎合办案人员的询问，把这场审讯完成，我甚至开始胡编乱造一些想象的犯案过程。现在想来，这种心理看上去不可思议，但只有经历过那种极度的摧残和体力的极限，才知道此情此景之下人们的真实心理。直到今天，电视剧里如果有刑讯逼供、屈打成招的环节，我都表示完全理解。

我已经完全撑不住了，开始营造剧情——

“你们怎么进去的机房？”

“翻墙进去的。”

“都拿了什么？”

“CPU 和内存条。”

“拿了之后怎么处理的？”

“砸了。”

“怎么砸的？”

“拿哑铃砸的，然后都扔进了马桶！”

“不对，你肯定是给卖了！”

“哦，对。卖了。卖给我大四时实习的公司了！”

又一个无眠的晚上，我感觉前所未有的委屈，以及前所未有的无助。就这样又扯到了天亮。等到谈话终于结束，他们拿来一沓白纸来到我的跟前。我一看，是一份口供，他们让我按手印儿。看着这沓写满字的白纸，我的脑子轰的一响，在这个时刻，我一下子清醒了过来。凭直觉，我知道，今天只要按了这个手印，一切就真的完了。我怎么能承认自己根本就没有做过的事儿呢？我保留了最后一点点理智，提出了一个请求——让我去见一见我大学时候的班主任陆老师。

我的请求得到了批准。

见到陆诗娣老师是第二天的早晨。那一天，我昏昏沉沉，拖着沉重的步伐走在绿树成荫的校园大道上。已经被关了两天，早晨的阳光明晃晃的。我感觉好像已经很久没有看见太阳了，一切都显得那么不真实。当时正是快上课的时候，很多同学急匆匆地走在路上，往教室的方向奔。只有我，身后寸步不离地跟着一名警察，慢慢走着。见到陆老师，我流下了眼泪，把事情的前因后果都说了一遍，而陆老师的沉静给了我很大的勇气。她对我说：“小周，你要相信老师，相信学校。做过的事情就实话实说，没有做过的事儿，一定不能胡说乱说。”

就是这一句话，让我如吃了定心丸一般。被带回公安处后，我坚决不签那份口供。也坚决否认我偷过任何东西。最后，公安处发现他们掌握的证据与我陈述的有很大出入，而他们去找我实习的公司对证据，也对不上，只得让我回家了。同样，石晓虹和范刚也被释放。

直到今天，我都不知道那起悬案到底破了没有，内心时常好奇。但是，这次有惊无险的经历并没有减轻我和创业伙伴的心理阴影。很多同学都知道我被传讯带走的事情，大家看我的眼光充满了异样。我没有办法和每个人解释我根本没犯任何错，也没有办法告诉大家，为什么偏偏是我被带走了。在充满偏见的氛围里，我始终觉得，我和研究生的同学们之间，生出了一层隔膜。

被放出来之后我才知道，石晓虹和范刚其实什么都没有说，那沓号称他们已经按手印的纸，只是套我的话的一种方式。

我清楚地记得，在这件事情之后，我和创业伙伴都郁郁寡欢。石晓虹和范刚有很长一段时间不敢在原来的宿舍睡觉，而我窝在宿舍里看了几天几夜的《王朔全集》。《王朔全集》我是从西安碑林边上的小书店买的，买完之后我一口气读完。正是从那个时候，我喜欢上了王朔，他毫不装腔作势的文字让我觉得很真实。他的文字还有一种满不在乎、藐视一切权威的态度，充满了嬉笑怒骂。我觉得王朔是一个乐观主义者，他的文章充满着对困难的解构。

到今天，我仍感谢王朔，他的文字扫清了我内心的阴霾。

今天总结起来，我觉得我也是一个乐观主义者。对于创业这件事情，很多人都是说了半天，却很难行动起来。而我恰恰相反，经常想好了就去行动，这并不是我多么无所畏惧，其实我只是对困难严重估计不足。说起来有点天真，但是在做事情的过程中，我都是尽一切努力把困难排除。比如，这个偶发事件就是我在创业路上碰到的一个大波折。虽然沮丧，但都是“渡尽劫波”。这后来成了我做事一以贯之的方法和态度——先上车再说，路上再遇神杀神，遇佛杀佛。

这需要一种特立独行的精神去完成。因此我特别欣赏王朔在《玩的就是心跳》里的那句话：“我们受的教育一贯是把个人置于一种渺小的境界。这是我们的悲剧，也是我们的习惯，很明白却无能为力。”

而我要冲破的，就是这种渺小的境界。

初到特区　自己采购

被警察带走的风波看似结束了，我鼓励石晓虹和范刚不要气馁，希望我们一起把产品给干出来。但是此时，我们曾经被公安局带走的这场风波已经传播得到处都是，别人虽然不当着我的面讨论，其实已经议论纷纷。

这个时候，没有电脑用的困难还在困扰着我们，别人觉得我们臭名昭著，已经不愿意把机房留给我们用，生怕和我们有什么牵连。而信控系机房的两位管理员——一位大妈和一个年轻女孩则对我们伸出了援手，我今天仍感激她们的好心肠。她们主动对我们说：“以后不要去别的机房了，我们这里电脑比较多，你们就来我们这里用吧。”

就这样，困扰了我们很长时间的没有电脑用的问题解决了。

产品研发到一定程度，为了做出成批量的反病毒卡，下一步我需要去深圳采购电路板，让深圳的工厂帮助我们加工，然后我自己再带着这些加工好的电路板回来，自己做包装。于是，除了流窜在校园里想方设法地使用计算机以外，我开始了奔波往复于西安和深圳的日子。

自己创业，让我第一次踏进中国的特区——深圳。这是 1993 年的春夏之交。前一年，也就是1992年，邓小平的南方谈话，确定了中国改革开放的方向，这是一次前所未有的思想解放。

正如吴晓波在《激荡三十年》里描述的那样：在中国的改革史上，“邓小平南行”是一个重大事件。在有些时候，它甚至被认为是一个历史性的转折点。从1978年改革开放以来，中国的发展主轴已经向经济成长转移，然而围绕经济领域出现的种种新现象，仍然有不少人以意识形态的标尺去丈量和批评。每当宏观经济出现波动的时候，便立刻会有批评和指责的思潮出现。这已经成为阻碍中国经济持续增长的最大的思想屏障。邓小平的此次南方谈话，是对僵硬思潮的致命一击。从此之后，在公开的舆论中，姓“资”姓“社”之类的讨论日渐平息。

在世界范围内，那段时间，神奇的科技革命丝毫没有停下脚步的意思。“蒂姆·伯纳斯·李打电话给同事格纳罗，要他帮忙将一些‘CERN女郎’的照片扫描并放进他刚发明的万维网（World Wide Web）”。生于伦敦的伯纳斯·李后来被尊称为“互联网之父”，正是他在一年前写出了世界上第一个超级文本浏览程序，使得人们能够将各种知识在超级文本网上结合起来。

我想，所有今天中国互联网的蓬勃发展，以及所有个人的发展，都与那次决定中国前途的谈话有关。而《激荡三十年》也指出了中国发展的关键节点与世界互联网发展的奇妙之处。

“在中国进行了15年的变革之后，世界把它的左脚踏进了互联网的河流之中，在这个意义上，中国是幸运的。……当互联网这个幽灵从美国东海岸的实验室里蹿将出来，搅乱整个商业世界的游戏规则时，已经初步完成了体制和观念转轨，特别是形成了一定的民间资本力量的中国正好踩在这个转型点上。很难想象，如果中国的经济改革再迟十年，或互联网的浪潮提前十年到来，中国的今天和未来将会是一番怎样的格局。”

在1993年，我也来到了邓小平南方谈话发生的这座城市。这个时候的深圳赛格电子市场已经建立五年了。

在踏上深圳的土地之前，我的同班同学郑延辉告诉我，深圳华强北的赛格电子市场能够批发电路板和各种元器件。我马上跳上火车出发了。

没有想到，去特区的道路并非一路畅通。当时我没有任何经验，也不知道去深圳必须要办一个“边防证”，然后才能进。这缺乏准备的行为，注定了我第一次去深圳的过程简直如同一场历险。

我的行程第一站是从西安坐火车到广州，到达广州之后，再坐大巴车去深圳。

高潮就在这个时候出现了。从广州到深圳的路途，我遭遇了一个奇异的经历——“卖猪仔”。所谓“卖猪仔”，就是大巴司机收了乘客的路费之后，在广州到深圳的中途把客人都轰下来，赶到另一辆大巴车上。而第二辆大巴车的司机会再向乘客收一部分钱。但是第二辆车的终点站依然不是深圳，而是从广州到深圳的另一个节点。乘客就如此往复地上车又下车，被“卖了猪仔”。从广州到深圳区区 200 公里的道路，这样走走停停，我足足走了四五个小时。

一路颠簸中，路途过半，这时我又得知必须去办一个“边防证”才能进入深圳。在路人的引荐之下，我来到一座破旧的房子里办证。但证件拿到手之后，我冷汗直冒。这个证件看上去实在是太假了，水汪汪的墨水像是鲜血一样，隐隐约约地要往下流。我心想，这怎么可能让我过关呢？帮我办证的人是个穿着破衣服的年轻人，他信心满满地对我说：“放心吧，你走 6 号窗口，肯定能顺利过关。”

一踏上深圳的热土，路途上所有的惊险都被我忘记了。我立即被这片有活力的土地给感染了。赛格市场给人的感觉和中关村有些像，但是比中关村市场还要热闹。我环顾四周，感觉商品应有尽有，我如同发现了一个深埋宝藏的新大陆，觉得看不够、摸不够、体验不够，往往一扎进这里，半天都不愿意出来。当然，我也发现了对创业最有帮助的原材料，一些卖货的柜台上放有一张破旧的纸张，上面写着“帮助代工电路板”。就是在这样的柜台，我拿着四处借来的一点钱开始进行我人生中的第一次采购。

我在深圳采购了一批集成电路和元器件，回到西安之后，自己做包装，自己做不干胶。我和同学一个一个去焊接这些产品。虽然经历的这些事情很琐碎，但我却实在地体验着把一个产品推出来的过程，其中感受到的压力很大，却也体会到无穷的乐趣。当时的我们年轻气盛，又无知无畏，认为只要产品做出来，我们就能很快上路，把整个公司运转起来。一旦有了现金收入，我们就什么都不怕了。

当产品终于做出来时，国家级大赛“挑战杯”正要在上海交通大学举办。这个比赛是全国大学生课外学术科技作品的竞赛，1989 年第一次举办，被称为中国大学生科技创新创业的奥林匹克盛会。当时反病毒卡刚刚做出来，我心想，我们何不把产品直接送进大赛，看看专家们对产品的反应。

我记得当年的“挑战杯”比赛，如同一个规模不小的展会。每所学校有一个展台，展示着自己学校的产品。每次有人来看我们的产品，我都像捧着宝贝那样捧着那块反病毒卡，兴致勃勃地讲它的原理是什么、怎么工作。当然，在这种场合，我也按捺不住自己的好奇心，去别的展台看看同龄人都做出了什么产品。我清楚地记得，一个小伙子做了一个防电梯下坠的产品，还有人做了一个视频播放器。遥想当年，在电脑上播放视频还是一件挺难的事情。

最后，我们的产品在强手如林的竞争中获得了“挑战杯”的二等奖。对于这一点，我非常骄傲。虽然我们得的不是一等奖，但是我认为我们的产品确实是符合“挑战杯”精神的产品，它完全是由我们几个硕士生自己开发，并在课外花时间完成的。而且一等奖看上去都是花费重金、在教研老师的指导下完成的超级大项目。

产品获奖让我们几个人兴奋不已。好几个晚上，在夜深人静的时候，我把反病毒卡再次插进电脑，启动时首先显示的是我设计的启动界面——用字符显示的“MASTER”字样，在我眼中，它仿佛在熠熠放光。我给自己的产品起名“Master 反病毒卡”，寓意是这是几个研究生做出的产品。

此时此刻，我已经迫不及待地希望将这个产品推向市场，让它走进大众的生活。

但是，现实很快让我们尝到了凄风冷雨的滋味。

自寻销售渠道

我清晰地记得当年我们几个硕士在简陋的环境当中制作产品的情景。要想量产一个产品，已经不像做一两个样品那样简单了。我们在没有工厂、缺少人手的情况下，就开始了自己动手加工的过程。

晚上没人，我们把导师的办公室霸占了，当成临时的加工厂，桌子上铺满了各种各样的电路板。我和同伴们通常会把各种元器件提前检查好、折好，我再拿着电烙铁在那里焊接电路板。焊好之后，我们拿着万象表一个一个地检查，看看是不是有短路的情况。最后再把检查好的反病毒卡插在电脑上，看看能不能正常开机启动。

因为导师的办公室是几个老师共用的，一些老师晚上偶尔回一趟办公室拿东西，看见我们几个学生在那里“大闹天宫”，把办公桌弄得乱七八糟，很不高兴。出门的时候嘴里嘟嘟囔囔，多有抱怨。但是这丝毫不影响我们每天高涨的情绪。

做完产品，我还要操心外包装的印刷和折叠的问题。我找了一个出版社的美编老师帮我们设计了外包装盒，然后找了一家印刷厂印出来。没有想到，印出来的盒子都是平面的，还需要我们自己一个一个地去剪裁、折叠和粘贴。

就在我们为这一切忙前忙后时，一个朋友对我说：“你什么事儿都亲力亲为多傻啊。学校有那么多校办工厂，你随便找一家代工都比自己做效率高！”

一语惊醒梦中人。后来我真的去找了一家校办工厂，发现焊接一块板子只需要几元钱。石晓虹也去外面找到一个街道的小企业帮我们做纸盒，一个盒子只要几角钱。最后我们把一张存有软件的 3.5 英寸软盘放进去，一个成品就成了。

外包装上印着几个鲜明的大字——Master939。这是一组英文和数字的组合，“Master”在英文里既是主宰又是硕士的意思，我很喜欢。“9”和“3”是我喜欢的数字，而那时正是 93 年 9 月。

看上去万事俱备，只欠销售。

一开始，我在学校里卖我们的产品，采取的是最传统的销售方式——到学校里贴海报。我们自己买毛笔和墨水，自己在纸张上写大字去做广告，用学生最原始的方式向学校附近的工厂来推销自己的产品。虽然这种方式很简单，但是成效不错。用这样的简单推销方式，我们也在校园里卖掉了几十张。但牛刀小试后我还来不及得意，各种问题就排山倒海地来了。

我此时发现，你做的产品在用户电脑上的表现和在你的电脑上的表现完全不一样。病毒卡插到用户电脑上以后，各种软件冲突层出不穷，有时还会出现电路问题，一些反病毒卡做得不好，插到用户的电脑上连机都开不了。

这时候我们的客户不干了。他们到学校来找我们，让我们解决这些问题。这时，我不得不去充当客服的角色，到客户那里去调试机器，解决问题。直到此刻，我才明白，所谓的自我膨胀、那些学生时代的荣耀感和无所不能感，就像是一个笑话。产品不能用，很多脾气暴躁的客户气得站在那里怨气冲天，而我不能去反驳，只能老老实实地倾听。

这个过程对我触动很大，它让我意识到，真实的世界原来是洪水猛兽。现实世界让我认识到，客户使用产品的环境远远比实验中的环境复杂，你必须从客户的角度去考虑和解决问题。从那个时候开始，我作为技术专家的优越感和自负被砍掉了，这就是做第一个产品让我悟出的道理。

我第一次从不切实际的梦里醒了过来。

所谓的年轻，很可能是你的梦想崛起得很快，但是遇到困难，你退缩得更快。当野心勃勃的我发现，凭自己的实力既卖不了多少反病毒卡，也难以应付那些挑剔的用户时，我的想法已经和刚开始做产品时大不一样了。我意识到：自己做市场太辛苦了，我要把这个产品转让。我想，如果我卖掉了产品，也许可以买两台新的电脑，到时候我再利用新的武器磨炼内功，也许可以研发出更好的产品。我甚至都为自己看好了两台电脑的型号：386SX笔记本电脑，它有16灰度的液晶屏，两兆或者一兆的内存。这是中关村流行的最酷的电脑。当时作为理工男的我，最大的梦想就是有一台这样配置的机器。

为了卖掉自己的产品，我听从了很多人的意见，决定北上北京，因为电脑的发展还是北京最快，有新技术需求的公司也最多。在炎炎的夏日中，我启程了，开始为了卖掉人生中的第一个产品而奔波。我住在清华大学边上一个破烂的招待所里，后来搬到了清华大学的一间宿舍。我在清华有个同学，暑假里他同学回家了，于是我就借住在了这间宿舍，白天便出去打探买家。

我找的第一家公司是瑞星。当时的瑞星公司在颐宾楼饭店办公，正在忙着做他们的反病毒卡，这是一个热销的产品。我认为，既然这家公司也是做反病毒的，那么一定也有兴趣听听我的产品如何。我拿着自己的产品，兴冲冲地跑到瑞星公司的二楼，对接待人员说："我做了一个反病毒卡，比你们的卡好，我想找你们聊一聊！"我不知道接待我的那个年轻人是谁，只记得他一听我这不知天高地厚的开场白，扭着我的脖子就把我推了出去，整个过程不到三分钟。现在回想起来，刚刚出校门的人，在人际交往方面，实在是缺乏经验。我就是一个横冲直撞、口无遮拦的典型。

首战告败，我又去了联想公司。但是，我不认识任何联想公司的人，只能来到一个销售的门市，看看能否和销售人员做一些交流。这个门市位于一栋楼旁边，是联想和四通[1]并在一起的门脸。我进到店铺向接待我的人演示我的病毒卡，说得滔滔不绝。他们都是比我年纪大不了太多的底层人员，人家看了我的演示说："不错，可是我们联想没有这个业务。"我怏怏而归。这些年轻人虽然很热情，但是根本没有决策权，这种沟通起不到任何作用。我要转让的

[1] 四通集团公司。

是一项技术，我很清楚，我必须找到联想的高层，但是我不知道怎么联系到他们。

后来我找到了“晓军电脑”，并且终于见到了一个说话管用的人。那个副总非常精明，他看了我的东西，对我说：“这样吧，你把技术给我们，东西都给我们，至于钱，等赚到再说。”这个说法让我立刻警觉了起来。虽然我当时还很年轻，但是这样明显吃亏的合作还是能够识别的，我自然无法答应。

那段时间，我混迹在中关村各处，心里的感觉十分糟糕。真实世界的洪流再一次把我淹没了。我知道，现实和预想相差得太远了。我做了一个产品，本能地觉得很好，大家会竞相追捧。而其实这只是一个实验室中的产品，放到商海里，马上被淹没得无影无踪。还有，我对于商业谈判完全是摸不到头脑，对谈判中的玄机一点也听不出来。

出售产品未果，我只能回去西安。我和两个合伙人想了想，决定还是得靠自己。但是我们不能再依靠自己去卖东西，而是要靠自己去找销售渠道。我第一次提出了找代理商的概念，这也是我一次自发寻找渠道的开始。

当时我的反病毒卡卖得并不便宜，是按照当时所有的反病毒卡的市场价格来定价的，售价是298元。我对代理商的认识是，东西是我发明创造的，也是我去深圳采购材料自己生产的，我只是用一下你的渠道，卖产品的收益我当然应该占大头。

但是渠道商一上来就给我上了生动的一课。西安凯特是西安交大的一家校办公司，当时做CAD汉卡，他们同意销售我们的产品。但是负责人李台元一上来就告诉我：“你这个东西我看了，我们99块进货！”我一听，脑子都蒙了，“我一张卡的成本是50块钱，这只是硬件成本，人工成本根本还没有算进去。你什么都没有干呢，就可以净赚200元，你怎么能拿大头呢？”

我当时觉得这家公司快疯了，但是对方却有理有据。

“我做销售渠道，最终的目的是把这个东西卖出去，我要去宣传，我要做广告，我还要去发展二级代理商。我一次进这些货，压货是有风险的，万一卖不出去就砸在手里了。如果你非要卖的价钱高，那我就从你这里批货，卖完了再和你结算资金。你是愿意加速自己流转呢，还是愿意公摊风险？”

我沉默了。

这是我人生第一次接触渠道，感觉做生意并不像想象的那样充满浪漫。做生意是丑陋的、累心的、让人见识冷血和无情的。谈判进行了一段时间，我同意了代理商提出的价格。最终，这家公司帮我卖掉了一两千张反病毒卡。

但是整个过程已经让我疲惫不堪。暗夜里，我重读《硅谷热》，重新寻找那种狂热的感觉。但是这一次，我读到的更多的不是野心，而是让人冷静的文字——

硅谷神话是一场幻梦。实现了这一梦想的人在硅谷是极少数。报刊、书籍和电视上都很少提到硅谷的失败者。向外界炫耀的成功的典型——有魅力、年轻、聪明、富有。而失败者无人提及，他们被人忽视了。人们希望他们能悄然而去，因为他们令人不快地想起，硅谷的压力使在这儿工作的人付出了沉重的代价。

第一次创业的过程如履薄冰，我不切实际的想法，被一桶桶的冰水浇得透心凉。很多年之后我读到《一万小时天才理论》，那里面写着——

当我们尝试一个新技能时，我们就像进入黑屋子的人，总是碰到家具，但是每次碰撞都会让我们明确我们要往哪儿走。我们不应该忽视错误或者试图忘记它们，因为它们为我们指出了道路所在，同时为我们指出了一个事实，那些不敢冒险的人就无法发展他们的才能。

我不知道要往哪里走，但是我确实感觉到，我就是那个进入黑屋子的人。

初次创业的失败和收获

为了做我们的反病毒卡，我们当时需要很多电路板。为了控制成本，我们都是按照 500 或者 1000 这样的数量去生产产品的。我忘记了我去过多少次深圳采购集成电路，又去过多少次赛格市场，颠沛流离又乐此不疲地去买电子元器件。

当时每个单位都会配一些电脑。而我们的反病毒卡，基本上是卖给机房的管理员。当时我的理念就是把硬件卖给这些管理员，让他们用我们的硬件去给电脑杀毒。

我们做产品很辛苦，但是辛苦就一定有好的回报吗？我忘记了反思产品本身的问题，我们的反病毒卡无法升级，这就是做硬件产品的弊端。但我又不愿意转换做产品的思路去改进产品。我犯了一个技术员很容易犯的错误——固执。

当时我执着于硬件的思路，并没有从硬件过渡到软件的思路上来。还记得，我买了一本电子工业出版社的书——《广谱防病毒技术》，这本书谈到一个基于病毒的行为做的研究。我认为做防病毒一定是基于病毒的行为去定义病毒，所以我要收集病毒的行为，这和瑞星的思路非常像。

后来我发现，真正聪明的人会走和我们很不一样的路。比如后来涌现的江民公司的 KV。这款产品就是走软件的路子。他们每期都会在报纸上打广告，经典的广告语是——“KV 反病毒升级请你人工输入一个特征”。那本书还讲了一个概念——如何自定义病毒特征。当时的病毒还比较少，只有几十种到一百种，加上变种，采样这些病毒的特征，然后根据特征对病毒加以防范。江民这样做了，所以江民后来成功了。

如果我继续沿着反病毒的路走下来，后来可能也会逐渐地走上正确的道路。但是当时我还是太年轻，犯了两个错误。第一，我太固执了，太相信自己的直觉。而固执是产品经理的大敌。有时候我已经隐隐约约地走到了正确的路口，由于自己的固执，愣是把机会错过了。比如，当时我也思考过，是否彻底把反病毒卡做成软件，但是始终没有行动。第二，我当时研究了很多软件，我自认为见多识广，所以就变得不够专注。我还做了很多其他的事情。尽管我一直在做计算机领域的事情，但是我的世界观里漏掉了一个问题——对于做产品，必须有一定的专注度。

随着时间的推移，我渐渐地感觉到我们的反病毒卡做不下去了。主要问题是我们那个卡不能及时更新，跟不上病毒的变化。硬件的思路最终被证明是行不通的。还有个问题是，当时我们的创业团队出现了分歧。这个分歧，是关于挣到的钱怎么分配的问题。

我们的第一批产品挣了一些钱，受到《硅谷热》的影响，我认为这些钱应该进行资金再投入，我们要去买电脑、买书、拷软件。在这一点上，石晓虹比较支持我的想法，而范刚则是典型的技术人员的思想，认为是他写了程序和核心代码，而我做的那些事，比如采购、谈渠道，并不重要，所以钱也应该大部分给他当工资。

范刚认为，买软件和买电脑都是我自己的个人爱好。

利益该如何进行分配？这是很多创业团队都会遇到的问题。现在很多团队都会用合同的方式谈好。可惜，当时的我们既没有经验也没有常识，我们甚至对这个东西能否真正地卖出去还有所疑虑。所以，我们根本没有任何想法去谈利益分配的问题。

多年之后，我看到了《史蒂夫·乔布斯传》，看到创业早期乔布斯和沃兹尼亚克甚至也遇到过同样的困惑。书里写道——

当苹果公司刚刚开始拥有惊人的订单时，一个问题随之涌出：两个创始人对苹果的贡献一样多吗？他们的利益又该如何分配？

沃兹尼亚克的父亲一直认为工程师的价值要远远超过企业家和营销人员，他觉得大多数钱都应该归他儿子所有。乔布斯来家里做客时，杰里当面向他说出自己的不满。“你不配得到这么多，”他告诉乔布斯，“你没有做出过任何产品。”乔布斯告诉沃兹尼亚克，他愿意停止他们的合作关系。“如果我们不能对半分账的话，”他对自己的朋友说，“你可以全部收为己有。”然而，沃兹尼亚克比父亲更加了解自己与乔布斯之间的共生关系。如果不是乔布斯的话，他可能还在家酝酿在计算机俱乐部的会议上免费发放自己设计的电路板的原理图，是乔布斯将他独创性的设计转化成了蓬勃发展的生意，正如当年的蓝盒子一样，沃兹尼亚克愿意保持合作关系。

我最初创业的关于利益的纷争与困惑，和这一部分写作相互呼应。这和我在最初创业时遇到的事情很相似。通过利益分配的争吵这件事情，我学习到了很多。我知道人的想法是如此不同，而创业，最重要的一件事情，就是协调人们之间复杂的利益和心理。

其实我后来一直在创业中遇到类似的问题，很多技术人员不能和许多人合作，他们认为技术很重要。但是，我当时已经慢慢领悟到了，光有技术是没有用的，尤其是学校里学习的技术，拿到社会上并不怎么管用。而真实社会的光怪陆离，怎么去做营销和管理，同样是创业中比技术重要或者说和技术同等重要的工作。

后来范刚离开了我的团队，我的管理也逐渐出现了问题。虽然我很想把这个公司管理好，我甚至回到学校把管理学院图书馆里管理类的书，比如《高科技管理》《高科技理论》《Z理论》等，都生吞活剥地看了。我用这些自以为是的理论来管理着我的团队，根本没有时间做编程。但管理做得也并不成功。

我的反病毒卡项目，就这样流产了。

这就是我第一次创业，我失败了。

回望整个过程，我刚开始是初生牛犊不怕虎，到后来被现实打击得“头破血流”。但是，它依然成为我人生中有血有肉的一个篇章。我经历了一次完整的创业过程，和现实世界进行了一次亲密接触。我学习到了很多：真实的产品和实验室产品的区别、如何与渠道代理商进行沟通、怎么进行商业谈判、如何与创始团队做沟通、怎么进行团队建设和管理。

这些事情让我对创业的残酷性有了最基本的了解。但是，这并没有熄灭我对创业的梦想。这件事情唯一改变的是——我对失败的态度。我不再把失败看作一个挫折或者不祥之兆，我把失败看作一条进入前方风景的必经之路。

第一次创业的额外收获——软件收集狂人

《硅谷热》的热度还在我心里沸腾着，但是我变理性了。创业失败让我开始了不断的反思。

在第一次创业中，除了产品最终的失败，我还是有些额外收获的，比如我依然以一个计算机疯子的状态生存着，并更加确定了自己对这个行业的热爱。我自己去深圳进行采购，接触了当时中国软件市场的第一线。这为我在专业领域之内的学习打下了很好的基础。尤为重要的是，虽然当时我的产品做的是硬件，产品失败的原因也是没有从硬件过渡到软件，但是我确实用了很多时间去研究软件。通过收集软件，我不知不觉地在建立软件思维。

在深圳，我狂热地在赛格市场上收集购买着各种软件。每收集一张软件，我都回家自学，这在潜移默化中奠定了我对产品的感觉。

去深圳采购，我经常去的是赛格市场，那儿附近有一个科技市场，我在那里认识了很多拷盗版软件的人。90 年代初，正是盗版横行的时候，我对那个地方很迷恋，很快就和人们混成了熟脸儿。

当时软盘有 3.5 英寸和 5.25 英寸的，我几乎把深圳能拷到的软件都拷了，每每把软盘撑爆。除了软件之外，我还拷了大量的游戏，主要目的是研究界面。

回到西安之后，我和别人交换这些软件，过程如同集邮爱好者交换邮票，你给我拷一套，我给你拷一套，乐此不疲。我当时做这件事情完全没有商业目的，唯一的想法就是，我想了解这些软件是怎么写成的。

中国的第一批盗版光盘，不是在大众的印制光盘生产线生产的，而是通过CD 刻录机刻到 CDR 上，拷软件是用磁盘一张张去拷。后来他们把很多磁盘拷到一张 CDR（刻录机）上，再用 CD-ROM 把刻录机读出来，还原到磁盘上，而后用磁盘一张一张安装。只有 CDR 出来了，他们才能把很多软件拷到 20 张，然后拿到磁盘上一张一张去装。当时安装程序就是要用磁碟机去装的，价格是 20 张 200 元钱，我一共花了 6000 元。

我找到了很多很难找到的软件，把所有的空余时间都花在上面，我可能收集了几千种游戏、上万张软件，虽然很多软件和我并没有关系，但我都要把它装一遍，就是为了看看怎么回事。我当时看到了很多国外的软件，比如 Adobe 公司做的 Pagemaker 和 Photoshop。还有，我相信当时很多做软件的人都很难拿到 VC1.0，我都已经看到了。

这个过程对我很重要，这种感觉就像天天在练功，我的功力在不知不觉中提高。就像青年阿里巴巴进了藏宝洞，一扇窗户已经在我面前被悄然打开了。游戏的 UI（用户界面）是我喜欢做的揣摩。我会思考程序员这么做的思考过程是什么。这么多年，我都会注意软件的界面，我觉得再烂的客户端，只要它存在，它就一定有自己的亮点。可能是文案写得好，或者是某个功能设计得不错。这些优点我都会找一个本子把它记下来。

如《一万小时天才理论》里阐述的，在任何一个领域要想出众，都是要通过至少一万小时的练习才可以。并且，这些练习并不是在你的舒适区进行，而是要在容易犯错的地方进行精深练习。对于这一点，我感同身受。我在编程上花的时间，应该不止一万个小时了，我在琢磨这些软件的时候，也不止花了一万个小时。而且，我花在这些软件上的时间，确实是在无意识地进行“精深练习”。当我打开一个软件，我不只是单纯地看这个软件是否好用，我还会想，如果让我做这个软件，我会怎么去做。这相当于一种脑力体操。比如第一次看到 Windows 3.0 版 SOFT ICE 调试工具时，我就会暗暗地问自己，它怎么会有那么大的调试力。我第一次看到中文之星提供汉化，就会问为什么这东西这

1994年，创业期间在电脑旁边，当时的我疯狂地收集、购买软件，每收集一张，都回家自学

么神奇。

虽然反病毒卡最终的命运逃不过失败，但是我在其中得到的经验、教训和成长都是无与伦比的，这种有意识的训练，确实练就了我的思维。

这是我拥抱真实世界的第一步。

第七章

二次创业　遭遇“黑单事件”

“信心”的诞生

随着反病毒卡内部团队的分裂，我的第一次创业失败了。但是我很快在市场上观察到了新的商机，很快，我就从第一次创业的废墟中爬起来，开启我第二次创业的过程。我要做的产品是——平面广告创意系统。

在当时，随着计算机在中国逐渐流行，一个严峻的问题摆在了国人面前，所有的电脑界面都是英文的，程序也是英文的。对于不会英文的人来说，他们应该怎么用电脑？因此，汉化是很多人在做的事情。在1994年，中国人对知识产权还没有什么意识，各种版本的汉化软件层出不穷，而我也从中看到了机会。

当时西安交大的一家叫山脉的公司推出了一个产品，叫作平面创意系统。这个产品改变了广告人的工作流程。当时的广告公司，广告人做东西还是手工作坊式的，大家用剪刀剪底片，然后拼接到一个展示板上。但是“山脉”的产品出来之后，广告人可以用电脑完成广告创意的过程。人们告别了原始的广告制作方法，创意喷涌。一时间，“山脉”的东西非常好卖。

当时我对平面创意还不太了解，但是已经有人来找我，问我能不能做出这个东西来。我想，既然人们有需求，那一定就会有市场。很快，我就把这套系

研究生时期在创业，几乎每天都离不开计算机

统找出来学习了一下。看到产品，我略微做了一些研究，结果，轰的一下把自己给震惊了。原来，这个东西竟然有这么大的市场。我的一个朋友去山脉公司了解情况，回来后告诉我的消息让我很吃惊。第一，这个产品其实就是CorelDRAW+Photoshop 的汉化。就是人们把之前的软件翻译，然后又把版权号改掉，号称是自己的东西。虽然是汉化的产品，但是这等于赋予了广告公司一套利器，工作人员做创意不再用原始的方式做了，这让广告公司鸟枪换炮。第二，“山脉”做了一套很完整的宣传材料，是本很漂亮的印刷手册，这让产品显得很有吸引力，对于销售起了非常大的帮助。这一点让我受到了很大的启发，想想我做病毒卡的时候去跑销售，每次都是靠嘴去说。每次都重复同样的内容不说，还经常累得嘴角抽筋。看了这套宣传资料，我明白了包装的重要。

既然“山脉”能做软件汉化，我为什么不能做呢？在反病毒卡的生意失败之后，我重新创业的心情已经蠢蠢欲动了。看到了“山脉”的产品，我决定自己也做一套平面广告创意系统。

我把第一次创业失败归结于一场意外。我认为，意外总是会终结的，而执着和信念最终会成就我们。我很快就从第一次创业的挫败感中走了出来，再次投入到了新公司和新产品当中。

我叫来了两个初中同学加入我和石晓虹的创业团队，一个是学医的王航，另一个是学设计的靳凯。我告诉他们这个产品的市场空间很大，我们做的事情就是要把电脑和美术结合在一起。虽然朋友的家人都强烈反对他们创业，但是我们出于一种淳朴的友谊和一种懵懂的理想主义，还是决定一起创业。我把他们拉到我那个创业的民房中，跟着我一起吃、一起住，我还教他们怎么用电脑。

做创意系统第一个要解决的问题是，需要一套字库。这是汉化软件最重要的一个环节。但是字库并非唾手可得。正在我为此犯难的时候，我听说我的研究生师兄李钊已经破解了一套字库，于是我决定去找李钊求助，他很干脆地说：“这个字库是需要买的，3000 块。”“3000 块”在 1994 年可谓一笔巨款，但是这个天文数字并没有吓倒我。如同当年朋友管我要我的开国大典邮票时一样，我的眼睛都没有眨一下，说：“好吧，我晚上把钱拿给你！”

如果没有一点心理准备，筹集 3000 块对我来说肯定不容易，但是我心里还存留着一些底气。因为我想到了一件事情——当时我的宿舍里正躺着一辆崭新的幸福 250 摩托车，我知道，这是我可以变现的固定资产。当时我顺手参加了一个陕西大学生的创意大赛，得到了一等奖。这辆摩托车就是奖品。我不会骑摩托车，就让同学把这个大件儿搬到了我的宿舍里。现在想想，这辆摩托车就是我的及时雨。我至今不知道这辆车当时的确切市场价是多少，只是模糊地知道在 4000 到 5000 元。

回到宿舍，我对同学说："我的摩托车今天准备卖掉，想卖 2500 块，你们谁想买？"几个同学们一听，很便宜嘛，立刻对购买产生了兴趣。奇妙的市场交易就在我的宿舍真实地发生了。其中一个人马上给了我 2500 块钱，迅速拿下了这个贱卖品。之后，我又在这沓钱里添了 500 块，就这样，我筹足了购买字库的 3000 元。

筹款的过程看似顺利，可是当时我实际的财务状况是怎样的呢？反病毒卡销售虽然赚了一点点钱，但是基本上已经被我买了软件和电脑，摩托车一天都没有骑过，放在那里还不到两周。而我卖掉了摩托车，基本上就一无所有了。但我就是这样一个人，一旦决定做一件事，就要排除一切困难去做到。

买了字库，我和同学在交大的招待所里租了一个房间，开始夜以继日地开发产品，每天忙得昏天黑地。从山脉公司学到了宣传材料的重要性，我们也找了一个同学做了一套宣传手册。

手册上需要印公司的名字。我们应该让产品叫什么好呢？在开发产品的昏天黑地里缓了一口气，我慢慢地说："要不然就叫信心吧。公司现在什么都没有，剩下的只有信心了。"

“信心”的陨落和教训

做了和“山脉”类似的产品，就不能和“山脉”在同一个市场上直接搏斗了。在西安这个市场上，我也没有任何人脉关系。我和靳凯、王航都是郑州人，于是我们决定还是杀回郑州。毕竟，那里我们相对熟悉一些，更重要的是，那里的这块市场可能是个空白。于是，我们在郑州成立了“郑州信心软件公司”，专门卖平面创意系统，目标客户是广告公司。

受到山脉公司的启发，我们把扫描仪、打印机捆绑在一起，这样一来，电脑开机之后就自动进入了功能界面。我们根据系统配置的不一样来给产品定价，配置高的卖十万，配置低的卖五万。第一次卖这么贵的东西，我看到自己的定价也倒吸了一口凉气，当初我一张反病毒卡才卖多少钱呀？

产品定价高，要卖得出去才行。我们再度开启了每天去找客户的日子，但是这次的情况并没有比第一次好多少。我们每天几乎跑断了腿，也没有办法让客户为我们的产品付钱。我们和广告公司的老板去打交道，交上我们的宣传册，推销我们的产品。但现实情况是，这个东西毕竟还是太前卫，广告公司的老板们都不懂电脑，只是觉得这个东西很神秘。让他们掏这么贵的价钱买一个自己并不了解的东西，十分困难。每次去见客户，我都说得口干舌燥，可是销售的数字却根本上不去。时间一长，我们那仅有的信心，也慢慢开始动摇了。

后来有个和我年纪差不多的广告公司的老板（24 岁左右的样子），非常崇拜高科技。虽然他对电脑并不是很懂，但是他提出了一个建议："不如这样吧，我来投资你几万块钱，你们来我的办公室办公，大家一起把这个事情干出来。"这个建议让我们大喜过望，有人支持我们的产品，还有人提供免费的办公室使用，这样的事情我怎么能不答应呢。就这样，这个年轻人成了我的第一个"天使投资人"。年轻单纯的我们兴高采烈地搬到了"投资人"的公司里。但是后来事实证明，这个决定是一系列灾难的开始。所谓的投资人，其实最原始的目的，只是想把我们的电脑据为己有。

因为销售并不是特别强劲，我的意志力很快就动摇了。不专注的毛病又开始显现出来，我又想汉化别的软件，创造新的赢利点，希望能够用别的业务来带动公司的销售。比如，我汉化了一款家庭装修的软件，能给装修公司做出效果图。

更糟糕的是，我不但在产品上没做到专注，在地域上也没有坚持专注。而不专注的后果是十分可怕的。产品在河南做得不好，我们本应该坚持在河南市场上精耕细作，但我们背道而驰。几款软件出来之后，我的投资人认为我们要各地撒网，全国开花，迅速打开局面。于是，我们做出了一个荒唐的举动，在还没有在一个市场站稳脚跟的情况下，我们就开始在报纸上狂打广告，用 3000 元的高薪招聘销售人员，用诱人的工作前景吸引人们来工作。广告一打，应聘者无数。公司迅速膨胀到五六十人。而这些刚刚招到公司里的人没有经过任何培训就进行了简单分组——"你去青岛""你去济南"，去卖产品了，整个过程十分仓促。现在回想，我们做的一切都是违背事物发展规律的。

过了一段时间，一个坏消息传来——竞争对手"山脉"杀到郑州来了。"山脉"派来了一个女孩子，她其实不太懂技术，但是人家踏踏实实一家一家地在郑州谈，显示出了超常的韧劲和耐心。在我们还根本打不通河南市场的任督二脉时，这个小女子已经慢慢把郑州的市场给拿下来了，她当时至少给"山脉"赚了上百万元。

竞争对手显示出了专注的力量，而我们这边，分散兵力的后果是灾难性的。当河南的市场正在被"山脉"蚕食时，我们的人还在各地"流亡"着，大家住廉价招待所，跑广告公司，跑报社。当时，我和另外一家广告公司的创始人付强，分赴两地去推销自己的产品。但是，跑着跑着局面就失控了。

留在郑州的研发人员逐渐发现了我们产品的奥秘——我们的产品，说白了不就是汉化软件吗？这个他们也可以做。他们甚至连汉化都不做了，把我们汉化好的东西直接拷走改个名字，就卖了。就这样，在创业的过程中，我第一次遭遇了手下人的背叛。一时间，黑云压城城欲摧。

这对于一个不到 25 岁的年轻人来说，是一个巨大的心理考验。

那是我人生中非常灰暗的一段时间，我开始在无锡和济南之间坐着火车两边跑，在两个城市不断地去灭火。眼看着偷我们产品的人和山东的一家公司做着黑单，但是我束手无策。整个公司都乱套了，人心也已经涣散无比。

祸不单行，就在黑单事件让公司大乱之际，大后方也在动荡着。“天使投资人”的真实面目就在此时此刻曝光了。他坚持认为电脑设备搬了进来，就是他的资产，而我们当时根本没有任何合约，没有办法证明这些设备其实是我们自己的。双方陷入了僵局。当我们根本无法再自己做出决策时，我们就决心脱离他。但是，这一切又谈何容易。我们只得在前一天晚上进入办公室，把所有的电脑搬了出去。这当然引发了一系列不堪回首的风波，“投资人”跑来兴师问罪，局面混乱不堪。这个时候，我知道天下没有免费的午餐，之前的蜜月期他虽然允诺我们可以免费使用办公室，但是这一切到分手的时候都是需要即时清算的。我对资本的认识，就是在这样的闹剧中逐步获得的。最后我们赔偿了一台电脑和一套系统，当作免费使用一个月办公室的代价。

就这样，在一系列混乱的过程中，我的第二次创业也差不多无疾而终了。所有的信心，终于随风陨落。没有意外，我收获的依然是满满的教训。这让我又不得不开始了自我反思的历程。令人哭笑不得的是，在我的“信心”失败后，一个戏剧化的结果出现了——在一个“信心”倒下之后，郑州出现了很多“信心”这样的公司，大家还纷纷成立了输出中心，接一些广告设计的活儿。他们买了高档的扫描仪扫描图片，可以帮你分色。而这些复制我们模式的工作人员，很多人是从我们这个公司里出去的，我的公司等于培养了一批这样的人。

在关闭了自己的公司之后，我终于意识到了自己的浮躁。做反病毒卡的时候，我喜欢把所有的责任归到别人身上，觉得失败了只是自己的运气不好。然而第二次创业，我依然犯了技术员容易犯的错误——兴趣点转移得太快，不懂得专注的力量，这和踏踏实实把一个生意做透是相违背的。这次创业，我最终收获的教训是有关产品的。看到了如雨后春笋一般冒出来的山寨公司，我意识到了投机取巧的弊端，我去做汉化软件，自以为很聪明，结果发现，你能投机取巧，别人也能，最终的结果就是，自己的产品一点壁垒都没有。

两次创业失败的经历，给了我沉重的打击。到了今天，很多人会向我抛来这样的问题——你赞成不赞成大学生创业？我的答案显然是否定的。以我自身的经验来说，大学生也好，研究生也好，我已经算是比一般的学生更接近社会三教九流的人了，但是当我真正走出去的时候，我还是感觉离真正的市场太远太远了。

我做的事情都太表面化了，比如照着《硅谷热》的表面模式，找到了所谓社会上的朋友，获得了所谓的投资，或者免费的办公室或者一些注册资本的承诺。这些都非常表面化，我并没有找到创业的精粹，也没有毅力在一个方向坚持到最后。我最后的失败、最后的头破血流，是必然的。

就这么乱七八糟地折腾了一年，我终于感觉到心灰意懒。我所体验的，和《硅谷热》里所描述的那扣人心弦的生活差了十万八千里，也和《中国青年》杂志上那种浪漫的开疆拓土的剧情丝毫不沾边。我觉得公司再这样做下去，我就会变成一个混混，或者一个挣点小钱的个体户。每天想着投机取巧的事儿，这并不是我的理想。

这个时候已经是1995年了，我25岁。离开了学校，我已经在外面漂泊了一整年，我的搭档石晓虹最终收到了家里给他发出的最后通牒，让他回学校去上课，否则将面临拿不到学位的危险。

面对公司剩下的一堆烂摊子，我忽然觉得，我必须结束这种流浪的生活了。

用创业者的心态去打工——决定投身方正

两次创业失败的经历，成了我宝贵的财富，这也让我明白了，刚刚出校门就创业，并不是一个非常理智的决定。

到了今天，我根据这些经验会和很多年轻人去讲我的创业观：创业是一种精神，但是不要为了创业而创业，不要把创业狭义地理解为开公司，当CEO。这种事情太容易了，但是它未必能成功，我做了两个失败的公司，这其中有大跃进和揠苗助长的意思。

到今天我做创业“起飞计划”，会和很多创业者交谈，很多年轻人往往乐观地评估自己的能力和操控能力，特别是技术男，掌握了技术会给人们一种幻觉，认为“我操控计算机的能力很强，所以我操控市场的能力自然就很强”。其实，市场上的血雨腥风远远不是年轻人一上手就能适应的。

这正是年轻时的两次失败创业给我留下的深刻教训。

1995年应该是我硕士毕业的年份，本来，我是连硕士文凭都不想要的，但是出去打拼了一年，我看到镜子里的自己，憔悴、瘦削、没有精神。而我的资产也变成了负值，出去折腾了一年，我不但把反病毒卡挣的一点钱全都赔进去了，还欠了很多债。

我身心俱疲，知道自己现在已经到了承上启下的阶段，人生走到了一个重要的十字路口。我忽然意识到，我其实是需要这个硕士文凭的。自己去创业行不通，我必须去学习商业知识，再把所有新的积累重新消化再去理性创业。经过两年在社会上的摸爬滚打，我领略到了现实的残酷，开始对外部世界充满敬畏。尽管当时我只是一个 25 岁的年轻人，并且被现实不断地打击，但是我已经学会了在每一次失败之后进行阶段性总结。

暂停创业并不意味着我的创业之心已死。所有的失败和磨难只改变了我急躁的心态，并未改变我的终极目标。我想通了，等我硕士毕业之后，我需要找一家大公司踏踏实实地工作几年，看看正规的公司究竟是怎么运作的。我要在成熟的公司把自己打磨成一个成熟的人。

1995 年大年初二，我回到了学校，一切好像又回到了大学毕业时的那个原点。

我给导师李怀祖写了一份检查，宽容的导师原谅了我。我至今还记得我去找导师的那天，李教授不但没有大肆批评我无法无天的“消失”，反而当着在场的二十多个博士和十多个硕士表扬了我，这个场景非常具有戏剧性。他说：“在你们这些人里，就小周将来可能最有出息。”我听了这句话，本来低着的头马上抬了起来，感觉不敢相信。导师接着话锋一转，说：“因为我发现，你们都是正常人，只有小周不太正常！”大家哈哈大笑起来。导师接着说：“小周的思维方式和正常人不一样，将来，他要么就是最失败的那个人，要么就是大获成功。”

我露出了惭愧的笑容。

我颠沛流离的两年确实异于常人，导师说的并没有错，对于他说的我的未来是成功还是失败的论调，我也不知道是对是错。但是，在潜意识当中，我已经意识到我可能并不会走一条和很多人一样的道路。

我这两年读到万维钢的《智识分子》，对里面的话深有同感。

少数人，就是马尔科姆·格拉德威尔说的异类，他们就是王小波所说的，拒绝被安置的“特立独行的猪”，他们就是《黑客帝国》里跟机器人对抗的反抗者。他们就是《分歧者》里总能比别人多个心眼的分歧者。

进入自由王国，他们只对自己的实名负责，不受任何外力的限制，他们敢问不该问的问题，敢挑战周围人的共识，不屑于取悦任何人。

我只想对自己内心的想法负责，并不想被任何期待安置。

当年那个 25 岁的年轻人，遭遇了人生里的失败和背叛，体会着创业的艰难和人性的复杂，我的特立独行让学校和同龄人将我视为一个不正常的年轻人，但是这一切都没有动摇我，我的内心对未来的规划依然非常清晰。我知道我要走的路，注定崎岖不平。

回到学校之后，我开始恶补论文。就在这个时候，我遇到了卖给我字库的师兄李钊。那个时候，他已经从西安交大毕业了，回到学校只是为了看望女朋友。没有想到，和他的这次相遇无意中给了我关乎未来工作的方向。我问他在哪儿工作。他告诉我："北大方正，王选那里。"

"北大方正？"

"是的，大家用的电脑照排系统就是它家的，还有 WPS 汉卡，现在大家用的打字系统都是方正的。这个公司的气氛很自由，年轻人都在那儿写软件。"

简单的几句介绍，在我看来非常有蛊惑力。在李钊说话的过程中，我的脑子正在快速处理这些信息。在那个时代，北大方正对于学理工的年轻人来说，是个耳熟能详的名字，有关北大方正的各种报道常常见诸报端。

1988 年，北大新技术公司，也就是北大方正公司的前身，全面推出北大方正系统，接着又推出报纸大屏幕组版技术、采编流程的计算机管理和新闻综合业务网络。短短几年里，国内 1000 多家报社和 6000 多家印刷厂都用上了激光照排系统，把国外的同类产品挤出了国内市场，美国的 HTS 公司因此破产。后来，几家外国巨头纷纷宣布，在汉字激光照排领域，他们放弃了在中国的竞争。最终，这几家外国巨头灰溜溜地退出了中国市场。

90 年代初，这家风头正盛的公司账面资金达到 2 亿元，是中国最大的校办企业。它推崇自主知识产权的理念，让很多年轻人跃跃欲试地想加入。

这些事实大家并不陌生，但是让我心动的不是这些，而是 WPS 汉卡借助方正成功的例子。这个成功让求伯君成了我当时的偶像。求伯君在 1989 年研制出了集文字编辑、排版、打印功能的中文文字处理软件 WPS（Word

Processing System），并以 WPS1.0 为核心软件推出了金山汉卡，这填补了中国的整个汉卡产业。后来 WPS 成了中国软件销售的神话。从 1990 年到 1993 年，WPS 汉卡逐年升级，每年销售几万套，“WPS”这个由求伯君制造的名词，一度成了电脑的代名词。

我自己做过平面创意系统，还花 3000 块钱买过字库，是伴随着中国计算机行业的成长而成长的青年人。我目睹了计算机领域悄然发生的一切，自然而然，对 WPS 汉卡的诞生和成长过程谙熟于心。其实我的内心一直在思考一个问题：在行业兴起的过程中，曾经出现了那么多汉卡，为什么只有 WPS 汉卡最成功？是因为产品做得最好吗？其实不是。那是因为求伯君的战略很成功，他投奔了北大方正。借助方正的渠道，汉卡的销售如虎添翼。这给当时不谙渠道威力的我很多启发。

在李钊随意介绍他的工作单位时，我已经萌生了投奔北大方正的想法。我看过求伯君的文章，佩服他的商业智慧。成为下一个求伯君的意念看似不知天高地厚，其实在我心里已经暗潮汹涌。而促使我加盟北大方正的另一个原因是，经过两年的摔打，我清楚地认识到我本质上还是技术人才，不是商业人才，经验的缺乏让我在做公司时弄得这儿叛乱那儿辞职的，搞得到处鸡飞狗跳。所以，我想去北大方正，去耳濡目染计算机公司是怎么进行管理的。

我立刻对李钊表明了自己的想法。

李钊对我说：“方正能学到好多东西，不过我唯一的感觉是你这样的人去了不能乱说乱动，你太爱说话、太活跃了，你只要在公司不那么活跃，就肯定混得下去！”

我心想，这还不简单。

当时我已经参加了很多面试和招聘，简历上看不出我在研究生期间逃过那么多课，我又获过很多各种大赛的奖，简历上的辉煌让很多工作单位向我抛出了橄榄枝，包括深圳的一家金融机构。但是，听了李钊对北大方正的描述，我的北上之心已经悄悄定了下来。

方正的面试一共进行了两次，我先去的李钊的老板周宁那里，他是方正软件部的副总，正在搞方正的飞腾，之前还有一套维思排版。第二次面试是去王选那里，还见到了他的太太。我不错的简历为我的面试加了分，两边的面试我都通过了。不过后来我才知道，这两个面试的职位分属于不同的部门，周宁那边是北大方正下面的软件部，王选那边是北大的计算机研究所。一时间，我不知道应该选择哪一边才好。

“你说我到底去哪儿呢？”我问李钊。

“还是来我们这边吧。公司比较自由，王选那边很学术，肯定不喜欢你这样乱说乱动的人。”

“那好吧。”

就这样，我的第一份工作，决定了。

我清晰地记得面试结束之后，我来到了我一直向往的天安门广场，当时正值春节，广场上有很多放风筝的人，高高的风筝五颜六色地在天空里优雅地飘扬，阳光温暖，天色湛蓝。一种久违的放松心情涌上了我的心头。我也希望，我的将来能够像一只风筝那样，在北京的天空里自由自在地飞着。

初入职场　创造“飞扬”

第八章

北大方正——放逐新疆

1995 年 7 月 20 日，我走在北大的未名湖畔，夏日炎炎，树叶都已经打蔫了。我走到这里迷路了，嗓子都快冒烟儿了。大太阳下，我向一名女生问路，小姑娘上下打量了我一下，说：“同学，你是来报到的吧，你来得也太早了！”她以为我是来报到的大一学生，我告诉她，我是北大的老师，是研究生分配过来的，我现在在北大方正上班，占的是北大教师的编制。

就是以这样有点搞笑的方式，我开始了在北大方正的日子。我的研究生师兄李钊和我一个部门——方正软件部。就职之前他对我的那番善意警告，比如让我不要太爱说话之类的，此时已经被我抛到了九霄云外。像进入任何一所学校时那样，在相对稳定的环境当中，我马上变成了一个无厘头的活跃分子，完全无视外部环境对我的影响。

进入北大方正，我成为底层的一名程序员。我觉得我的老板周宁很喜欢我，加上我自己又有一定的实践经验，看到什么都觉得自己的想法更好，于是，忍不住开始“指点江山”了。

我经常找周宁聊一些宏观想法，但是又不知道自己到底想干什么，只是谈到朦朦胧胧的方向。刚开始，周宁也听不懂我想做什么，但还是耐心地在听。

到后来他就急了，对我说："你到底在想什么？"

除了和部门领导聊宏观想法，我还到其他各个部门去串门儿，因为我特别想学习所有的东西。我去其他的部门打听他们所做的事情，看到好多部门在做不同的系统集成，我就开始大放厥词，指指点点，已经忘记了自己是谁——只是一个 25 岁的小毛孩。我认为自己有过很多社会上打拼得到的经验，看到一些东西做得和我想的出入很大，就和人家的部门经理说，你这里做得不对，那里做得不对，你应该怎样怎样。没过几天，公司里就传开了，说公司里来了一个狂妄自大的年轻人。

更搞笑的是，我还对老板要求了一些本不该属于我的待遇。我刚到公司的时候，公司还没有给我配电脑，主流的程序员用的都是台式机，优秀的主流程序员是 4 兆内存，普通的程序员是 2 兆内存。当时我发现公司有一批库存的笔记本，很旧，黑白屏幕，档次也很低，就对上司提了一个不合理的要求，问能不能给我一台笔记本电脑。我对周宁说："有了这个，我回家也可以工作了！"

没有想到，周宁还真给我批了一台笔记本电脑，但就是因为这个特批，在一个传统的单位引发了很多议论。各种谣言和中伤像一股小飓风一样此起彼伏地登陆。虽然说那个笔记本很烂，但是笔记本电脑代表着你在公司地位的尊卑。在 90 年代中期，笔记本就和大哥大一样，是一种身份和地位的标志。而在一个如此传统的国有企业，遵守秩序和应有的阶梯观念，是每个人应该自觉知晓的纪律和潜规则，违反这些观念是新人的禁区。而像我这样一个完全不把世俗观念放在眼里的小年青，刚刚进入工作单位就要求工作条件，无疑立刻被别人贴上了狂妄的标签。

毫无疑问，我的种种张扬行为在公司引起了一些不好的反响。据说某一天有个公司副总和周宁喝酒，喝到高处，他对周宁说："你太放纵周鸿祎了，这种人是害群之马，你一定要把他开掉才好。"

上班没有多久，我与周遭格格不入的特点就已经显示出来了。也许很多年轻人刚进入社会都要经历这种现实的磨砺和洗礼。这个时候我意识到自己性格有些浮躁，我知道，我必须做出一些事情，才可能去评论别人做的事情，而不是什么都不做就到处评论。我犯了一些年轻人刚进入一家公司的大忌：一进去就指点江山，而不是虚心学习。虽然我说的方向也许是对的，但是我并不了解实际情况，难免让人觉得我说的那些东西大而无当。另外，我完全没有想如何去处理人际关系这件事儿，情商建设基本为零。当时的我是个心直口快、没有坏心的年轻人，却被别人误认为是个不好好做事、想一步登天的狂妄分子。

今天，我的公司也会遇到很多这样的热血年轻人，我仿佛依稀看到了当年的自己。有了我自己的经历，我会尽量将他们澎湃的演说听完。但是我依然还是会劝这些年轻人，任何伟大的想法都要从一个点开始，你没有在一个点上取得突破，又怎能证明这些点能成为一个伟大的事儿呢。

刚到方正没几天，关于我的种种负面评价就传到了我的耳朵里。我毕竟是有自知之明的，于是反思了一下自己的行为，感觉这时的我已经没有了做反病毒卡和平面创意系统时的那种单点突破踏踏实实的劲头了，说的全是宏观战略。这样下去，对我来说不会有任何好处。我明白我该做些自我调整了。

我主动找到了周宁，对他说："你对我挺好的，我现在已经想好了，就想去公司最艰苦的地方，公司哪里苦，哪里有最难啃的骨头，你就派我去哪里吧。"周宁点了点头，想了想说："既然这样，那就去新疆如何？"

我一听，那果真是最艰苦的地方。

当时北大方正在全国很多地方都有业务，但是没有人愿意去新疆。大家都把去新疆视作一种流放。但是我想到我的师兄李钊正好就在新疆，他是一个很好的技术人员，也许我可以和他一起合作，做出一些有意思的东西。

于是，我爽快地答应了去新疆的派遣。

封闭开发——一个程序员的本我状态

去新疆之前，关于我的传闻就先于我本人抵达了北大方正的新疆分公司。大家都知道这里要来的是一个什么样的人——一个目中无人的年轻人。我去新疆报到的时候，已经能够感觉到这种严阵以待的气场，但是这丝毫没有影响我蓄势待发的情绪。在到达新疆之前，我就已经想好了，我一定要争取做一点实事，来证明自己。

基于这种心态，那个狂妄自大的年轻人的形象到新疆之后就消失了。到新疆之前，我把惹祸的笔记本电脑退了，自己在北京的中关村重新攒了一台电脑：奔腾的处理器、16M 的“超大内存”、17 英寸的大屏幕，还有 CD-ROM，能播放 VCD。当时 Windows 95 刚刚发布，这个配置已经是超级豪华的配置了。我不但自己掏腰包购买了这套装备，还自己扛着电脑坐飞机到了新疆，这让同事大为诧异。为什么一个人来上班，还要自己带办公设备呢？

我沉了下来，蓄势待发地准备做事了。

因为之前的种种传闻，我被分到了一个边缘组，组长陈铭新是个不错的人，我俩竟然还挺对脾气。他知道我在总部的种种出挑的行为，对我说：“你只要不捣乱，业务方面你能做多少就做多少吧。”言下之意，只要我在新疆不惹是生非，他愿意把我供在组里。

但是，我永远也不会接受一个被“包养”的结局。

到了新疆，大家的主要任务是给银行编系统，用的平台是 Sco Unix，惠普的小型机，典型的云结构，所有的终端都会挂在上面。我对银行的业务其实一点兴趣都没有，但是，他们也要开发界面，做人机交互。我一看这个立刻来了精神，毕竟我疯狂地游走过深圳科技市场，并走火入魔般地研究过上百种软件。对于人机界面交互，我是非常擅长的。

我的研究生毕业设计用的就是 Visual C++，最令人惊讶的是，它有微软基础类库（MFC），它有一套自动化编程的东西，让你所见即所得地拖拽一个界面，帮你自动生成消息循环。

有了之前的种种积累，我自告奋勇地对同事说：“我可以先给建设银行的这套东西做一个菜单系统。”同事纷纷表示不太相信。但是我很快开始了没日没夜地封闭开发的过程，和大学期间做数字电路检测一样，我用一个引擎，把配置文件读了出来，再根据菜单来读不同的程序。仅仅花了一个星期，我就真的做出了这个菜单系统。

这种脚踏实地的工作态度，很快就获得了积极的反馈。大家纷纷感叹我的工作速度是这么快。我通过第一件事情证明了我不仅仅是个能说会道的人，我也可以做事。从这个时候开始，同事对我的态度开始转变了，他们都开始支持我了，而我也通过第一个项目建立了信心。我正在进行着很多人在社会化的过程中进行的事情，首先是碰壁，然后知晓，最后是对自己的行为进行修正。

接下来，我在新疆又花了半年的时间做了一件事情，就是给建设银行做可视化编程，包括所有的对话盒、按钮、对话框，基本上 Windows 里的这些控件，我都实现了。

我把所有带格式化的域在建立窗口表格的时候都做好，一旦输入的域不对，系统就不让你输下一个。这样一来，同事只需要按照需求填函数体就行了。但这也只是做客户端界面，和数据存储方面还是没有结合起来，这样使得他们输入数据后还要自动往表里插，涉及几十种库、上万个标段，很复杂。我趁热打铁，做了一个数据字典翻译器。也就是说，我编了一个能够理解这个数据字典的程序，在内存中建一个知识库，包括很多数据库定义。

简而言之，所有的查询我都把它给自动化了。所有的查询你只要开始，我就可以根据表之间的关系，在表之间建立链接，把数据显示出来。

这得益于我大学时期数据库理论学得比较好，而且又使用了我做研究生毕业设计时所得的知识。当时这个项目我做了大半年，以我为主，李钊后来也帮我一起做。

当产品终于做好的时候，建行内部轰动了。大家认为这是一个很独到的思路。如果方正当时对产品比较敏锐，应该是做一个基于字符终端可视化的产品。银行的开发人员虽然是专业出身，却并不擅长做这套系统，而当时很多公司做系统集成都是靠打单，未必是靠实力。所以，系统的成功也成了一次性的成功。

不过，这件事情改变了公司老板对我的看法，也让我在北大方正的路越走越顺了。

回想在新疆潜伏的整个过程，这段人生经历对我有很大的启发。

我发现，当时在新疆和我一起工作的一些年轻人，他们认为自己被发配到边疆，干的事情不太主流，也没有太大的意义，就喜欢在那里混日子。但是，我当时是知耻而后勇，沉下心来做事情，没有发牢骚。有了这样的态度，最后我们把不起眼的事情做出了不同的结果。

我还发现了生活中一个重要的真谛——无论你做什么，所有不经意的努力都不会白费。比如，我研究生毕业设计使用的是 Visual C++，我上大学时研究的 Unix，为了这些程序，曾经有一段时间我到了不吃不睡的程度。而这些积累给了我爆发的机会，让我可以在新疆交出一份漂亮的答卷。这些系统主要是我一个人在做，从策划到编程，到对大型系统的分析和把握。我之前的疯狂，最后得到了有益的回馈。

最后，我感受到了脚踏实地的妙处。之前经历过山寨平面系统的失败，我意识到我再也不想投机取巧了。有了这样的认识，在工作中对于即使是“边角料”的事情，我也会认真去做。深入简单事情的底层，你会发现一个更复杂、更精彩的世界。

在被发配到边疆一年之后，我终于回到了北京。

1996——初步拥抱互联网时代

令人梦想的城市和令人欣慰的工作，我都得到了，听着都让人精神振奋。但是，我当时的生活条件是怎样的呢？理想是丰满的，现实是骨感的。现实的情况是：我每个月拿 800 元工资，住在一个地下室里，过的是特别“草根”的生活。北大方正的新入职员工被分配在一个仓库里面住着，那是一个大通间，里面用隔板隔开。白天凌乱不堪，一到晚上，大通间里就上演“疯狂老鼠”的一幕。老鼠弟兄们会夜间出动，不仅乱叫乱嚷，还到处乱跑乱咬。

后来我有一个大学同学在北京的一个研究单位上班，他在位于安华桥的单位有一套两居室，我借着这个机会搬离了大通间，搬到大学同学那里去住，和五六个人挤在一起。从大学期间的创业开始，我就租民房和几个创始人在一起住，我习惯了在那样的房子里搞封闭开发。物质生活的清贫从来对我构不成任何挑战。我对起居条件的要求很低，只要能睡觉，能有一个空地放我的电脑就行。

我们当时没有钱，大家还会一起合伙做饭吃。就是在那个时候，我练就了掌勺做饭的能力。我会安排大家去买菜，然后进行各种搭配组合，以满足大家的食欲。在长期的买菜过程中，我总结了很多省钱的方法。比如有一种不错的大棒骨，一块钱两斤，营养又实惠，我就定期买回来，煮成味道鲜美的肉汤。

这道美味深得年轻“草根”的心，成了我们打牙祭时的最爱。

虽然方正当时给我们的条件比较差，很多方正的员工聚在一起的时候也喜欢发牢骚，但是我当时已经发现了不抱怨生活的妙处。我清晰地知道我来方正的目的是学习如何创业，如何创立一个软件公司。如果鱼和熊掌不能兼得，只要我的核心需求能被满足就好，其他的一切我都可以忽略。我现在也会对很多年轻人说同样的话，找工作的时候不要太看重外在的东西，因为那个不代表你的身价。今天的辛苦，就是明天的财富。

因为我搬离了中关村，上班的路程自然变远了。当时我每天要骑车十公里上下班，夏天还好，在北京的冬天干这个事还是挺疯狂的，我经常从冰天雪地中走进办公室，脸被冻得通红。但是，物质的匮乏与生活的清贫在我走进办公室半个小时之后就被我抛到了脑后。1996年，全民互联网时代已经悄然到来了。我要开始拥抱这个时代了。

互联网刚开始时让我看不懂，一旦读懂，我便沉迷其中。我在北大方正的工作方向，也伴随着这个时代的节奏，开始向互联网迈进了。

在《沸腾十五年》里，把1995年叫作基础建设年，而1996年叫作BBS狂欢年。也可以说，有关互联网的全民启蒙就是在这一年开始的。书里这样描述1996年——

这一年的7月，当时《三联生活周刊》的记者胡泳，受海南出版社委托挑选外版书。在版权公司密密麻麻的巨大书架前，胡泳不经意间抽出了一本黑白封面的书。这本书是美国未来学家、麻省理工学院数字媒体的主任尼葛洛庞帝写的《数字化生存》，在美国《纽约时报》的图书排行榜上连续几周都是第一。一翻之下，胡泳立即建议海南出版社出版此书，之后胡泳和妻子范海燕只花20天就完成了翻译工作，将译稿交给了海南出版社进行出版。

《数字化生存》一开始的市场表现并不好，这与当时中国互联网还只停留在大学和技术爱好者圈子有关。策划这个图书的编辑叫蓝峰，这是个头脑灵活、思维敏捷的图书策划人。他想来想去，想去找国务院信息办的高红冰。想把这本书通过政府机构进行推广。蓝峰没有想到的是，他这一折腾，不仅成就了《数字化生存》这本畅销书，还推动了一个产业在中国的落地生根。

事实证明，1996 年除了《数字化生存》让普通民众开始认识互联网，很多关键的事情也在这一年发生了。张朝阳的融资之旅是 1996 年 7 月开始的，王志东从 1996 年 1 月正式聘请公司开始融资。

是王志东还是张朝阳？这样的问题在 1996 年之后成为报纸、电视最热衷讨论的话题。这样的两个人，其实截然不同，但是互联网的大浪把他们淘成了公众人物和产业偶像。

和很多当时刚刚开始接触互联网的年轻人一样，我们都是从玩 BBS 开始的。在邮箱出现之前，一些极客在BBS上收站内信，也有很多人沉醉在MUD（一种游戏）里面，我对于游戏天然没有兴趣，所以没有玩，但是互联网的世界还是带给我无数的惊喜。其中一个最大的惊喜就是——免费。那个时候，我已经开始读网景公司和微软公司的故事。我的直觉是网景公司一定打不过微软，因为微软不仅免费还开源。我当时对 Delphi 很感兴趣，因为这比可视化编程更近了一步。我当时到处去狂下这些插件，去网上搜集这些软件。这是互联网最初带给我的震撼。我曾经花过 6000 元巨款收集盗版软件，现在呢，一夜之间仿佛什么都不要钱了。

和很多技术男一样，当时我也自然而然地成了“论坛爱好者”，水木清华里很单纯，虽然大家从未谋面，但是少数的精英人物在里面玩，气氛非常民主、自由、开放。

说到这就不得不提一下，我正是通过 BBS 认识了我的妻子胡欢的。她当时也在北大方正工作，是一个身材高挑的美女。我从一见面就开始和她搭讪了，当然，生活中的我非常羞涩，不敢明目张胆地去追求。而她对我所有的了解就是：这就是那个名声在外的周鸿祎，一个一进公司就总是给公司惹麻烦的刺儿头，不怎么受领导待见。

当时北大方正的办公室是大开间，每个开间 100 多个人，每个部门也很小。很多的电脑终端都是我设置的，我可以查看他们的静态 IP。所以，我一上网就知道在论坛上说话的那个人是谁。在网络里，我如鱼得水，完全可以敞开了胡说八道，也可以去追求我喜欢的人。在水木清华 BBS 上，我找到了胡欢的

ID，每天都和她天南海北地聊，非常投缘。有意思的是，我知道她是谁，她却不知道我是谁。直到有一天，我看到老板正在向她的背后走过去，赶紧打了句话过去：“你老板在你背后呢。”直到这时，她才知道每天在网上和她海聊的那个人竟然就是和她同在屋檐下的同事——我。

后来，我终于发出了线下的邀请，邀请她到中关村路口的必胜客去坐一坐。对于当时我们这样收入的理工男，必胜客还是挺奢侈的一个去处。我们没有吃东西，就着一杯红茶天南海北地聊天。

对于谈恋爱，我并不是很在行，我很少会讨好地说一些甜言蜜语去“撩妹”，一般只是讲述自己的事儿。那个时候我还是个落魄的小工程师，每个月的收入只有1000块，没单独的地方住，每天在北大食堂蹭饭吃，外表看上去毫不起眼。在胡欢面前，我喜欢讲自己过去创业的经历，大谈特谈自己的梦想、未来自己想做的事，我讲到我会怎么用一个软件或者程序去改变世界，一副“天将降大任于斯人也”的样子。一般女孩看到我这样的人，会觉得我有点不切实际，或者是个神经病，但是胡欢没有这样认为。她一直坚信我说的是真的，并且后来也一直用行动在支持着我。[1]

说起来有趣，从必胜客出来以后天色已晚，我们出门各自打车回家。我一伸手打了一辆黄色面的，一块二一公里。胡欢一伸手打了一辆富康，一块六一公里。我心想：妈呀，很奢侈。

事实证明，胡欢的家庭背景确实比我的好得多。我后来才知道，她的父母都是大学教授。而我听说，我们是在水木清华上成的第一对。

[1] 根据胡欢的回忆，她和周谈恋爱就是周拉着她在电子市场里挤来挤去。每到一个摊位，他就钻进去问东问西。胡欢挤不进去，就站在外面等。一会儿他就钻出来，拉着她到旁边的摊位，再一头钻进去。他对胡欢说：“咱们肯定能挣钱，就是攒机子，我都是水平最高的。”

一个新的任务：初步接触电子邮件

互联网的浪潮只是刚刚露出一点端倪，分配的工作又给了我深入接触互联网的机会。但是，有关互联网的工作并不是主流的工作。当时在方正公司里，大家热衷于研究 IP 层下层的东西，还有组网，以为这些东西是做系统集成的法宝。这些也是最容易出成绩的工作。但有一些活大家就不屑于去干，比如做培训，教政府部门的人如何使用邮件系统。这在当时看来都是很边缘化的工作，没有前途。

看似"边角料"的一件事，我主动把它接了过来。自从经历了刚进公司遭遇的那些打击之后，我变得脚踏实地起来。从那个时候起，我就养成了一个习惯——就算是"边角料"的事情，我也要认真去做。

当时北大方正交给我的任务是教政府部门的人怎样用 cc:Mail，一个很难用的局域网邮件系统。这给了我一个仔细研究电子邮件系统的机会。我翻了翻 cc:Mail 的说明书，认为这个事情太简单了。我又跑了一趟海淀图书城，把能找到的相关的书都看了一遍，我像发现宝藏一样，发现这是个好东西。虽然这在当时可能也就是个秘书才会用到的东西,但是我隐隐觉得这个东西前途广大。从这时候开始，我意识到了互联网的光明前途。

在教授政府部门的人如何使用邮件系统的过程中，我如同大学期间在外打工一样，成了一个培训师，手把手地教授政府部门的职员怎么使用这个并不复杂的电子邮件系统。但是，和大学时类似的情况又一次发生了。我发现，我认为简单的技术，对于不熟悉计算机的人来说，还是发懵的。我无数次耐心地讲解，普通小白用户还是会感到抓狂。我又一次体会到，计算机和互联网只是极客眼中的天堂，却是普通用户心中另一片陌生的大陆。技术，对于他们来说，太难了。

在培训的过程当中，我一直在思考一个问题：如何让这个系统变得好用起来。就是在这个时期，我对人性化的人机界面有了一些天马行空的思考。而沉淀在身体里的很多东西又开始神奇地发挥作用了。我想到了，为什么不把一个复杂的使用，用一个简化的游戏界面来取代，这样，我甚至都不需要进行复杂的介绍，人们就知道怎么使用这个系统了。这个想法真的让我自己都为之一震。这个灵感来源于我对游戏软件界面的观察。我想到，游戏软件通常都没有说明书，或者大家从来都不看说明书，但是用起来很容易上手，就连满大街的小孩也会玩。1995 年，微软开发了一款拟人化界面 Microsoft Bob，被定为 Windows 3.1 的下一代界面，其中的思路就是互动性更强的自然界面，动画和卡通图形的使用让人耳目一新。这些在产业内的观察再次启发了我的思路：现在我只要给 cc:Mail 加一个外壳，让这些界面变得拟人化，是不是邮件就变得人人可用了呢?

这样的灵光一现，让我极为兴奋。

我决定，干脆做一个新的图形界面，调用它的命令行，把它的图形界面藏起来。这样，我可以让电子邮件的使用过程变得和玩游戏一样简单。我把这个游戏做成了生活场景，就算小白用户也可以从使用邮件的过程中找到乐趣了。

经过一段时间的潜心编程，我把这个想法实现了。我把使用电子邮件的界面做成了一个模拟女秘书来帮你服务的过程，打开邮件系统，界面上有一个办公女秘书站在那里，她的前面有一张桌子，上面放着一个信封，信封上有收件人。你可以点击这个信封阅读邮件。阅读完毕，女秘书退出办公室，你就退出了邮箱系统。就这样，我把难用的邮件系统变成了一个操作很简单的动画。

这个创意和设计，是我作为程序员的一个极为重要的突破。这奠定了我后来十几年在互联网产品经理的道路上，把用户体验放在首位的基础。从这个时候开始，这种做产品的思路一直延续了下来，让我做任何产品的时候，首先想到的都是用户。因此，这个产品对我来说，具有一定的开创性。尤其重要的是，这里面大多数的设计是我独立完成的。因为没有美工帮助我，界面中所有的东西都是我自己画的。我甚至还用上了在创业时汉化过的装修类软件，界面里的办公室场景就是我用装修软件建立的。女秘书，我是在国外的一个图库里找的。后来很多人说，那个女秘书有点像施瓦辛格。

东西做出来了，我拿给国务院新闻办公室的秘书们用，反响果然不同，大家纷纷赞叹这个系统让人耳目一新。

这个产品又让我的名字流传在公司里，但是这一次不是负面的，而是关于我研发的邮件系统多么有创意。我的老板周宁看了我开发的产品，说出了一句击中我心灵的话："这是一个非常创新的想法，也许它能成为下一个WPS！"

成为下一个 WPS！可以想见，这句话对我来说是多大的一个鼓励。我到北大方正工作，其中一个重要原因，不就是为了成为下一个求伯君吗？

“飞扬”为什么没有真的飞扬起来

通过给 cc:Mail 加外壳，我开始阅读大量有关互联网的资料，体会着互联网种种呼之欲出的理念，又思考着怎么让普通用户也觉得电脑是好用的。当时我们用的邮箱是 Nestcape Mail，后来高通公司的 Eudora 邮箱以及中国的 Foxmail 都是模仿它做的。

“也许它能成为下一个 WPS”——这句对我的肯定直接戳中了我的内心。在北大方正工作，我内心一直在上下求索，我不就是想成为下一个求伯君吗？我不但想成为求伯君，更想超越求伯君，我要把我的产品演化成一个真正有影响力的产品。现在，机会似乎在隐隐约约地向我招手了——中国没有一套面向普通人的互联网邮件系统，为什么我不能把这个现成的产品改造成面向普通用户、人人可用的邮件系统呢？

想到这个，我兴奋不已。

我对周宁表明了这个想法。周宁表示无法让这个项目纳入公司的总体规划，但是他给了我两个支持：第一，允许我不去公司上班了，而是给我们出钱租了一套房子，让我和几个同事，包括谭晓生和李钊，住在里面，这样一来我时间自由，可以充分利用时间去做这个事情；第二，应允我把两个师弟招进公司帮我进行项目开发。

我为这个产品起了一个名字——飞扬，来自杜甫的诗《赠李白》中的诗句：“痛饮狂歌空度日，飞扬跋扈为谁雄。”我希望我的“飞扬”能超过那已经没落的“信心”，能真正在中国市场里飞扬一把。

平时我们还是轮流买菜做饭，偶尔熬一熬棒骨汤，我负责带着两个师弟编程序，优化我的项目。在这期间，我又变成了一个封闭开发的程序员，一个“我为产品狂”的科学怪人。我没日没夜地工作，累了就蜷缩在桌子一角打个盹儿。我两次累到心动过缓，最后被拉到医院去输液。

我的那两个师弟，一个很聪明，但是程序编得比较粗糙，另一个不太聪明，但是比较踏实。除了之前的不成熟的创业经验，这是我第一次做项目管理这样的事儿。也就是说，除了编程序，我还要管理别人，带着别人一起把事情做出来。我至今记得有个师弟特别喜欢玩游戏，要我苦口婆心地劝他把主要精力放到工作上。很多个晚上，我已经睡觉了，他蹑手蹑脚地起来，坐到电脑前打游戏，等我起来，他还在睡觉。后来，我半夜起来，悄悄溜到他的电脑前，发现他游戏打得正在激烈处，抓了一现行。他回过头说：“哎呀，我编程已经编完了。”

我就是这样疯狂地做着我的“飞扬”。我在摸索着产品怎么样才能更吸引人。我知道，这将是我人生中的一个无比重要的产品。我想尽快到达那个通过一款产品改变很多人的生活的彼岸。对于成功的极度渴望让我忘记了一切辛苦。但是，做产品的人往往都会经历这个过程，把自己的主观感受无限放大，把自己的需求误认为是所有人的需求。这个时候，我们就忘记了用户。另外，在设计产品功能时，我们不懂得简单就是美的道理，喜欢把很多功能做在一起，反而让用户不知所措。

当时的我们，正在犯这几个错误。不专注的问题在做这一款产品时又出现了。我们开始在邮件上附加了很多功能，比如日历、时钟，甚至还想做一些其他的延展到办公方面的功能。这个时候就出现了人力不够的情况，导致该做好的事情反而做不好。另外，我们开始接到一些用户的反馈，说需要邮件的加密功能，我们把个别用户的需求变成了普通用户的需求，就开始研究邮件加密，把加密系统做得特别复杂。其实到今天，邮件加密也没有被大家重视。

除此之外，我还犯下了一个重大的错误：过于重视游戏界面，从而忽略了功能性。当游戏界面刚刚出现时，人们往往会觉得很新奇，但是时间一久，人们未免会对游戏界面审美疲劳，尤其是当人们每天要处理很多事情的时候，游戏界面的弊端就暴露出来了，而邮件三栏式界面的优点就表现出来了，但是当时我们没有去做一套类似于 outlook 的界面。现在看来，我们应该做两套邮件系统，一套游戏界面的，一套三栏式界面的。

当时，我一边自己开发飞扬邮件系统，一边渴望着产品能够进入第二个阶段——我想和求伯君一样，把想法贡献给公司，利用公司的平台去推广这个产品。我甚至为这个产品思考出了商业模式：很多企业当时都希望利用邮件系统来办公，这样我可以在互联网上把邮件面向大众免费，再从企业用户处收费。

但是，通过我和公司高层的交流，我很快就发现，北大方正并不认可我这个想法，当时传统出版印刷还是主流，没有人懂互联网，领导人的个人见识制约了整个公司的见识。

我找过不同层级的领导谈过这件事，我提出了建议：方正能不能以“飞扬”为契机建立方正的互联网战略，让邮件产品免费，让这个产品去获得用户。另外，方正可以出一款文字处理软件，让普通人使用文字处理时更加方便。

但是，领导们要不就是听不懂我说的东西，要不就是不以为然。更有很多普通员工，以中国特色的方式对于我的行为做出了判断。他们认为，对于邮件这个产品，是我自己想扬名立万，利用公司的平台让自己出名。对于文字处理软件，当时的方正不想做这么便宜的一个软件，方正的生意都是几十万上百万的，他们想不出做这么一个收费很少的软件对于整体的利润率有什么贡献。所以，这个想法也被否决了。

现在回想，我当时已经用免费的思维来考虑互联网的问题了。在当时，我已经思考到了，互联网的精髓在于获取海量的用户。有了用户，就可以在平台上思考多种其他的战略。现在看来，这种思想是比较超前的，也是今天很多互联网公司创立时采用的策略。但是在 90 年代的中国，你很难让别人理解免费的神奇功效。

我当时感觉自己在公司很孤独。

没有公司层面的支持，“飞扬”几乎处于半瘫痪的状态，但是还在勉强地运行着，其实用户最后也发展到一二十万。但是，它命运结束的那一天还是来了。

有一天，周宁走进办公室对我说："你在新疆那个项目，可能需要改造一下，现在业务增长了，需要有人去一下，这是一个大客户，几千万的合同，如果不解决这个问题，这个单子就要丢掉了。"

我看着周宁问："意思是，要我回新疆吗？"

周宁接着说了一个让我心碎的决定："'飞扬'你就不要做了！"

就这样，"飞扬"项目被迫停了下来。这对于我的打击简直是致命的，很长一段时间以来，我把"飞扬"这个项目当成我的孩子一样呵护。现在，我的孩子却突然夭折了，为此我恸哭了一场。

离开方正——抛弃稳定、待遇和头衔

我潜心研究“飞扬”的时候，中国互联网的新鲜事物开始层出不穷了。而我作为一个了解互联网的年轻人，并没有天然地显示出对很多新事物的敏感。

当时聊天室和即时通信已经开始在互联网行业里展露峥嵘了。这些都是新兴的、正要蓬勃发展的领域，也是当时的一片蓝海。有一个软件已经出来了，叫 ICQ，但是我不怎么用。李钊跟我说，他的女朋友去美国，他们就通过这个联系的，这个东西特别好用、特别方便。我并没有意识到即时通信软件的大好前景，对这个领域没有做过多的思考。

而网络聊天室，也是在那个时候出现的，而且就出现在了我的身边。当时“飞扬”的团队有十几个人，在公司内部慢慢孵化着。我们为了让用户可以在网上下载“飞扬”系统，做了一个论坛，开了用户建议等几个版块。我招来的一个小孩是做美工的，他自作主张在论坛上开了几个版块，有谈天说地、谈电影等，后来这个版块流量涨得很快。其实这就是当时聊天室的雏形。但是，我没有意识到聊天室的价值，下命令让小孩把这些东西关掉。直到四通利方的出现，让大家在聊天室里聊明星、聊体育、谈电影，我才意识到是我自己的眼界不够宽。

高瞻远瞩不是天生的，每个人的见识都是一点一点积累出来的。我也“短视”过很多次。

我当时思考的，是互联网中的另一个问题。

做“飞扬”时，我已经是北大方正的一个部门经理，“飞扬”结束之后，我又去新疆待了一年，在这一年当中，我对于互联网的浸润越来越深。我发掘互联网的妙处，也开始到处教别人上网，几乎变成了一个互联网的传教士。

当越来越多的普通人开始上网时，有一个疑问始终在我的脑海里盘旋着：互联网是美国的舶来品，英文是很多人上网的障碍，为什么域名里要有点？为什么要打向左的斜线而不是向右的斜线？既然上网对普通人那么痛苦，要打那么多英文字母，能不能用中文取代英文去上网呢？假如做一个中文网址软件，想去什么网站就直接敲击中文名，那些不懂“http”“www”的人上网岂不是容易了很多？但是这个想法过于简单，简单到我自己都怀疑，这么简单的想法为什么别人没有想到呢？

在新疆工作期间，我白天干活，晚上就自己琢磨：怎么才能实现中文上网的想法。一个客户端，放到浏览器里，你往里面敲中文，把URL查出来，交给服务器，再去访问。我自己不断地在脑海里重复着这个设想。我也自己开始做实验，询问身边的人这个想法可行不可行，我问一些技术人员，也问普通的电脑使用者。凡是技术人员都对我这个想法不以为然，认为这不就是目录服务嘛。已经有大公司做目录服务了，你还有必要去做吗。而普通用户的反响却非常好，他们认为自己有这个中文上网的需求，这个想法不错。通过每天晚上在头脑中沙盘推演，逐渐地，我把中文上网的商业模式、产品和用户基本上想清楚了。我认为技术实现并不困难，只要花点工夫就能做好，关键是这事到底做还是不做呢，我的心里没有底。

我开始在网上查了海量的资料，看了很多关于域名的内容，想到在DOS系统下，没有联想的汉卡，电脑在中国就用不起来。王选搞中国的出版系统，引发了出版界的一场革命，后来微软也有了中文版，为什么在互联网世界，域名就一定是英文的呢？我越想心里越澎湃，觉得中文上网，应该是一个划时代的想法。很多互联网的成功其实都不是技术的成功，而是商业模式和理念的成功。在互联网上进行创新，没人附和并不说明不可以做。慢慢地，我越来越肯定自己的想法。

和过往一样，我的直接想法是，给公司高层做个报告，把这一想法贡献给公司。希望这一次公司能够领情，把这个产品纳入公司的产品规划，再由我来领头开发。在周宁的安排下，我见到了方正公司的一些高层领导。我兴致勃勃地对他们描绘着心中的远景：“以后企业就不需要英文域名了，直接注册成中文的就可以了。用户直接在浏览器里输入中文，就可以到达想去的网站。”

我这边说得兴高采烈，领导们的脸上却都是一副茫然的表情。

从领导的办公室走出来，秘书同情地看着我，对我说：“领导们还都不用互联网呢，所有的邮件都是根据国企的办法，由秘书打印出来，然后领导批示、处理，写上同意和不同意。你怎么指望领导现在能明白你这个所谓用中文上网的想法呢？”我心想，这个汇报根本就是鸡同鸭讲。

当互联网在中国开始蓬勃发展的时候，我忽然意识到方正依然还沉迷于照排、出版印刷系统的开发，依然还在做着很多曲高和寡的东西，有些和市场脱节。

在想法极度受限之下，我的内心对公司非常失望。而这一次，我萌生了离开方正的想法。

“不知腐鼠成滋味，猜意鹓雏竟未休”，高中时期熟读李商隐的诗歌，而这两句来自《庄子·秋水》的典故颇能代表我当时的心态。战国时惠施任梁国相，庄子准备去探望他。有人对惠施说：庄子是想来谋夺你的相位。惠施于是百般防范。庄子听到这事后，就对惠施说：南方有一种叫鹓雏的神鸟，从南海飞往北海。一路上非梧桐树不歇，非竹实不吃，非甘泉不饮。有只猫头鹰刚获得一只死老鼠，看到鹓雏飞过，怀疑它要来抢食，就仰头向它发出“吓吓”的怒叫声。庄子用这个故事表明自己根本无意于名利。

我觉得自己也应该“非梧桐不止，非练食不食，非醴泉不饮”。我决定离开方正了。我放弃的将是稳定的工作、可观的工资，以及未来晋升的可能。我当时的职位已经是事业部总经理，也是方正系统集成公司研发中心的常务副总，高层的一些会议可以让我列席，但是，7000元一个月的工资、一个所谓的职位，跟我的理想相比算什么呢？我的内心还是倾心于做一个划时代的产品。

于是，我递交了辞职信。一种看似稳定的职业生涯，就这样被我亲手终结了。

在方正的经历让我又获得很多关于人生的收获。我完成了从单纯做程序员、开发软件到接触互联网的全部过程，在这里我积累了很多管理经验，也结识了很多优秀的同行。

事实证明，我在方正的一些经历，都在不经意间对我今后的创业起了非常大的作用。自从在方正接触互联网后，我在网上逗留的时间非常多，花了大量的时间去看底层的标准和基础性的东西，组建搭起了基础知识构架。在这个过程中，我对互联网的认识开始形成了。而“飞扬”是我互联网生涯中的重要角色。这个时候我有了一个最起码的想法：“飞扬”是为谁做的？“飞扬”有明确的定位，不是给专家的，不是给发烧友的，而是给中国大众的。就是在做“飞扬”的过程中，我开始考虑商业模式了。“飞扬”就是为推动大众上网而做的，所以“飞扬”做得特别“傻”，却特别好用。这也是延续到今天，我在互联网做事的一个基本出发点。

后来我无数次听乔布斯在斯坦福大学的演讲，对演讲中提到的那句话极为认同，这也印证了我的很多体验——“我凭借好奇心和直觉所做的这些事情，有许多后来被证明是无价之宝”。

车库式创业和度过 3721 风波

第九章

开始车库式创业

时间进入了 1998 年，互联网在全世界掀起了一场汹涌的革命。在硅谷，互联网涌现投资热，在《一网打尽——贝佐斯与亚马逊时代》这本书里，有对 90 年代末期互联网投资疯狂与热闹的描写——

20 世纪 90 年代末，网络从电脑极客领域演变成各大报刊的主打内容，当日交易者，还有头一次冒险进入了后来风行天下的网络空间的人们，后来都成了网络空间的常客。最终，产业变化和社会变化的大势成了人们疯狂崇拜的对象。这掀起了一股期权热潮，使那些理智的观察家都质疑自己是否判断错了。雅虎的估值远远高于迪士尼乐园，亚马逊又远超著名的西尔斯百货。在硅谷，创业家们以及支持者由于过度乐观和丰富的投资回报而喝得酩酊大醉，并举办了一个长达两年的大型聚会。投资是那么容易，机会无处不在，到处都漫延着加有菠萝的伏特加马提尼酒的芳香。

1998 年，中国互联网也在快速发展。在这之前网络只是极客的天下，而在 1998 年，中国互联网正在进入一个全面兴起前的酝酿阶段，普通人开始对上网有了感觉。

好多人在那一年“裸辞”了。我是在很多年之后才学会了这个词，它指的是年轻人在没有找到下一个工作单位的时候就把现在的老板给炒了，不给自己留后路。后来，“裸辞”成了勇气的代名词。

我就是当年“裸辞”的程序员一名。除了我以外，第一代互联网创业者都在当时纷纷“裸辞”了，丁磊和马云辞得更彻底。《沸腾十五年》里记录：1995 年，丁磊从宁波电信局辞职，按规定，这个时候大学生辞职要补偿国家培养大学生的费用，要交 1 万元。但丁磊没有那么多钱，只能提着箱子离开了单位，结果按照除名处置。同一年，马云向杭州电子科技大学提出辞职，第二天就借了 10 万元注册公司。他们比“裸辞”做得更进一步，一辞职就负债了。比“裸辞”更绝。

裸辞之后，我的路该怎么走？

熙熙攘攘的中关村里人头攒动，四通、联想、方正等一批中国 IT 行业的软硬件企业的楼散布在周边。那个时候，中关村还没有硅谷电脑城、太平洋电子城和海龙大厦，村里人沉浸在“攒机热”中。中关村除了“电子一条街”的名称之外，还有“骗子一条街”的称号，中关村的楼下就是熙熙攘攘的菜市场，从中关村一路穿行，会遇到一堆抱着小孩的妇女在兜售各种光盘，包括色情光盘。在这样的混乱中，中国互联网酝酿的是一场你追我赶的革命。

经历了在方正将近三年的打拼，经历了“飞扬”的出生和流产，经历了希望贡献想法到头来无人喝彩的落寞，我决心还是得靠自己来实现做互联网产品的想法。我心里那原本模模糊糊的中文上网的产品的想法这个时候已经变清晰了。不说那么多大道理，我带着方正的两个旧部搬到了中关村的一间出租房里，开始了又一次的创业生涯。

我又一次出发了。

革命都有流血牺牲。我们的房子极其破旧，两室一厅，水泥地面，没有窗户，白天也没有光，生活条件不容乐观，我理想中的“车库式”创业就这样正式开始了。这一年，我 28 岁，离我看到《中国青年》那篇年轻人创业的文章已经时隔十多年了。我进入了自己年轻时想象的场景。

但身处其中，想象中的美感立即降低了几个级别。

因特国风的办公室

3721 创业之初

一起创业的人是我在方正的两个年轻的同事，是我在方正时招聘来的，还有我的新婚妻子胡欢。整个房子是朝北的，只有在我的椅子旁边有一个小窗户，因此白天也暗无天日，需要把灯全打开。这个暗室被后来的伙伴戏谑为“囚室”。我们住得很拥挤，晚上机器一搬一抬就搭床。很多人对我创业的艰苦感到不可思议，说：“哎呀，太傻了，这不是穷折腾嘛！”

那时候，我给两个员工定的工资是每个月1000块钱。为了让我安心创业，胡欢就离开了方正，进入另一家公司打工，以便能让我们每个月有更多固定的“口粮”。记得第一个月交完房租、扣完生活费后，还剩下3000元。我和胡欢一合计，给每个人发1500吧。这样，每个员工第一个月就意外地多得了500块钱，他们特别开心。那天我们也特别开心。

但是就算这样，我们的房子也住不了太久，团队后来又来了两个人，公司增加到了5个人，至少要一个三居室才能住得下。我为了搬家不搬家的事情纠结了很久。纠结的原因就是钱。我算了一笔账，如果我们留在中关村，房租就会从1500元涨到2500元，但是这1000元对我来说太贵了，我出不起。我们还是得搬家，一咬牙，我们从中关村搬到了郊区——北五环开外的马连洼的一处民居。

我们把客厅腾空，沿着墙壁摆放了一圈桌子和椅子。白天我们在客厅办公，晚上就回到卧室蒙头大睡。昏暗的房间里时间好像在疾驰，又好像是静止的，创业伙伴每天开发产品，忙得昏天黑地。他们白天忙着搞开发，没有时间吃饭。我就找了一个阿姨，每天给大家做两顿饭，这样大家就不用去下馆子了。我们在这套民居里住了很长时间，直到我需要注册公司，才搬离这处居民楼，去马连洼宾馆找了一个单间。

产品开发搞得不亦乐乎，公司再次遇到起名字的问题。我从来都对自己起的名字情有独钟，从“信心”到“飞扬”，所有过往产品的名字都是我想的。这一次重新来过，公司又该叫什么呢？我的想法是让中国的网民能够用中文上网，这既和中国文化有关系，又和互联网息息相关，“因特国风”四个字略带风雅，渐渐地在我心里浮出水面，这意境如同一幅中国水墨画。我自己很满意。于是，最终我们确定了公司的名字——因特国风软件有限公司，连宣传的口号我也想好了——因特网上中国风。我的想法很简单：中国人上网时不再以

www 开头，不用再输入斜杠和 http，扔掉上网地址本，直接在地址栏里输入中文。

这是一个简单又朴素的想法。

资源匮乏是所有创业者创业之初面临的最大尴尬，想法有了，人员有了，甚至残破的办公室也有了，但是资金却捉襟见肘。没有服务器和带宽怎么办？没有办公电脑怎么办？没有更稳定的 SCSI 硬盘怎么办？还有，怎么筹集注册资本和人员工资？愿望是美好的，但是实施这个想法却要啥没啥，怎么办？作为一个 28 岁的创业者，我面临的问题实在太多了。

这时候，我在方正的老上司、性格温和的周宁现身了。他一向开明，对我创业的决定也很理解，就算我离职了，他也想方设法地帮我解决问题。知道我没有设备，也没有什么钱，他说："方正系统集成公司有一个仓库，仓库里堆的全是卖不掉的废旧物资，你要是需要什么就过来逛逛！"我大喜，连忙说："太感谢了！"后来，我欢快地跑到了这个废品堆里，看见这些电子垃圾随意地摆放在地上，布满了灰尘，我拿起来一件一件地看，视若珍宝。"这都是宝贝呀。"我说。于是，废弃的硬盘、光驱、旧键盘、一堆堆线缠在一起的鼠标都成了我的囊中之物。我把这些东西集在一起拖回了家。最后，我付了方正 1500 块钱，算是把这些废品买了下来。有了这些，我自己去中关村买了 CPU 和主板，攒了几台电脑——办公设备就这样七拼八凑地弄成了。

在我凑齐需要的电脑之后，员工就可以正式写程序了。但是服务器和带宽托管又成了我要解决的当务之急。员工的办公设备我可以想办法凑齐，但是这笔托管费用可是大头。正在我愁眉苦脸的时候，如有神助般我接到新华社打来的电话——新华社问我能不能帮助他们写一个邮件系统，我知道，这是"飞扬"时期的遗产在发挥作用了。

当时新华社想要使用邮件系统，想到能不能用"飞扬"系统去定制一个类似的。他们通过方正公司找到了我，问我能不能拿现有的代码改一改，给他们做一个邮件系统。作为交换，他们可以付我几万块钱。我当时正在挖空心思地各处筹借资金，心想：这一单正是雪中送炭啊，我正好可以顺便咨询一下他们能不能帮我托管服务器，解决我们的带宽托管问题。结果，新华社真的给了我一个机位，我用这个帮公司托管了服务器。

开发的日子无比枯燥，只有耐得住寂寞的人才能在寂寞里生如夏花。公司的名字有了，我们还需要为网站起一个名字。而这些网站是将来互联网用户要登录的网站，相当于我们的品牌，因此这个名字既要好记又要朗朗上口，我们格外重视。大家七嘴八舌地说着各自的想法。

“用因特国风的拼音怎么样？”

“太长了！”

“用 InterChina 怎么样？”

“用英文？这好像违背了中文上网的初衷吧！”

“那干脆还是用数字？”

当时有一个卖软件的连锁店，叫联邦软件 8848，我说：“你看连珠穆朗玛峰的高度都被当成名字了。干脆我们也拿出乘法口诀表找一个数字吧！”

我们真的拿出了乘法口诀表，7749，8864，我们围坐在这张乘法口诀表的周围，捕捉着灵感。这样搭配起来的所有四位数全部被我们看了一遍，但是始终不知道用哪一个好，我急了，脱口而出：“不管三七二十一，咱们先起一个名字再说呀。”

“不管三七二十一？那就叫 3721 如何？”伙伴们灵光乍现。

这个好！伙伴们纷纷肯定这个绝妙的灵光一现。

最终我们的网站就取名为“3721”，后来这个名字就演变成了一个口号——不管 3721，中国人上网真容易。

四处碰壁

从 1998 年 10 月一直到 1999 年 6 月，我的团队一直在没日没夜地做 3721 客户端的开发工作，我们做的是客户端，还有桌面图标的应用软件，需要用户在电脑上下载安装。我一边抓开发工作，一边出去见人聊天。我仿佛又回到了本科毕业之后的那段到处推销的日子，我口沫横飞，对方满脸疑惑。

当时在中公网的谢文是第一个来看我 3721 产品演示的互联网人。谢文 20 世纪 80 年代初毕业于中国人民大学，1983 年赴美留学，读的是名校哥伦比亚大学，90 年代中期回国就进入了互联网行业。此人身材高大，声音洪亮，长方的脸上戴着一副金丝眼镜，听你说话的时候喜欢专注地看着你，脸上总是带着一丝若有若无的笑意，仿佛早就读懂了你在想什么。我对他兴奋地说了一大堆中文上网的想法，并且告诉他 3721 的未来方向。

他定了定，用他那一向洪亮的声音对我说："鸿祎，你这想法不错，但是这东西你做没戏呀。你想啊，这东西需要技术实力和强大的资金来支撑，微软和思科如果想做这个事还能干成。你这小公司做，就比登天还难了。"

谢文的话让我的心里一阵哆嗦，也让我意识到了一个残酷的现实。我想："万一微软想做这个事，确实是很可怕的。微软实力雄厚，又有 IE 浏览器做入口，要是这个庞然大物哪一天忽然决定要做这事儿，灭掉我们这个婴儿公司就是分分钟的事情。”

我摇了摇头，吓得不敢听下去。

“要不然你干脆去我那儿吧！”谢文说。

我沮丧地摇了摇头。

谢文走了以后，我有一段时间惊魂未定，但是想了又想，觉得毕竟这是一个中文上网的东西，外国人不擅长。微软应该不会闲着来插一脚吧。想到这里，我心里似乎又踏实了很多。

第二个来我们简陋的办公地参观的人，是我朋友的一个同学。他从清华毕业之后就自己开了公司，做系统集成，规模做得很大。看完我们的东西，他对这个尚未出世的客户端表现出很是不以为然。在他看来，一堆人闷在一个屋子里做一个免费的东西，连个清晰的商业模式也没有，简直是天方夜谭。这种好像是从石头缝里蹦出来的想法，既无成功的先例，也看不到成功的苗头，简直是在自娱自乐。但是说实话，我也看不上他做的公司，我觉得他那做系统集成的生意，没有持续性发展的可能，也没有什么新意，我还觉得他是在自娱自乐呢。

话不投机半句多。

对我已经认定的事情，别人的评价起不到丝毫的影响。我唯一的目标就是找到能够认同我产品和理念的人。但是真正找到理解这个产品的人又谈何容易。这也是很多创业者在创业初期都会遇到的问题。所以说，创业者的孤独，不仅仅是要忍受创业路上资金的捉襟见肘、寻找投资的种种困难，还要承受大多数人可能根本听不懂你的创意的现实，一时间，你成了孤独的星球。

当时，另一家小公司也在马连洼孵化着，这就是后来赫赫有名的游戏公司——联众。那时候不断有公司来参观考察我们的邻居公司，而我也趁机把这些考察者邀请到3721公司里来看看。这其中就有著名的263公司的创始人——李小龙。

1966年出生的李小龙身高有194厘米，当时32岁。奇高的身材让所有人看他都必须仰视。他的名字和著名功夫影星同名，个头又引人注目，所以很容易让人过目不忘。1993年，他看准了即将兴起的寻呼行业，开办了海城寻呼，到1997年已经拥有20万用户。后来，在明知寻呼是夕阳产业的情况下，他抓紧时间转型，涉足互联网，组建了互联网接入服务提供商（ISP）——首都在线。他出其不意，首先想到了“主叫计费”的服务方式：用户不需要去办理有关手续，只要拨打 2631 就可以直接上网，费用和电话费一起交。

这第一个吃螃蟹的做法大获成功。他来马连洼考察联众时，263 已经在中国做得风生水起。

我们在马连洼讨论关于互联网的问题，他问我：“你觉得联众怎么样？”我立即抓住机会反问：“你觉得 3721 怎么样？”像所有的初创公司企业的创始人一样，不疯魔不成活，我抓住一切可能的机会来推销自己的产品。

在我的不断游说之下，李小龙终于动了一点投资的心思。但是好景不长，263 的多数人不同意投资，理由是 3721 没有技术含量。就这样，我好不容易说动的一位潜在投资人，也打消了投资的念头。

这种屡屡碰壁的状态更激发了我屡屡和人交谈的决心。我忽然意识到，公司不能再在马连洼这个城乡接合部继续作战了。这个地方虽然租金便宜，但交通太不方便，出去谈个事、谈个融资都要大费周折，折腾半天才能到中关村。你离投资人那么远，怎么还能指望别人真正理解你呢。我请投资人到公司里来实地考察，别人也有可能嫌太远，不愿意来。

这个时候，我去找了当时中关村的一位营销高人陈良华。我喜欢他滔滔不绝地讲中关村的各种奇事，讲整合营销。当时，他和中关村的另一位营销大师许志平一起办了个公司，就在友谊宾馆的院里办公。有一次我去他们的公司，看到他们的办公室很宽敞，还有空余的地儿。我不禁两眼放光，这简直是我梦想的办公室驻扎地，如果能来这里办公就好了。

但是我兜里没有钱，付不起房租，这是一个很现实的问题。我试探性地问陈良华和许志平，能不能让我用他们空闲的办公室，我没有钱，但我可以以 10% 的股价来抵房租。陈良华说：“那我只能回去问问办公室里的人！”

几天之后，我得到了反馈。陈的办公室里的年轻人觉得中文上网有点意思，这也让陈良华对我的项目拥有了一点信心。于是，他同意我们从遥远的马连洼千里迢迢搬回了城里。我终于又可以在中关村的腹地自由地行走了。

尽管有了占据黄金位置的办公室，我们的公司却已经在弹尽粮绝的边缘徘徊。持续开发，需要强有力的财力后盾，产品做出来，需要推广，人员需要发工资,我们需要投资,但公司走到了青黄不接的阶段,我钱的工作已经日益严峻。

那个时候，我第一次接受媒体的采访。来的是《互联网周刊》的一个女记者，采访持续了整整两个小时，她问了很多，我也奔放地说了两个小时。旁边的许志平一直微微皱着眉头。采访结束，他把我拉到一边说：“见记者不能这么滔滔不绝地说话，什么掏心窝子的话都说，你得事先想好！只说对你有利的观点。”许志平是从联想大公司出来的，又是联想 1+1 的创始人，在当时的我看来，他是大腕儿。在他看来，我第一次应对媒体就如同一个失足青年，老是在那儿进行自我批评，缺少商界应有的情商，按照我这个性格，肯定要在商场上碰得头破血流。

但奇怪的是，我面对媒体的这种风格，一直保持到了今天。

1999 年 6 月，千呼万唤的 3721 客户端终于发布了。但是产品亟须在市场上推广，销售的工作也亟待展开。当年的互联网市场，虽然没有今天这般你死我活的争斗，但也是暗礁四伏。我知道市场上已经有类似的产品在研发了。如果我们落后了，所有的辛苦可能就会付诸东流，正如有人说，互联网这个行业，很多东西是创意的，不像传统行业中有很多有形壁垒的保护。从做软件到做互联网都是如此：一人捅破窗户纸，千人拥上独木桥。

就在产品发布两周之后，两个类似的产品真的出现在了市场上。一个是来自南京的“龙脉”，一个是清华学生做的“步行”。后者的名字来源于“步行街”，意思是人们仿佛在步行街上行走浏览。我一听忍不住就乐了：“不行！还没开始呢就说自己不行了？”

但是这个笑话持续了没多久，我就要急哭了。“步行”的融资步伐其实比我们要快。当时联想公司正在试水互联网行业，在做那个著名的 FM365 之前，他们会投一些小的互联网项目。听说“步行”已经找到了联想，他们已经在洽谈融资的事情了。

听到这儿，我真的笑不出来了。

如果“步行”在联想那里拿到了钱，那不行的就不是“步行”了，而是我们。

融资初体验——资本的妙处

1999年，互联网在中国已经不是一个陌生的概念，风险投资的概念也渐渐走进了人们的视野。

1999年第20期的《IT经理世界》发表了以我为主的封面文章《从一个人到一个企业》。这篇文章的开头就描述了人们初见互联网的感受。混战刚刚开始，投资风潮也涌动了不久。所以：

打算在互联网上做点事情的人也太多了。一个接一个令人半信半疑的互联网商业计划被清晰或不甚清晰地表述出来时，我们甚至听得见那些盯住屏幕两眼放光的人摩拳擦掌的声音。在这个40岁成富翁不恨晚、30岁腰缠千万贯不觉早的年代，网络是年轻人抛却上一辈行行复行行的漫漫长路，徒手攀援的一架天梯。

传统的商业模式在这里似乎也一并失效了，谁都想弄明白，可谁都弄不大明白：该怎样在互联网上做生意？这个如今“最朝阳”的圈子里，想挣钱的很多，知道怎样挣到钱的太少。博得投资商的青睐不难，从市场上赚钱太难。原创的不少，仿冒的赝品更多。深得互联网精神的难找，懂些皮毛的随处都是。

不过，没有商业模式、竞争规则的一定之规，也是一件很刺激的事。每个人都以自己的理解和自己的方式在互联网上试它一把，说不定就成了！“自己的理解”意味着对互联网精神的把握。“自己的方式”意味着对互联网商业模式的创新。

正如当时的文章所形容，互联网的概念已经开始深入人心，而泡沫似乎也已经开始慢慢泛起了。博得投资商的青睐似乎并非难于上青天，很多人形容当时投资商的钱就是“傻钱”，拿几个概念一拼凑，在一个咖啡馆和投资商一说，钱就到账了。这种圈钱的神话和传奇，似真非真地在圈子里传播泛滥着。

但是融资对我来说，始终是个太新的事情。

听说联想找到了“步行”，我心头泛起一阵紧张。如果联想真的做出这笔投资，那它投的将是我的直接竞争对手。在危机感的压迫之下，我也赶紧去找了联想，生怕联想投给“步行”，不投给我们。那个时候我已经感受到了互联网行业分秒必争的氛围，错一步，步步错；晚一步，步步晚。在这个行业里，谁先拿到了投资，谁就抢得了下一步扩张的机会。而落后的人，将永远被遗留在历史看不见的角落里。

联想互联网负责投资业务的人叫刘晓林，我告诉他 3721 的产品和愿景，问他：“我们 3721 公司也在寻找投资，要不要考虑一下？”

我一顿口沫横飞地和对方解释我们的产品，我们探讨软件免费、服务收费的模式，以及这些模式对互联网的意义。我设想 3721 的软件能够通过联想进行预装，用户使用后得到中文上网的服务，企业也可以通过服务的部分赚取自己的利润。我和联想的人谈了对互联网的种种美好设想。我自己说着说着已经神游天外，美不自知，可是我对面的人还在地球。这件事情一直也没有下文。最后，联想既没有投我们，也没有投“步行”，一句话，他们觉得我们都不行。

就在我觉得山穷水尽的时候，一个奇妙的机会降临了。IDG 风投的人不知道从哪个渠道知道了我们所做的产品，希望了解 3721 的情况。IDG 那年还叫太平洋技术创业投资公司，我习惯地还管这家公司叫“太平洋”。

3721 产品发布之后的第一个月，我在一个酒店的大堂见到了王功权的投资助手史晓冬，我和她再一次阐述了 3721 中文上网的理念，一聊就是好几个小时。创业者练就的本领是，即使你已经把你的理念重复了一万次，每一次重复都像是第一次。这倒也不是什么难事，因为你本身就和创业这件事情谈着恋爱，就算重复一万遍，也不会厌倦。

但是抽象的讲解显然让晓冬搞不清楚我们具体是做什么的，于是我邀请她到我们马连洼的现场去看看，介绍一下产品，做一下展示。邀请投资人来看现场很正常，但是我们的现场太残破了，一个三居民房，大家吃吃住住都在一起，完全的技术男群居生活，屋子里的味道可以想见不是很吸引人。这种简陋平时不觉得有什么，但是一想到给投资人看，我就觉得有点不成样子。我硬着头皮给史晓冬展示了一下我们的民居，告诉她，我们在哪里吃饭，在哪里工作，产品进步到了哪一步。没有想到，晓东高兴地连连点头，她觉得创业就得这样不怕艰苦，觉得我们的人很有干劲。

晓冬走了之后，另一拨 IDG 的人又找到了我，一个叫林栋梁的人约我在酒店里聊了几个小时。

这次见面之后，我终于收到 IDG 的通知，让我去他们公司的总部一趟。我想，决定我命运的时刻就要来了，这一锤定音的时刻，我要表现得好一点。为了准备这次会面，我特意买了一本书，叫《如何写好商业计划书》。我从来没有写过商业计划书，但是我想这次见面意义重大，我得做得专业一些，要拿着一份像模像样的商业计划书去见投资人，以便在最大程度上显示出自己的专业。没有想到，临时抱佛脚的想法却让计划难产了，我绞尽脑汁也做不出来一份所谓充满各种玄妙表格的商业计划书。最后只能随便找了两张纸，画了两张图就出发了。走到中粮广场下面，我把这两张纸复印了一下，以做备份，然后就去和 IDG 的人谈话了。

大佬们围坐在苏浙汇包间的一张圆桌边，一屋子人，有 IDG 的大老板周全，也有王功权，大家都在随意地边说边吃，看上去不像今天就要做出一笔大投资的样子。当时的我还太年轻，面对投资人很紧张。在饭桌上我想尽量自如地表现自己，对他们完整地演说一遍 3721 的来世今生。结果竟然头脑一片空白，说得东拉西扯。我心里告诉自己，糟糕了，今天的投资可能拿不到了。果不其然，我说完之后，看见饭桌上的人完全没有表情，气氛略显尴尬。

我难堪地叹了一口气，对大家说：“我这里有两张纸，是我今天早上写好的，要不然你们干脆拿去看看吧。”

“你们还有商业计划书呢？不错。”这个时候投资人王功权说话了。

我抬眼看了看这个人，看着不像一个海归，倒像是一个江湖上的人，穿得非常随意，眼镜后面是一双极其精明机警的眼睛。

我点了点头。

“那我来问你几个问题，你们的盈利模式会是怎么样的？客户端怎么保证能够装到用户的电脑里去？这个技术门槛高不高？会不会很快被竞争对手抄袭？还有，你们的运营管理现在是否有太多的漏洞？你们的人都是技术型的人才，到底有没有人会管理公司？还有啊，你们预想的投资回报率是多少？”

一连串连珠炮似的问题问得我不知所措，我愣在那里不知道怎么回答。我心里叫苦不迭，内心在想这个人怎么这么犀利，看起来对我十分不满，我今天是融不到资了。

就在我吞吞吐吐回答问题的时候，大老板周全打断了我们的谈话，他说：“行了，小周，我看你讲也讲完了，你准备要多少钱呢？”

我如梦初醒，脑海里如同计算机一样迅速地开始运行着——最多的时候我会花 20 万人民币，那我要 10 倍应该差不多了吧。

“200 万人民币！”我脱口而出。

“200 万够吗？”

“真的够了！”

“那行，就这样吧，200 万，具体的条款我给你找个负责人具体谈！”

就这样，我梦游一般地得到了人生中的第一笔融资。一纸合同拿到手了，IDG 投资 200 万人民币，获得了 3721 的 25% 的股份。对于这样的比例是否合适，我当时完全没有概念。在那之前，我从未想到公司本身的估值是多少。等我拿到合同，我定神想了想，那我的公司的估值是 800 万人民币吧。

我们不再是“草根”了。

手握合同，我正在发愣，IDG 的人对我说：“这 200 万肯定不够，我们肯定还要再接着融资。融几百万美元吧，这些钱一定要在年底之前花出去！”

寂寞艰难的创业初期

在抛出几个概念就可能获得大笔投资的互联网狂热期，我融到的钱并不多，甚至可以说少得可怜。但是对于我来说，这笔钱无比珍贵，因为它不是锦上添花，而是雪中送炭，等于救活了这个濒临散伙的小公司，也给了我在市场上喘息的机会。

后来我才知道，其实对于投资我的决策，IDG 早已经达成共识了。那天叫我过去就是最终要和我签约的。至于王功权那天的咄咄逼人，只是想看看我对目前 3721 的一些问题有没有想清楚解决方案，我的现场应变能力怎么样。后来，IDG 指定王功权做我的辅导顾问，我十分抗拒。我想起了那天王功权的逼仄，心想王功权这么不好相处，将来肯定会处处为难我。我不干，希望 IDG 派别的人来管理我，但后来还是王功权来了。

慢慢地我发现，王功权其实是一个充满理性，但也特别浪漫感性的人，我从他那里学习到了很多东西。我后来时常对媒体说：“如果没有王功权，我还是一个野孩子！”对他后来做出的震惊全国的“私奔事件”，我也丝毫不觉得惊讶。

有了钱，我们不用再住民房了，而是租了办公室。有了钱，我们不再是孤军奋战，而是经常和 IDG 的投资人一起探讨和修正 3721 的商业模式。另外，IDG 带着我们做的最重要的一件事情，就是开启了再融资之旅。

当时我们除了发布 3721 的客户端，还有桌面图标的应用软件，需要人们下载去安装。当时中国的互联网环境正处在泡沫的前期，很多人都生活在一种幻象当中，好像谁花的钱多，谁就能活下去。我知道这个时候我们面临的就是要推广客户端的问题了，我们当时和许多互联网公司一样，会去聘请一个公关公司，策划一个声势浩大的发布会，这一下，就能花去二三十万。

我本来是一个产品主义者，但是在当时却陷入了一个追求数字的游戏。我最关心的是装机量，好像装机量是最重要的，至于有多少人真正在使用我们的产品，我好像顾不上想了。我的观念处在一个本末倒置的状态，我每个月要向投资人汇报，我们新增了多少装机量，签约了多少家电脑公司，却根本不关心这些光盘用户到底用了没有。后来我才知道，我们签约预装的好些光盘，其实根本没有发出去，都烂在了厂家的仓库里。就算很多最终发到了用户的手里，很多小白用户也根本不知道如何安装，安装完了也不知道如何关掉程序。当时我忽略了产品的使用和卸载，而那也是产品的关键组成部分。

后来企业做了很多年，我觉得互联网产品开发布会其实是挺可笑的一件事情，最牛的互联网产品应该是人们使用过之后觉得这个产品太好了，急不可待地介绍给周围的朋友。最后用户量通过口碑营销不知不觉地就涨起来了。产品做得不好，发布会开得再绚烂也没用，这都是在漫无目的地烧钱。

当时我还比较年轻，还参不透这些道理。对于怎么做好产品还有点懵懂。而随着资金的到位，新员工的到位，如何真正管理一家公司的问题第一次在我的生活里浮出水面。怎么让员工有效率地工作？如何考核员工？如何让员工有积极的心态？公司的汇报体系应该怎么设计？应该怎么监控产品的出售以及售后服务？无数的问题摆在了我面前，这是每个创业的人到了一定阶段，就要开始面临的新问题。而你是不是一个适合创业的人，是不是具备那些抗压的素质和管理的技能，在这个时候通常就会慢慢地浮出水面。

我也意识到管理经验不足此刻对我来说是一个问题。我开始感到焦头烂额。员工的分工混乱不清，新产品的方向迟迟定不下来，而公司大的战略也经常摇摆。我当时的印象就是，天天一大堆人聚在一起讨论策略，研究各种互联网兴起的新概念，至于会议的结果，却往往是大家都说不出一个所以然来。

当我们不再为资金问题愁眉苦脸的时候，新的问题很快就出现了。我很快就开始异想天开，想去做各种各样新的尝试。学生时期创业不专注的毛病，又像慢性疾病一样复发了。当时上网，大家都需要 Modem 的辅助，现在的“90后”估计想象不出那是什么。“猫”是在互联网发展的原始时期，还没有宽带的概念时，人们需要使用的调制解调器。人们首先要通过电脑进入一个小的对话框，再在对话框里输入数字，就会听到从“猫”那里发出的一阵吱吱的狂叫，连接之后，人们才可以艰难地连接上网。为了让用户上网快一些，我就开发了一款新的产品，叫“上网加速器”。

当时大家见面总要交换名片，我就想，要不然开发一款网络电子名片的工具。我甚至想，干脆把这个名片再延展一下，做成网上个人空间，除了显示联系方式之外，还可以把它做成个人主页的样子，让大家放上自己的照片。后来我做了一阵，发现这个需求并不强烈，只有一些年轻人在玩。逐渐地，我就把这个方向放弃了。其实这是后来腾讯 Qzone 个人空间的雏形。当时的腾讯在市场上还默默无闻，如果我当时找准这个方向好好做下去，也许我就可以做出第一个 Qzone 那样的产品。但是我总犯“捡起芝麻丢西瓜”的错误。我把个人空间里的个人模板去掉了，把产品最后走向社交网站的可能性给终结了。很多事情事后诸葛亮是没有任何帮助的，尤其是在互联网行业。

我时常觉得，创业初期是一段特别艰难的岁月，创业者不断地在试错和调整，遇到一点困难就容易怀疑自己，这些都是特别正常的情绪。早期在开发 3721 时，我就像在挖井，先在地上挖了三米，没有发现水之后，就会换一个地方接着挖。很多方向都是半途而废。

专注和坚持，对于创业者来说，成了最艰难的事儿。刚刚起步的 3721，产品很粗糙，做事情不够专注，对用户的细节不关注，在公关上执迷于炒点子，整个公司都显得很幼稚。

像无头苍蝇一样寻找方向以后，四处仿佛都写着四个字：此路不通。内心的那种焦灼和痛苦非比寻常。那是创业者特有的一种痛苦，迷茫到整个世界似乎都静音了。更糟糕的是，创业者难以寻求外部的帮助，因为没有人比你更了

创业初期

解这个公司面临的具体问题是什么，最终的方向对不对。

在感受创业时期特有的艰难后，我发现我们公司的资金链竟然快断裂了。获得融资的喜悦很快被烧钱的速度耗尽。我有点傻眼了，原来资金融得很慢，烧起来却是这么快。融资之后，考验才刚刚开始。我们不是没有看好钱袋子，而是在以为下一笔融资马上就会落袋为安的情况下才大胆花钱的。谁知，生活和我们开了一个玩笑，下一笔融资根本没有落定。

第一次融资之后，IDG 的人带我去见了另一位知名的投资人，站在人家的办公室里，那个投资人笑盈盈地看着我拍着胸脯保证："3721 公司模式不错，你想要多少？ 200 万美元够不够？"这句话让我心花怒放，我以为所有的融资都是一个过程，对方说了投就肯定会投。

我傻乎乎地把这口头许诺的 200 万美元，假想般地放在了账上。

在这种内心的安全感之下，我把当时在网易担任过高管的黄志敏请到了公司，又把北大方正电脑事业部总经理和信息产品事业部总经理田健请到了公司。而田健做的第一件事，就是租下了对面中电大厦的昂贵写字楼。

我们把家从友谊宾馆北院搬到对面的中电大厦，交了租金又要装修，这一下子就花出去了几十万。接下来，我们又举办了产品的新闻发布会，烧掉了不少钱。最后，我们又把网络托管从新华社转到了北京电信，花了一笔价格不菲的带宽费。但是此时，口头承诺要投资给我们的二次融资资金已经全无下文了。

这个时候，我才知道投资什么时候转到账上才是真金白银，否则永远不要假想这笔钱可以提前使用。一种鸡飞蛋打的恐惧感开始涌上心头。而打开互联网，我看到的是整个中国互联网的好消息，它们正在史无前例给整个行业打着鸡血。

1999 年 7 月 14 日，中华网在纳斯达克市场率先上市，IPO 融资额 9600 万。2000 年 3 月 1 日，李嘉诚的 TOM 挂牌上市，数十万人排队认购，收回表格 50 余万份，超额认购近 625 倍。2000 年 4 月 13 日，新浪率先登上了纳斯达克，带动了中国门户网站上市的热潮。同年 7 月 5 日，网易也实现了自己的纳斯达克梦想。一周之后，张朝阳的搜狐也上市了。

在众多网站纷纷上市的时候，我只被坏消息包围着。王功权在第一笔融资到账后曾经对我说："鸿祎，我们现在定好了，18 个月后在美国上市。"

而此时此刻，后期融资黄了，我们 3721 的产品线还没有建立好，盈利模式也还不清晰。

在这种境况下，18 个月之后在美国上市，听上去就像是痴人说梦。

发展的困境——职业经理人到底好不好

在 1999 年到 2000 年互联网成为资本宠儿的年代，人傻，钱多，速来，好像是人们对于风险投资的一种感受。钱很好拿，是人们普遍的一个印象。但是我的再融资之旅，好像比什么都坎坷。

美国有雅虎，因此，新浪、网易、搜狐的故事就是门户，大家一听就懂。而我们做的公司，始终在美国市场上没有一个对应的参照公司，因此，3721一直遇到一个很严肃的问题：怎么和投资人去讲故事。我和别人讲客户端占领桌面，别人听得一头雾水，我写一份商业计划书，别人看不明白。

在融资不顺利的情况下，公司无奈地把新来的员工清退了，所有的高管不拿工资，所有的中层干部拿半薪支撑着过日子。我像神一样邀请来的田健，在签了中电大厦的租约后不到两个星期就跳槽到了 263 公司，留下一个烂摊子在那里等着我们去收拾。

整个公司好像进入了战时状态，大家绷紧了神经准备渡过难关。而问题像烫手的山芋一样考验着我们。新租的办公室，我们肯定是搬不过去了，但是押在房东那里的房租钱怎么办？还可以要回来吗？我们陷入了兵荒马乱的日子。IDG 紧急拨了 10 万美元的桥梁贷款给我们救急，这笔雪中送炭的救命钱让我们在困难的日子里得以喘口气，把日子勉强过下去。

我们公司的一个小姑娘还是跑到对面的业主那里去要押金了，毕竟在这个要断粮的关卡，能挽救一点资金就是一点资金。但是，要钱之路充满了坎坷，中电大厦那边的房东态度强硬，任凭她苦苦哀求，他们只有一句话：押金我们一分不退。我们公司那女孩是真坚强，连着在对方的办公室蹲守了三天，一见面就说好话，软磨硬泡才把押金要回来一半。除此之外，胡欢在想办法收回田健付出去的各种费用，装修费、交换机、各种设备和家具费，还要劝退新员工，和老员工沟通。胡欢把一些工作交给了另外几个女孩，她们都尽心尽力，不辱使命。

公司里乱成一团，但是我得理清思路，还得满脸自信地重新出去找钱。毕竟，投资人的期望是我们的公司在 18 个月之内上市。就算达不到这个目标，我们至少也要生存下去。VC（Venture Capital，风险投资）的活动圈子都在东边，而我们在中关村办公，为了见到投资圈的人，每天天不亮我就起来去奔波。创业，真是一个辛苦异常又险象环生的苦差事。只有内心强大的人，才能走完这段艰辛路。

那 200 万美元的投资没有了下文，而我见其他投资人的过程也风波四起。有些过程说起来就像是电视剧一样夸张。IDG 的人给我介绍了一个在“软银”的日本老先生，他叫北纬。我不讲日文，他不讲中文，我们之间语言不通，所有的沟通都只能靠翻译。而这样的见面，效果只能是大打折扣。当天见面，我只得到了他 15 分钟，所以我心急火燎地讲话，希望给他提供尽可能多的信息，也想从翻译那里听到完整的回答。但奇怪的是，我心情激动地讲了半天，到了翻译那里就只翻译成了一句日文。我觉得不可思议，北纬老先生也觉得匪夷所思。我们看看对方，又看看翻译，在奇怪的神情中结束了这 15 分钟。最后老先生面无表情地说出了他会使用的唯一的英语单词——“NO！”

当时我们进行了很多场这种莫名其妙无疾而终的对话。二次融资之路，特别坎坷。

这次独特的经历让我最终意识到，我的公司需要和国际资本对接，那就需要有海外背景的人和懂得规范做法的人来帮助我。只有懂得投资人的心态，用他们熟悉的逻辑和方法与他们沟通，融资才能行得通。

就这样，我通过一个朋友，招来了海归刘千叶。她从中学时就在美国生活，海归之后在麦肯锡公司工作。她不但自己来了，还带来了另一个海归女博士加入公司。尽管公司的账目非常紧张，而我当时也对高价雇人这件事情感觉非常心疼，但是我咬了咬牙，给出几十万元的年薪，以便捋顺自己的融资道路。

可以说，这几十万元的年薪最终让我得到了回报。两位女海归的加入改革了商业计划书的出炉过程。两人对统计数字的使用非常老到，带来了投资人更加熟悉的用数字说话的方式，为计划书陈列出模型与报表，然后用线图来表示互联网的发展趋势。她们会陈列出未来中国会有多少人上网，而使用 3721 产品的人又会有多少网民。整个计划书看起来非常专业，通过统计的方法，她们甚至预测了公司未来的营收。尤其让我赞叹的是，刘千叶会非常熟练地使用 EXCEL 表格，改变一个数字，整张表格的数字都会随着改变，这对于我来说甚是新鲜——到今天，我也不怎么会用 EXCEL 表格。

在经过专业的包装之后，公司终于如愿以偿，得到了第二次融资。这笔资金是来自欧洲的一个私募基金，叫作 CIV，中文名叫作中国互联网创投。200 万美元融资的到位，终于让我那颗高高悬在空中的心放了下来。当然，随着投资方的参与，股份的稀释不可避免。但是《硅谷热》所有信息都在我内心存储着，书上告诉我，没有钱就分股份。我别无选择。

没有想到，融资危机刚刚度过，一系列有关管理的冲突渐渐拉开了序幕。创业公司的每个阶段都有一道艰难的门槛儿要跨越，一步跨不好，都会危及公司的生死存亡。

刘千叶和另一名女海归都很美国化。她们到 3721 之后，光芒万丈，又帮公司拉来了投资，大家刚开始有患难时相濡以沫的感觉。不过融资结束以后，土鳖文化和海归文化开始有了激烈的冲撞。两位海归认为，公司应该创造一种美国公司似的民主平等的文化，要建立现代企业制度，CEO、CFO 和 CMO 应该有平等的投票权。这个道理听上去很动听，但具体的情况是，当时我们公司还在起步阶段，最终的技术方向还没有最终确定，我不但是创始人，还掌握着技术的趋势和方向。我认为公司在这个节骨眼上分散投票权非常危险，而必须有一个灵魂人物来指引公司的发展。因为市场瞬息万变，错一步就步步惊心。

“我不同意分散投票权！”我在此刻坚持表达了自己的想法，“现在公司正处于关键时期，我还是要主导决策，毕竟3721客户端的市场还没有打开。互联网这个行业讲究速度，决策必须要快。”

“你不同意没有关系，那我们只能去找投资人谈。”她们毫不示弱。

这让我有点担心。IDG的很多人，包括大老板周全都是留过学的海归。海归和海归之间有一种特别的默契。我很担心投资人会认可她们的方案。如果真的是这样，这对我来说无异于一场灭顶之灾。

但是出乎我的意料，王功权面对这两位公司高管说：“现在这个阶段，老板必须还得是老板、是CEO。你们呢，是职业经理人，我们可以给你们高的薪水和待遇，很高的股票期权，但是在这个阶段，你们要投票、要在公司搞大辩论不合适。那样会影响公司的发展速度。”

投资人还是站在我这一边的，这让我松了一口气。现在我确实很感激我的投资人在各方面对我的扶持。虽然海归众多，但是他们也认为中国公司应该采取更多本土化的策略和方法来开展工作，而不是照搬国外的模式。IDG有一颗中国心。

听了投资人的决定，两个人非常沮丧。本来想给公司奉献一个完整的公司制度，却遇到了她们眼中不可救药的“土包子”，看上去如此不开窍。两名海归高管没有得到投资人的认可，心里非常不爽。这种内心的冲突逐渐在工作中体现出来，我们三个人之间的矛盾被激化了，经常吵架。有时候急了，她们两个还用英文骂我。管理层之间的矛盾，一时间闹得公司鸡飞狗跳。我内心觉得挺委屈，本来我这么辛苦地建立公司是为了做自己想做的事情，但是现在，高管不但不和我合作，还处处和我作对。我实行任何一个决策都不顺利。终于有一天，我觉得这“三国演义”不能再演下去了，因为这毫无疑问已经拖了公司的后腿。我狠了狠心，对其中一位平时表现更激动的CMO说：“抱歉，你被解雇了！”

这个时候我才知道，原来解雇一个人也需要经过那么复杂的心路历程。我无法否认她们在融资中做出的巨大贡献，但是也无法应对她们的不满给公司带来的秩序毁坏。创业，每天都是在走钢丝，每天都在做选择题，每天都在对抗杂乱无章的信息。

很多创业者的路，都是在一片从未有过脚印的土地上一路走过来的。

谁痛苦谁知道。

与搜索失之交臂

1999 年年底，曾经在网易公司担任要职的黄志敏加入了 3721，这让我很高兴。黄志敏是潮汕人，年轻、活泼，说起话来两眼放光，他也是最终的中国 BBS 骨灰级玩家之一。泡在 BBS 里，他认识了很多当时年轻热血的极客，包括后来创立网易的丁磊。丁磊后来杀入北京，就是从这个圈子里挑了几个朋友，组成了网易的最初班底，而黄志敏就是其中之一。

网易成立于 1997 年，比很多人创业要早一两年，因此，计算机和互联网人才比我们的充裕。黄志敏这种在互联网浪潮里历练的人来加盟我们，我们当然是乐不可支。

事实证明，黄志敏在当时就很有互联网思维了，确实给我们带来了很多新的想法，比如做 3721 桌面快车。这个占领桌面的想法就是黄志敏和我一起想出来的。

当时很多大网站不爱搭理我们，我们就和很多小网站合作，让网站给我们开放一个接口，通过接口我们抓取资讯，这样很多网站当时都会有红白相间或者蓝白相间的“中文网址”桌面标志。如此一来，很多用户不用进入浏览器就可以看到新闻了，这在当时还是一个很超前的想法。

有了桌面快车，我们还接着做了网络书签，就是在3721网址里做了快捷书签，用户按一个数字就可以到达相应的网站，用户可以通过3721来预订其他门户的热门信息。这样，网站帮我们做推广，而我们帮助各家网站推新闻定制版、推流量。这种方法在当时收到了很好的效果。

在黄志敏的帮助下，我们组建了互联网早期的BD团队。王航在当时是3721的BD总监。有人不太懂这两个词的意思，就问王航："BD是什么意思？"王航说："BD是市场拓展的意思，主要是和别人进行商务合作。当然也可以理解为笨蛋的缩写。"对方一惊，说："那你和其他公司谈BD的事情，是不是就是两拨笨蛋合作的意思了。"王航说："是啊，最后的结果就是看谁是最笨的那一个。"对方往往被逗得哈哈大笑。有人评价，那是王航幽默感最盛的时期，他的即时通信工具上面的昵称是"兽医"，个人介绍是——有病了记得来找我。

作为商务拓展总监的王航，在当时最重要的任务是向人们解释，中文网址不是一种简单的软件，而是一种产品和服务，让人可以使用自然语言上网。他的工作是让品牌电脑免费预装中文网址软件，让下载网站提供中文网址软件的下载……

另外，我们当时找了很多小公司合作，让这些小公司帮助我们做3721的推广。我们有时候会搞一些抽奖，这个方式让很多网站都愿意为3721做推广，是中国最高的网站联盟雏形。

黄志敏加入3721之后，我们还策划了一项重要的市场活动，那就是"一字千金——黄金中文网址使用权的竞拍"，当时用户已经可以通过输入"北京机场""可口可乐"等这样的中文名称去找相应的网址了。但是有些中文名称，比如手机、软件、电子商务等通用名称，无法确定企业与网站的唯一的对应关系。于是，我们赋予了这些可能热门的词一个名称，叫作"黄金中文网址"。

我们这样设计，一旦和这类通用名称有关的厂商使用了黄金中文网址，用户输入这些名称后，浏览器页面可以分为左右两个部分：左边是正常的相关的网址链接，而右边则是竞拍企业的广告页。这样做的好处是，让用户在查询的同时，可以了解企业树立的品牌和行业优势。现在看来，不管我们当时承认不承认，我们酝酿的这场活动，就是在拍卖搜索的关键字。虽然当时没有人给这件事情做一个明晰的定义，但这其实就是后来搜索广告竞价的雏形。多少年后，Google 的盈利模式和我们最初所做的一脉相承，而百度的竞价排名模式也是这个模式的延伸。

“如果我们将这些黄金中文网址有偿提供给企业，我们收取一定的费用，企业可以自己建立自己的知名度，这是两全其美的事情。”黄志敏说。这个想法和我的不谋而合。我们很快就把这个想法投入实施，和一个叫作雅宝的拍卖网站合作，拍卖中文网址使用权。

最初确定的三个竞拍词为“软件下载”“免费邮箱”和“招聘”，起价为人民币 1 万元。竞标得主的使用权为一年，我们还赋予买家可以用同等价格延续购买使用权一年。

2000 年 1 月 10 日下午 2 点整，号称“一字千金”的首次中文网址大竞价开始了。企业反应的热烈程度超出了我们的想象。的确，当时传统的广告还是最高大上的推广方式，价格也特别贵。能在报纸上买下整版广告，是“高富帅”的企业才能负担得起的事儿。而我们的平台给很多中小企业提供了自我展示的机会。

拍卖现场非常激烈，厂家的叫价此起彼伏。两家招聘网站竞争激烈，差点大打出手。最终，Chinaren、所有网、招聘网站分别拍得三个黄金中文网址的使用权，拍得人民币 8.8 万元。虽然收入并不是很多，但这次拍卖活动证明了 3721 网站与中文网址软件的赚钱模式是实实在在的。

媒体上出现了很多报道，公司内的气氛也非常不错。

“你看，这是不是可以赚钱？”黄志敏兴奋地对我说。

“确实是，我们以后可以把用户群做大一点，像域名一样去做名字注册。我不知道这个拍卖模式可不可以持续性发展？”我回道。

就在我们热热闹闹地进行着黄金中文网址使用权的拍卖，引发媒体的热烈报道之前不久，在互联网史上一家重要的公司成立了，它就是百度。这家公司此时还是一个婴儿，没人知道它的存在，但是它的成立和发展，却在日后对 3721 造成了很大的威胁。

尽管黄金网址拍卖一时间赚取了眼球，赢得了热闹，但我始终认为黄金网址的数量是有限的，而中文网址是更有发展的模式。虽然 3721 网址服务已经开始赚钱了，黄金网址的拍卖也给了我一个商业模式方面的提醒，但我没有敏感地捕捉到这个信号，从而让企业及时转型到搜索引擎的模式上来。当年的我太醉心于自己的想法，不认为 3721 的本质其实就是搜索引擎。我后来甚至主动抛弃这个想法，显示了我当年认识上的局限。

因此，当我日后见证搜索引擎在世界范围内蓬勃发展时，我追悔莫及，尤其在看见后起之秀纷纷赶超 3721 时，我对自己的固执懊悔莫及。

我们的 B 轮融资的投资方之一是 CIV，他们当时给我介绍了雅虎的一位副总裁，他连续创业过很多次，在互联网业内非常有经验。我觉得这个人很棒，IDG 也这么认为。后来王功权和我一商量，决定让这个人成为 3721 公司的顾问，他给我们一些创业方向上的指引，作为回报，我们分给他一些期权。他欣然答应了。

当时这位顾问还在雅虎担任副总裁，为了给我们做创业顾问，他专门从硅谷飞到中国，给我们开了三天的会。我让团队做了很多准备，把目前公司做的事情向他陈述了一遍。这位顾问年纪不大，却是一副桀骜不驯的样子。开会的时候，大家刚刚坐下，我们就开始寒暄。我随口问他：“认识比尔·盖茨吗？肯定觉得他很棒吧？”没有想到他从鼻子里哼了一声，轻蔑地说：“我觉得他很普通。”我们都惊呆了，一下子感觉无话可说。谈到我们公司的产品，他根本不太听，就劈头盖脸地说：“你们做的这些不行，方向有问题，你们应该做后台，然后转向搜索领域，因为搜索才是未来的趋势。”说完这番话，他就走到会议室桌子的桌尾坐下，谁都不理，更别提进一步沟通双方的想法了。

会议还没有结束，我走出去喝水，碰见中途出来皱着眉头的胡欢，我揉着前胸说：“气死我了，气得我整个胸口都堵住了。”

跟顾问不欢而散之后，我差不多半个月才缓过来。

当时我年轻气盛，性格又非常叛逆，而且还是个吃软不吃硬的人，这种谈话的气场和口气影响了我的判断和情绪，让我自然而然地对搜索产生了抵触。尤其是中文上网是我酝酿良久并且正在实施的方案，我认为当时进展得还不错，我不可能轻易放弃现有的方向。正是这种偏执和固执，让我没有理会搜索这个建议。

事实是，我不仅没有理会对方，还反其道而行之，命令公司把带有搜索痕迹的功能都清除掉——我让程序员拿掉了网站上的搜索框。现在回想，我简直是叛逆得可以。

其实在这之前，有很长一段时间很多人都分不清 3721 和搜索的区别。有时候我和别人解释公司做的事情，别人一听，经常会说："噢，你做的是搜索。"我会马上反驳："不是，这不是搜索，是中文网址服务。"但是别人会不解地问："那不就是搜索吗？"

现在看来，搜索引擎是一个显而易见的模式，但当时还不是，大家都还在一片未知的水域里探索。可以这样理解中文域名和搜索的区别：中文域名有点像买门牌号，而搜索引擎的模式是买路标。前者是通过用户键入中文域名而给网站带来流量，后者是通过价格竞争的模式来购买路标，谁付的钱多，谁就可以买好的地段。

我错误地抗拒了搜索，让公司更突出地址栏的概念。我认为搜索框违背了公司的理念。

多年创业，我有很多犯错的时候。而这个时刻，却是一个让我悔恨的时刻。一些极为重要的决定，我做错了。虽然当时并未立马决出高下，但是这个决定让我在今后的布局中给自己布下了陷阱，也给竞争对手的野蛮生长留下了足够的空间。

我犯下的错误，其实是很多创业者在创业期间都会遭遇的问题。很多创业者长期沉浸在自己的世界里，相信自己的直觉和判断，有的时候甚至到了偏执的状态，听不进去有经验的人的劝解，最终错过了发展黄金期。

我后来一直充当着"创业导师"的角色，因为这个教训，很多时候，我都劝创业者要有一个开放的心态。

互联网的冬天和 RealNames 入驻中国

2000 年到 2001 年，互联网热潮之后，迎来了互联网的寒冬。作为一个互联网从业者，我见证了大家从玩命烧钱到泡沫破裂的过程。那真是大厦将倒、盛景不复的凄惨。只有有互联网信仰的人，才能在这片萧索下活下去。

2000 年 4 月，纳斯达克的世纪股灾开始了，市场上忽然之间出现了股价崩盘，让很多高科技企业在稳定的发展中惊醒了。股市如雪山崩塌，仅半年时间就从 5048 点崩落到 1800 点。纳斯达克市场上哀鸿遍野，八成的股票价格跌幅超过了 80%，37% 的上市公司一次性退市。这种情况一直延续到了 2001 年的“9・11”事件之后，纳斯达克指数的最低点定格在 1108 点，市场已经元气大伤。

当时美国的互联网圈子本是热钱追捧的盛况，但忽然之间，从周五到周一，原本狂热的投资商突然把脸一变，连再见都不说，就没有了踪影，一拨拨等待投资的互联网创业者突然之间从春风里走进了西伯利亚的冷风。尽管还有外围一些投资商摸着钱袋犹豫着，但热潮瞬间退去的迹象却准确无误地展现在人们的面前。

纳斯达克的悲剧，投资商的临阵脱逃，在中国市场上是慢慢显现的，有一定的滞后性。就在世纪股灾刚刚开始的 2000 年 4 月，在互联网概念的带动之下，联想集团还宣布投资人民币 1 亿元进军互联网行业。于是，一个粉色界面为主打的门户网站诞生了，它叫 FM365。联想的口号是——用最红的人，做最红的广告，一年烧 1 亿元钞票，三年做成中国最红的网站。这显示了当年传统企业对互联网的热情。但是，伴随着互联网冬天的到来，1 亿元很快就烧完了，联想看到这种猛烈烧钱的办法失灵了，市场的萧索已经悄然而至，就停止了对网站的投资。最后，FM365 消失了。

2000 年到 2001 年，中国互联网发生了很多大事儿。三大门户网站在纳斯达克彻底崩盘前，抓住最后一次浪潮，都在纳斯达克上市，成为这拨互联网圈的幸运儿。新浪在三大门户网站中率先拿到出境绿卡，7 月 5 日网易登陆纳斯达克，随后搜狐快速跟进。

世纪股灾让先行上市的幸运儿日子也并不好过。网易遭遇假账风波，2001 年年初，搜狐股票在纳斯达克价格跌到了最低点，张朝阳在这一年为了狙击北大青鸟的收购实施了“毒丸”计划，忙着在董事会树立权威。

2000 年之后，纳斯达克对中国市场封闭了三年。这对于怀揣上市梦的企业，无疑是痛苦而漫长的三年。

而既没赶上上市潮，又没有拿到融资的中小型互联网企业，基本上是尸横遍野，血肉模糊。

3721 在世纪股灾之前，幸运地得到融资，这让我们得以在互联网圈子里继续支撑，但是日子也过得畏首畏尾、哆哆嗦嗦。我们在拿到融资之后搬到了 CBD 附近低调的和乔大厦[1]，避免了当时很多互联网公司从国贸或者嘉里中心搬出的尴尬搬出潮。很多公司因为再也融不到钱了，必须从豪华办公室搬到普通的办公室里。这种感觉毫无疑问会让很多员工心理落差很大，很多公司一夜之间有英雄末路之感。

在这种万马哀鸣的情况下，3721 一步也不敢掉以轻心。为了更好地在市

[1] 根据胡欢回忆，即便在得到融资之后，3721 也没有租昂贵的嘉里中心，而是找了便宜的和乔大厦，原因是他们之前遭遇过重大的现金流的打击，这让他们对现金流把控得特别严格。胡欢离开公司前做了一年半的预算，但是职业经理人很快就花完了。后来的职业经理人对他们最大的伤害就是再次把公司的钱花光了，让他们再次经历了生死考验。选择和乔大厦是因为它既靠近朝阳的商业环境，又相对便宜。

场上竞争，让中文上网的定位更加清晰，我们把中文网址的服务进一步改名为网络实名。

外部环境风雨飘摇，3721 还算是平稳地进行着网络实名的销售。慢慢地，我们的业务有了一些起色。差不多超过 2000 万的中国用户都接受这种上网工具和上网方式，有 20 万家企业在我们这儿登记了网络实名，每天网络实名被使用次数大约达到 1300 万次。不过，我们推广网络实名的方式依然是以免费为主。我一直以来的理念是：只有企业纷纷都开始使用网络实名来上网了，中国的互联网用户才会习惯这种方式；只有网络实名的基数得到积累，用户的习惯才能养成。

在三年前并不被看好，并被大家说可有可无的一个东西，已经变得越来越大众化，越来越普及化，网络实名受欢迎的程度也越来越高。但是，这种稳定的状态持续了没有多久，我们担心的事情就开始出现了。可以想象，随着 3721 这个名字慢慢地在业界浮出水面，我们惹来的关注也越来越多了。这个时候盯上网络实名这块蛋糕、想过来分一块的人也越来越多了。

2000 年，一个美国企业映入眼帘——RealNames，中文可以翻译成“真名儿”，光看翻译过来的名字也可以想象出它的业务模式，这家公司让美国公司在浏览器上拥有自己的“真名儿”，这样一来，美国的普通人上网，就可以在浏览器里键入公司的名字，从而实现对于上网地址的一键式到达。这样看来，这家美国公司和我们公司的业务模式几乎一模一样，唯一的区别就是人们使用的语言。本来这家小公司只有 100 来人，在我心目中，它并不构成什么大的气候。而且他们远在美国，不会威胁到我们。但是坏消息最终还是来了，RealNames 一狠心，一跺脚，用 20% 的股份、几千万美元的现金换来了和微软的合作。自此之后，微软允许 RealNames 捆绑在微软的 IE 浏览器上，微软得到 RealNames 每年 15% 的收入。

这意味着，这家小公司通过和微软的合作，立刻把触角伸到中国来了。

RealNames 要入驻中国，让我猛然回忆起谢文当年对我说过的话，他说：“微软、思科要做这事还差不多。”没有想到，这一天竟然真的到来了。我现在面临的竞争对手有个像庞然大物一样的合作伙伴微软，换作任何人，都会为之胆战心惊。有了微软的 IE 接口，RealNames 马上就能把我们 3721 三年辛辛苦苦用客户端打下的江山给颠覆了，想一想，我就头皮发麻。

真正的威胁似乎就要来了，这让我极为焦虑，极为恐惧。我想，如果不和RealNames合作，就是要被干掉的节奏。与其坐以待毙，我们还不如主动接触一下这个竞争对手，看看我们有没有在这个市场中共同竞争的基础。

于是，3721从2000年开始，尝试着接触RealNames公司，为了在市场上还能够继续存活，我们开始了漫长的交流和谈判。我的思路是，如果3721能够成为RealNames公司的中国代理商，我们说不定也能杀出一条血路，从而避免和它在正面战场直接厮杀。

我先后去了美国两次，与RealNames公司谈了一年多，但是我们之间始终未能敲定谈判的细节。我们围绕着谁来控制技术标准进行了无数次的讨论，甚至RealNames还提出要收购3721，然后由微软统治全球地址技术标准。因为我始终认为目前的网络实名的技术都是3721研发的，我们既不想转让这个技术，也不想由另外一个技术来统治中国市场。所以，所有的谈判都无疾而终。

但是，2000年12月，RealNames CEO到中国访问，对我说："我们的想法改变了，我们不收购你们了，我们干脆还是合作好了。"我很奇怪为什么一直希望能够统治中国市场的RealNames放弃了收购的想法，仔细一问，才知道，原来网络泡沫这时已经彻底破碎，RealNames和很多高科技企业一样，受到了严重的波及，它去纳斯达克上市的计划落空了。

我们的内心太害怕这个竞争对手了，这可能缘于我对3721这个自己亲生孩子的爱。尽管对方已经无心收购了，但是我依然还在继续寻求和RealNames合作的可能。我想："如果RealNames能够把IE接口为3721开通，用户不用下载3721的客户端就可以使用网络实名，那么我们的推广成本将达到最低。"我一直希望说服RealNames走出这一步。

时间流逝，我们的谈判一直持续到了2001年4月，双方的僵持不下让这个合作有了不好的预兆。终于，RealNames和我们摊牌了："世界最好还是用统一的网络实名标准比较好，要是我们合作，必须由我们来提供技术搭建网络实名体系。"

到了此刻，我对RealNames的幻想彻底破灭了。原来他们最终的理想是废掉我们所有的技术和之前建立的所有基础，让我们当他们的中国区总代理。

这样一来，所有的主动权都会掌握在RealNames的手里，哪一天我们被踢出局，我们不但会失去市场，还会丢失技术，到时候就会走投无路、哭诉无门。我不会让自己的公司陷入如此被动的局面。

我们终于放弃了和 RealNames 合作的想法。我心里很清楚，在我们放下合作想法的那一瞬间，我们就已经分别拿起武器，准备着在这个市场上进行拼杀。我深深地知道，这将是一场你死我活的斗争。

这也是我在从业生涯里第一次感受到前所未有的压力。以前的经验和压力都只能算小打小闹，从 2000 年开始，濒临绝境的感觉开始与我如影随形。每一次面临的问题，似乎都要比上一次严重。而我唯一的选择，是在兵临城下时，正视目前的战场。在互联网的萧索寒冬里，我们大敌当前，只能分秒必争地利用所有的资源争夺网络实名的市场。

趁着 RealNames 公司尚未开通中文 IE 的接口，3721 开始了紧张的跑马圈地运动。这是我们的第一场大战。当时中国的互联网用户还没有用搜索引擎的习惯，大多数人还是在几家门户上直接搜索。我利用这个时间点，和新浪、搜狐、网易三大门户合作，3721 每年给三大门户付人民币 100 万到 150 万元的费用，在他们页面的搜索框上放一个文字链接，上面写着“你是不是要查找 ××× 网络实名”。这种做法，其实就是花了很少的广告费买断了竞价排名的最好位置。这样的合作今天看来让人难以置信，但是在当时，大家都在摸索，这样的交易也就是顺理成章的。

另外，在和 RealNames 谈判的过程中，我深受它在韩国的竞争对手 Netpia 的启发。在某种程度上，我学习了它的做法。Netpia 的做法是劫持地址栏，它联合韩国电信和 ISP 劫持了 IE 地址栏和解析请求，从而屏蔽了 RealNames 的网络实名。我也决定和中国电信合作，让 3721 省去客户端，就可以实现中文网址的功能。

这个做法说起来十分简单，但是做起来让我颇费了一些周折。当时的中国电信是非常牛的垄断性企业，对于 3721 这样的小公司，自然不放在眼里。我们根本没有办法直接和这样的企业合作，连大的省会城市都打不进去。认清这样的现实之后，我们采取了“农村包围城市”的办法，先去二级城市逐个地谈，也和这些城市的信息港谈判，采用逐个突破的方法和小城市先进行合作。为了推广，我们甚至帮电信做了一套智能修复系统，将大量错误的域名输入解析到3721的网站上。这样就绕过了微软的IE，给3721带来了巨大的流量。

这样稳扎稳打地推广让3721在2001年获得了不俗的战绩。最重要的一点是，3721从2001年5月开始收费了。从免费到收费，我们的过渡很成功，也很平稳，建立了一套稳健的业务模式。而且，2001年，3721不但有了收入，还开始盈利了，这让3721成了中国互联网第一家有了收入并且实现盈利的公司。此时，大部分其他的中国互联网企业还处在疯狂烧钱的模式当中。

就是这样，我们在可能开始的大战中，先取得了一些消耗的资本。我依然不敢松一口气，在创业的过程中，一旦你的事业启动了，一种焦虑感就会一直伴随着你，如影随形。刚刚30岁的我正在学习并且习惯这一切。正是这场战争，我开始和压力斗智斗勇，开始习惯面对恐惧时爆发出克制的勇气。我总是对别人说，竞争对手是你的磨刀石，竞争对手越强大，对你的磨炼和考验越大。很多坚强的性格，都是残酷的市场竞争的衍生品。狼性和血性都是伴随着对人性的观察和考验而来的。

2000年是中国互联网行业开始拥抱冬天的起始，也是我开始面对激烈竞争被逼成“圣斗士”的开端。人在江湖，很多强势都是被逼出来的。

与CNNIC之间的“始乱终弃”

2001年4月，我已经隐约感觉到了与RealNames不会有什么“真爱”产生。危机感让公司不断加大在中国市场推广的力度。加速推广，正是内心恐惧的表现之一。在大学毕业后推广反病毒卡的经验让我意识到，靠一己之力去推广毕竟费时费力。借助渠道是迅速打开市场的不二法宝。在一系列风雨欲来的威胁当中，我首先想到的方法，就是快速与渠道亲密接触。

大觉寺明慧茶苑一直是我喜欢的地方。一开始我不会写商业计划书，王功权就常常把我拉到这里闭关，手把手教我写商业计划书。此后无数次，我把团队拉到这里，在千年古树之下进行头脑风暴，讨论怎么应对市场上的风风雨雨。这一次，我把国内大的渠道代理商都请到了这里。我希望在这个安静的地方，能够取得国内代理商的支持，让他们的团队帮助我们销售网络实名。

来的人有万网、新网、中国频道这些最知名的代理商的老板。只要取得了这些代理商的支持，网络实名的销售就会在全国范围内顺利铺开。只要5个注册域名里有一个注册了网络实名，就是非常大的成功了，实在不行，我只要说服其中一个就可以。我的态度是很诚恳的，我告诉在场的每一个人，只要大家肯帮忙，条件都可以谈。言下之意，我愿意给代理商比同行业平均水平要高的回报。当天的气氛是客客气气的，大家纷纷夸赞着樱桃好吃、茶好喝。但是已经有一丝诡异在空气中游荡着。只要一谈到业务，大家都含含糊糊，笑而无语，仿佛是有什么不便明说的难处。这场谈话之后，代理商们都不约而同地没有了下文。我已经感觉到了，这个生意肯定是谈不成的。

过了一段时间之后，我才慢慢地参透了这其中的玄机。这些代理商是不可能和我做生意的，这是因为所有的代理商都和另一个著名机构有关，它就是 CNNIC。

CNNIC 的中文名字叫中国互联网信息中心，它组建于 1997 年 6 月，号称由国家主管部门批准设立，是负责我国域名注册管理的唯一机构。这种鲜明的政府背景，让大家对 CNNIC 有几分敬畏。而他们做的域名注册工作，又和 3721 的网络实名有着相辅相成的关系。因为每一个网络实名，其底层就是一个域名。而我那天请到大觉寺喝茶的代理商，恰恰都是 CNNIC 的代理商。这样的关系下，让代理商来代理我们的业务显然有难度。因为 CNNIC 是“官方机构”，我们只是个名不见经传的民营公司。让他们帮助 3721 而去得罪 CNNIC 是不可能的事情。也许在那些代理商的眼睛里，我是异想天开的，是“癞蛤蟆想吃天鹅肉”。

知道了这个消息，我来不及沮丧，也来不及悲伤。市场竞争，绝不会留给竞争者闪烁一个悲伤眼神的时间。在 RealNames 与 CNNIC 逐渐入场的氛围中，一种腹背受敌的态势渐渐袭来。这两个都将是我们的竞争对手，都很可怕。一个是外国公司，有微软公司撑腰，眼看就要接管气势磅礴的 IE 入口。另一个是有官方背景的 CNNIC 域名管理机构，虽然我们还谈不上竞争，但是它足以让一个民营公司感觉到风雨欲来的威胁。

当时还算弱小的民营企业 3721 第一个想到的是，希望能够和政府合作，这样既增加了应对 RealNames 的胜算，也可以给网络实名带来最便利的推广机遇。毕竟，域名管理和网络实名是相辅相成的，3721 和 CNNIC 合作起来，也最方便。我们与其和 RealNames 死磕，还不如拉上官方机构一起合作。

我的想法是：我们和 CNNIC 合作，这样用户下载 3721 客户端，然后直接输入中文地址上网，中文地址就可以注册和交易了。这样一来，CNNIC 就可以把互联网中文地址纳入管理和审核的范围。如果一个中文网址收费 1000

元左右，对于中国上千万的企业而言，这将是一个上亿元的市场。

于是，和 CNNIC 的漫长磋商和讨论开始了，但是始终没有一个结论。真是煎熬无比！

经过多次聊天，2001 年 6 月 11 日下午，我在北京中关村的 CNNIC 的办公室见到了 CNNIC 主任。他递给了我一张上无抬头、下无落款的纸，说："谈了这么久，老是没有一点实质性的东西。现在我拟定了这些条件，你看看怎么样？"

我把纸接过来，埋头研究起来。

纸张上面白纸黑字地写着几大条：

一、CNNIC 做网络实名的登记者，3721 做联合登记者。CNNIC 承担网络实名的管理工具，承担网络实名数据库、服务器的运行与管理工作，3721 按照当前运行费用上浮 20% 的标准向 CNNIC 支付运行管理费用。此外，每有一个注册网络实名，CNNIC 将获得一定的费用，初步心理定价为 100 元。

二、网络实名为中文域名的增值服务，不注册中文域名则不能注册网络实名，因此希望网络实名和中文域名捆绑销售，不希望网络实名销售冲击中文域名的销售。

三、3721 负责前台市场推广，建立市场渠道，收取注册费用。

四、实名品牌采用 CNNIC 网络实名。

五、软件源代码要向 CNNIC 分批公开。

六、CNNIC、3721、注册商之前要签订三方协议。

七、CNNIC 决定技术体系，为保证中国在中文域名的主权，根服务器必须在中国。

八、3721 在技术上有责任保持领先，CNNIC 不排除选择其他技术服务商，同等情况下优先考虑 3721。

我读完这八条霸王条款，心情沉重。原来我和 CNNIC 谈了这么久，等来的竟然是这充满霸权色彩的八条。对于 3721 而言，一旦签订了这个条款，员工一定会认为我们是"丧权辱国"。我的心情当时就沉入了谷底。我心想："它让我们交出技术、注册系统、解析以及源代码这些所有的核心机密。我们可以拿到五年的特许经营权，但是必须上交一部分利润。这明显就是想把我们彻底收了嘛。”

我捏着 CNNIC 主任递过来的那张纸，想了一会儿，缓缓地说：“你的意思就是说，技术、注册系统、解析以及程序源代码全都给你，但是营运费用由我们来承担，最后，我得到五年的特许经营权，但是在这五年中，我每赚一笔钱，都要分给你一些。”

CNNIC 主任点点头，说：“这就是产业链。我管的其实不多，我只管数据库，经营还是你来做。”

我的心里在抗议：“那我岂不是变成你的总代理了！”

这场谈话不欢而散。

拿着这八条，我愤愤不平地找到了我的投资人王功权。我说：“CNNIC 这个做法不太地道，哪有合作还得交源代码的？”王功权非常同意我的观点，他说：“CNNIC 这么做，就是要拿走我们的成果，全盘剥夺我们的核心竞争力。这样一来，过不了几年，3721 就会被彻底边缘化。”

面对即将到来的、虎视眈眈的 RealNames，我并没有马上拒绝 CNNIC，而是希望能有讨价还价的余地。一个小小的民营企业，在市场上要活下去，有时候选择余地其实并不多。另外，如果在与美国公司洽谈和与政府机构合作之间选择，我还是认为后者在中国更容易成功。

从 6 月 11 日到 7 月 3 日，我和 CNNIC 谈判的地点从办公室转到茶馆，又从茶馆转到烧鹅仔的饭桌，我和这位主任捏着那张纸谈来谈去，一共见了 6 次面，中间更是电话无数。

“第一年，我至少要从你那里拿到 1000 万！”对方说。

“CNNIC 做中文域名这么长时间了，不是也没有赚到几个钱吗？为什么对我们这么狠？”我表示不满。

“那不一样，网络实名是挺成熟的产品，应该到可以好好赚钱的时候了。”

我面露难色：“那以前我们那些免费的网络用户怎么办？总不能说我们变卦了，现在要对你们收费了。我想对那些免费注册的用户再免费两年。”

“现在重新做，就是要从零开始。大家都站在同一个起跑线上，只有交钱的用户才能享受网络实名，没有交钱的就得停止服务。”

“那用户会怎么想我们啊？”我很难堪。

“商业公司可以坚持免费。但是我们CNNIC这么做，显得就很没有权威。”对方坚持。

我沉默了。不仅仅在如何对待已经免费的用户方面，其他方面我和CNNIC也产生了很大的分歧。对网络实名是否能够抢注这件事情，我们的看法也不一致。我认为域名抢注惹来了这么多纠纷，网络实名就该避免抢注这事儿。但是CNNIC坚持认为，正是域名抢注带来了企业的危机感，也带来了商机，网络实名自然也应该实行抢注。

当然，我们的纷争还有不少，每一个都辩论得不可开交。但是，在所有的争论里面，关于源代码放在哪里其实是最核心的问题。CNNIC坚持认为，合作的前提，必须是我们全权交出源代码。如果3721经营不善，CNNIC就可以作为官方机构，继续把这个事儿做下去。然而，任何一个企业创始人都明白，把源代码交出去，就相当于把自己的身家性命交了出去，这对于创始人来说，就好像是要把自己的孩子交出去，是件极度危险的事情。一旦出现对方变卦、反悔、违约等变故，我连核心技术都没有了，这就等于一切灰飞烟灭，什么都没有了。我肯定不能同意这个做法。

但是此刻，我依然对CNNIC抱有一丝希望，毕竟CNNIC强大的资源有可能让3721的网络实名推广工作如平步青云。这种依附政府的心情，依然有点迫切。

当对方说“如果3721经营不善出问题了，CNNIC网络实名还要做下去。所以你必须把源代码交给我”时，我说：“要不然这样吧，我们先把源代码放到公证处去，万一3721经营不善，CNNIC再拿到源代码怎么样？”

我以为这已经是巨大的让步，但是对方依然严词拒绝了我。

为什么一个机构这么急迫地想拿到我们的源代码？此时我已经不是刚刚创业小年青了。在商场上拼杀了好几年，我对商场的阴险已经变得像雷达一样敏感。一种不好的预感在我心里升腾起来，我坚信，只有一个公司才会对另一个公司的核心机密这么感兴趣。所以，CNNIC的本质，也许根本不是政府机构，而是一个商业机构。

我也许需要进行一次CNNIC来世今生的大起底。

冲突爆发

因为源代码是否转交的问题，我们和 CNNIC 就是否合作的谈判一直处于胶着状态。忽然之间，我对 CNNIC 自称的官方身份产生了质疑。

我越研读 CNNIC 与 3721 的合作计划，越发觉得这就是一个巧取豪夺的设计。打一个比较俗的比喻，如果我是一个农夫，在别人不注意的地方开了一块地，经过三年的耕耘，这块地从一块荒地变成了长满庄稼的沃土，此时 CNNIC 走了过来，告诉我说，他可以给我保护，所以这块地我要给他，然后呢，我种地的技术也不错，那技术也要给他。这个地我还要种五年，但是每年要给他交租子，最后，他觉得这个种子也不错，种子的配方和施肥的配方也要我全部上交。

在和 CNNIC 的谈判几乎要破裂的时候，我决心去拜访一下信息产业部，拜访的目的是希望了解一下上级单位对域名以及网络实名的一些看法。就在我要去没去的时候，CNNIC 竟然知道了我的行踪。

当时我正在酒吧喝闷酒，听见手机响了，我一看，是 CNNIC 的主任。

在电话里，他说："你明天是要去信息产业部吗？"

"是，我要去汇报工作。"

“这样恐怕不太好吧，现在这个时间点对谈判很重要。你擅自去找我的上级部门，也不通知我一声，不太好吧？”

“我就是去一下而已，没有别的。”

没有理会 CNNIC 对我施加的压力，我还是去了信息产业部。这一去不要紧，我发现了一个惊天的事实——原来一直号称自己是政府机构的 CNNIC 压根儿不是一个独立的单位，它只是中科院计算机和网络信息中心下属的一个科室，由于当年中科院涉足 .cn 域名比较早，现在已经撤销的原信息化领导小组，让 CNNIC 代办 .cn 的注册。

CNNIC 所谓的官方身份与权威，其实只是借着含糊的或者说根本不存在的官方背景来做很多事情，它不属于任何国家政府编制里面的机构。

这个时候我才恍然大悟，难怪在我们谈合作期间，对方一直在强调，最后的协议要他的上级单位来签，而不是 CNNIC 自己签，原来它是一个连公章都没有的单位。

在信息产业部，我接触了一些官员，他们纷纷表示了对 3721 的支持和认可。一些官员说：“我们在很多场合都说要支持 3721 这样在国内有技术的公司。”“我们从来没有说过要限制你们的业务，我们取缔了很多不合适的电信业务，但是一直认为，你们做的事情非常好。”

“我们现在正和 CNNIC 谈合作呢，谈得不是特别顺利。”

“那很好啊，我们一直在听说这些事情。他们说，合作完成后有利润，你们拿大头，他们拿小头？”

“他们想拿我们的源代码，不给就不合作！”

“这个没听说！”

此时此刻，我才从懵懂中醒过来，终于明白了 CNNIC 的模糊身份和希望要我们源代码的目的。我们差点屈从于它的淫威。我已经暗下决心，不再把期望放在 CNNIC 身上，一定要把合作的脚步放缓。

2001 年 7 月，我们和 CNNIC 的关系逐渐走向了冰点。在第五届中国国际互联网研讨会上，CNNIC 主任对 3721 的 COO 厉声喝道：“和信息产业部接触，只能通过 CNNIC，你们这样擅自去接触上级部门，后果自负！”

2001 年 7 月 25 日，已经明显心灰意懒的我们在中国互联网协会胡启恒的撮合下，和 CNNIC 进行了一次最后会面。而争吵终于在这次会面时彻底爆发了。

我与 CNNIC 当面对峙其机构性质的问题。我说："CNNIC 就是一个事业单位，根本没有所谓的互联网管辖权，你们管我们要源代码，你的角色到底是什么？是官，还是商？"

我本想看 CNNIC 的主任怎么对 CNNIC 的模糊角色进行狡辩，没有想到，他竟然给了我一个完全在我预料之外的回答："好吧，我告诉你吧。我就认为我们现在是企业，不和 3721 合作，我们也可以做网络实名这事。既然我们现在都很看好网络实名这个市场，而且网络实名这个市场是属自由竞争的领域，那么政府没有不让你 3721 做，你做了三年，政府也没有不让我 CNNIC 做，所以说，我也可以和你公平竞争。"

然后对方竟然说："你放心，我们没有你这么灵活，我们就是一个事业单位。"

我一脸惊讶。CNNIC 的说法完全据他的需要不断地变换身份和背景，而它的目的却只有一个，就是说如果他跟我们合作不成，它就要自己来做这件事情。

我当时的感觉真像是在看一场滑稽剧，感到不可思议。

CNNIC 公然宣战，公司第一次处在一个极度危急的时刻。3721 再也没有了稳定的日子。我需要面对的，是一场接一场的战斗。手里粮草不多，自己的优势也并不明显，我拿什么去面对这些强敌呢？我知道，此刻公司最需要一个冷静的将军，带领着手下的士兵们冲出险境。然而此时此刻，公司内部高层却最先出现了分裂。当时公司的 CEO 提出让我们缴械投降。

这让我怒火中烧。

这是第二笔融资到位时 IDG 派来的职业经理人。他来的目的是辅佐 VC 投资后的公司管理。投资人的教育让我相信，当公司发展到一定规模时，一定要引进职业经理人进行正规化管理，我选择了相信。然而，职业经理人的到来却让我充满了困惑，这位毕业于美国名校的台湾人在摩托罗拉这样的外企工作过，经验丰富。他对员工格外和善，但是对公司的管理细节却从不接触。他的做法就是具体的事情从外部招人，不行就换。最多的时候，公司里有几百号员工。虽然成本花费巨大，但是业绩平平，他的到来还让我欣赏的黄志敏闷闷不乐地离开了公司。

大敌当前，孩子是不是自己亲生的在一秒钟之内就能判断出来。职业经理人在此刻表现出了软弱的一面，他说："没办法了，我们就只能认了。"我愤怒至极，发出了这样的质问："为什么你还没有和敌人交手，就决定交枪了？我们再怎么样也要抵挡一阵吧。"职业经理人怎么可能像创业公司的创始人一样爱公司呢。只有创始人愿意在此时舍身赴险。

我和职业经理人的矛盾，此刻已经接近爆炸的临界点。我已经醒悟了，新创公司付不起保守的代价，3721 找职业经理人找得太早了。当公司需要随机应变时，职业经理人往往拿出的是保守的决策。我去找王功权商量决策，王功权完全站在了我这边。"不管是抗争还是妥协，看起来反正都是死路一条。我们干脆就迎敌而上！"

自此，职业经理人出局了，而我在时隔十个月之后，重新执掌了在险境中战战兢兢的 3721。

公然抗争　杀出血路

一个企业的成长，过程总是九死一生的。在不同的阶段，企业要面临不同的问题。在企业的婴儿期，创始人可能会为了资金急得团团转。资金问题解决了，就要解决企业在竞争中面临的劣势。而像 3721 这样的小公司，最开始面对的是一片未开拓的土地，这个市场需要教育，我们要创造出一个新的市场。而终有一天，你会面对外敌入侵的问题。

对于一个企业创始人来说，一门重要的功课，就是要在实际的商战中，学会怎样克服恐惧。

2001 年 8 月，CNNIC 对媒体宣布“通用网址技术研究组”成立，为了混淆是非，它宣布中文域名和网络实名的市场非常混乱，需要 CNNIC 来统一这个市场。为了掩人耳目，RealNames 和 3721 的名字都在这个所谓的技术研究组名单里。

在媒体上，CNNIC 开始大肆为自己造势——“这是我国的第一个获得国家标准的通用网址”“通用网址是经国家信息产业部认可的，是国家标准”“通用网址是 CNNIC 与各大注册商、国家各委局共同制定的国家标准网址”。

CNNIC 就是在明目张胆地抢劫，就是巧取豪夺，我们被逼得无路可退，只能在毫无办法的情况下背水一战。

在怒不可遏中，我发表了《严正声明》。

3721 从未加入过所谓的“通用网址技术研究组”，另外，信息产业部是中国互联网的管理者，CNNIC 是以盈利为目标的非政府机构，CNNIC 将“通用网址”称为“国家标准”违背事实，误导广大企业和用户；鉴于 CNNIC 在与我公司的谈判中涉嫌欺诈，我公司保留诉诸诉讼的权利。

我们对非官非商、亦官亦商、唯利是图的“非营利机构”扰乱市场经济秩序的行为表示出极大的愤慨。3721 严厉谴责挟洋自重、打着政府旗号巧取豪夺、不择手段打击民族高科技企业的丑陋行径。

战火一旦开始，就不会停止。

这是媒体第一次领略到我的炮火的力量，看上去我火力十足，毫不示弱，甚至特别犀利，咄咄逼人。不相关的人，只会认为我是一个具有攻击性的人，唯恐天下不乱。不知道前因后果的人，甚至可能会觉得这是一场闹剧。但是谁又会知道，我正在捍卫自己的生存领地。我正在进行的是关系到一家公司生存还是死亡的战斗。如果我选择沉默，我的企业就会沉没。

你只要走进我的内心看一看，就会知道我当时有多恐惧。我第一次感觉到，我的公司可能随时就会关门。我的心理压力是空前的。但在公司内部，我必须表现得像一个面无惧色的领导者，有能力带领整个公司虎口脱险，死里逃生。

当时我也才 31 岁，想一想，好年轻，但面临的却是生死存亡的大事。

如同韩国电影《鸣梁海战》中的李舜臣将军，战前梦魇每晚都会袭来。我最担心的事情是半夜电话铃声会突然响起来，电话那边通知我可怕的事情终于发生了。或者我一觉醒来，政府的一纸红头文件压下来了——我的公司要关门了。

我这时才感觉到我的不安全感原来是如此强烈。我忽然感觉到，如果以前创业失败了，我还可以从头再来。现在公司的摊子已然越铺越大，我上有投资人，下有上百号员工，旁边还有互联网圈子里虎视眈眈的一众对手。这一切，已经不允许我失败了。

2001 年 8 月 31 日，信息产业部召开了内部会议。中国电信、网通、中国教育科研网、联通、移动、安全部等相关人士与专家到会。我想，政府部门和电信运营商都在场，我要抓住这个机会，让所有的专家和有识之士认清 CNNIC 的面目和所作所为。现在，我要做的就是要和 CNNIC 针锋相对，公然为敌。这是一种以死相拼的坚决。

我站起来缓缓地、坚定地对大家说：“现在，CNNIC 在市场上到处散布 3721 的十大言论，我想和大家分享一下我对这些想法有什么回应。”

我清了清嗓子，开始发表一场演说。

“第一，CNNIC 认为网络实名和域名一样，都是网络资源，都应该由政府来管理。其实，CNNIC 是在偷换概念，把国家管理等同于国家经营。网络实名是不是网络资源，应该由国家来定；如果是资源，也应该由国家成立一个商业机构来运作。就如同中国电信一样。CNNIC 非官非商，凭什么擅自对外界说，网络实名应该由政府来经营？在美国，至少有 5 家网络实名的服务商在竞争，其中包括微软、RealNames、AOL，韩国也有 Netpia 和 HINC 两家竞争。

“第二，CNNIC 认为，存在多套体系会导致实名服务混乱，因此，实名只应该由一家来做。这是对市场经济的彻底否定！只有竞争，才能提高产品的质量。中国从计划经济走到市场经济，引入竞争促进了经济的发展。网络实名，最终目的就是，网民不会被带到错误的网站去。只要多家企业设立科学的规则，网络实名服务根本不会乱。如果只有一家在做，实名服务才可能会乱。

“第三，CNNIC 认为，实名可以绕过域名，直接指向 IP，影响域名发展。我觉得这个说法很可笑。如果真是这样，为什么 CNNIC 还要抢着做这个实名服务？实名服务的本质就是把名字翻译成链接，每个链接都包含着域名。

“第四，CNNIC 认为，网络实名是 10% 的技术加上 90% 的管理，技术并不重要。但是，事实证明，技术在各个领域都很重要。对实名而言，只有研发更为先进的技术，才能解决域名存在的缺陷。网络实名才能成为一个好的服务。

“CNNIC 认为，网络实名的产业链应该是‘运营商 + 代理商 + 技术服务商’，缺一不可，分工必须明确。但是，无论什么样的产业链，掌管实名数据库就是运营商。只有掌握了实名数据库，才能提供实名产品和服务，并且通过服务获得收益。运营商就是厂商，就是企业，而不是管理者。实名产业的管理者是信息产业部，CNNIC 就是企业。”

我接着说：“中科院有很多公司光明正大地走向市场，从事商业活动，但是唯独 CNNIC 角色不清，干着商业公司的事，却始终不敢承认自己是公司，总是想搭着政府的牌子搞不正当竞争……”[1]

信产部的会议，我不知道最终在内部达成了什么样的意见。这次会议之后，似乎没有什么明显的结论。但是，3721 在舆论上已经得到了道义上的支持。尤其是 2001 年刘韧的一篇《CNNIC 的手》，帮助梳理了 3721 与 CNNIC 斗争的整个来龙去脉。最终，信产部采取了对互联网发展支持的态度，最重要的一点是，它没有支持 CNNIC 的中文网址只能由国家机构去做的说法。

这样一来，CNNIC 和 3721 就变成了自由竞争的两家公司，它必须面对和 3721 在市场上的直接交锋。CNNIC 依然我行我素地进行着另类宣传，而我为了维护 3721 的市场地位和胜利果实，被推到了这场舆论浪潮的风口浪尖。

从 2001 年下半年到 2003 年，我成为经常见诸报端的一个人物。我们和 CNNIC 的争端持续了下来。为了不受欺凌，我的使命是把真相告诉所有人。因此，人们经常可以看到我和 CNNIC 相互吐槽的新闻。在 3721 内部，我们努力拓展，加快布局。在外界，各类攻击已经应接不暇。在其中没有利益关系的人们，会冷眼旁观，把它称为一场“口水战”。对于我们，每一天都是激烈的抢滩之战。

对于我来说，这些战役还代表着自己对于正义的追求和向往。我曾经在接受采访的时候自己写了一段比较感性的话，来总结这场旷日持久的争斗——

我承认我是一个理想主义者，在我看来，人生最重要、最幸福的就是干自己想干的事情。

挣钱的路子很多，只要稍微聪明一点都可以做到，当你对你的能力有足够信心的时候，为什么不选择一种既可以挣钱，又符合自己理想的生活呢？

愿赌服输。这个社会每个人都应该按规则做事，我这人有挺多弱点，你可

[1] 部分内容引自《CNNIC 的手》，发表于 2001 年 11 月 7 日《知识经济》，作者刘韧，高剑巍。

以说我不够商业化，不够成熟，但我相信正义，相信游戏规则。难道每个人都要世故、圆滑，成熟得麻木？

在我看来，与 CNNIC 的争论不仅仅是因为我作为当事方受到损害，更重要的是，整个互联网行业的规则受到损害。如果 CNNIC 觉得什么赚钱就可以以所谓官方的名义去插手，那么搜索引擎、OICQ 和一切有利可图的行业，一个莫名其妙的公司都可以说它是官方机构，然后没有任何制约地拿走民营公司的胜利成果，那市场上还有什么规则可言。

当时的我充分感受到了一个民营企业在市场中发展的困境。我们和当时的很多小公司一样，内心恐惧，怕不稳定，怕政策改变，怕一切不可预期的不可抗力突然到来。为了抵御这种不可抗力，我们唯一能做的就是为自己发声，然后暗自强大起来。

每一次发声，都不得已要谈及竞争对手。这样做有好处，也有弊端。好处是，我们的公司可以得到媒体的保护，我可以尽情陈述公司面临的威胁。而负面是，我的个人形象会不可避免地受到损伤。外界觉得我好像特别喜欢“打仗”，经常以“打仗”为目的挑起各种纷争。这其实是个误解。我不否认我喜欢挺身而出，也崇拜英雄主义。但是，我并不是一个好战分子。很多时候，我是在险峻的环境中被迫应战，尤其是当一件事让我感觉没有正义和公理的时候，我一定会反击，而且会反击到底。

商场上没有忠贞可言，正在我们和 CNNIC 关系几乎破裂之际，一个重磅消息在市场上传了出来，没有和我们合作成、但一直希望进军中国市场的 RealNames 宣布和 CNNIC 达成了合作事宜，双方将在中文域名和网络实名市场上共同开疆拓土。你以为自己已经跌到了谷底，其实还有更深的深渊在前方等待，这是创业者时常遇到的境遇。

企业迟早要面临生与死这样的重大问题。2001 年秋天，就是 3721 面临这一问题的一个节点。一边是美国公司 RealNames，号称有微软的支持，掌握着可怕的撒手锏；另一边是中国机构 CNNIC，号称有政府背景，处处称自己掌握国家标准。

这两家结合的利器是利用 IE 接口自动识别网络实名，它不需要像 3721

那样去推广客户端。一旦他们在一起了，很可能让 3721“一夜回到解放前”！在这样腹背受敌的形势之下，很多人认为 3721 必死无疑。

我内心既恐惧又绝望，我不想充当这个市场的教育者，在收获的时节却背后挨枪倒地而亡。

黑云压城城欲摧。

我第一次感觉到头皮发麻，微软和 RealNames 的合作基本上就是帝国主义与官僚资本的强强联合。这样的组合，还会给弱小的我们留下什么机会？3721 已濒临绝境。

插件安装和决胜渠道

2001 年，CNNIC 和 RealNames 合作的消息已经将 3721 置于一个惊险的境地。于是，从 2001 年开始，在看似一场波澜壮阔的战争中，我又开始进行一次艰难的融资，投资方是日本的 JAFCO 资金。尽管我必须充当一个口无遮拦的公司领导者形象，但是我知道，3721 的财务根本称不上雄厚，一种不安全感常常盘旋在我的心中，只有融到资才能给我生存的底气。[1]

我们除了应对外部 CNNIC 挑起的事端，还在技术上做了一些改进。如前所述，我们和门户网站合作，让门户网站的搜索引擎上有我们的链接。我们和中国电信合作，把电信的域名当作跳板，让 RealNames 与微软的域名解析合

[1] 根据胡欢和当时 3721 的 COO 刘千叶回忆，当时开始做这轮融资的时候是 2001 年年初，这项融资整整谈了一年。为了顺利拿到钱，3721 做的是降价融资，就是比上一轮的价格要低，给了新投资人价格上的优惠。然而，3721 千盼万盼的资金却迟迟不到位。当时周对融资已经感觉死心了，决定要靠自己，去市场上挣钱。到 2001 年 10 月，3721 已经实现了正现金流，投资人又重新来找他们，融资协议才签订。这个时候 3721 已经不太需要融资了，但周还是按照当时早已谈好的价格进行了签约。在这种情况下，进行低价融资还是做了很大的让步。由于是按照前一年的价格做的降价融资，所以按照协议，团队应该给以前的投资人进行反稀释。IDG 等投资人因为了解公司的情况，知道周不一定要接受这笔钱，完全是为了公司的资金储备而决定接受。所以，他们并没有提出要执行反稀释。而周决定拿出自己的股份，对以前的投资人进行了反稀释。因此，周个人的股份就大大稀释了。

作在中国市场上形同虚设。

当然，CNNIC 与 RealNames 的合作最重要的一点，是它可以省去客户端的下载麻烦。3721 为了应对这个挑战，也做出了一个选择——用插件的方式来推广。

在和 CNNIC 谈判将近破裂的 2001 年 7 月前后，我带着团队选择一个地方封闭讨论了一周，我们讨论如何把网络实名卖给企业。在这个过程中，我们反思了 3721 软件的问题，我们意识到从下载到安装的过程对于大多数小白用户来说太复杂了。互联网上的应用，多一步就是 99% 的损耗。我们认为应该采用更简单的方法让用户接触到我们的软件。

而此时 Flash 插件安装的方式给了我灵感。如果用户本来没有安装 Flash 插件，浏览了那些需要用 Flash 软件才能使用的网站，弹窗就会出来问“Yes”或者“No”，即问你是否想安装 Flash，用户如果还想继续浏览，就会点击“Yes”按钮。就这样，软件的安装就快速地完成了。我认为这个方式很好，让软件安装的过程实现了最简化。

按照这样的思路，我们将软件压缩到了 100K，然后找网站合作。希望运用“插件”这个技术提高网络实名的安装效率。只要用户访问了这个网页，电脑检查到用户没有安装 3721 插件，IE 就会弹出一个窗口来，用户点击“Yes”按钮就能完成 3721 的自动安装。通过这样的方法，我们的安装量确实提高了好多倍。

这是在残酷的竞争环境中我灵机一动想到的方法。我经常说，竞争对手是你的磨刀石。在竞争的过程中，你和竞争对手都成长了。在对峙中，人们的心智得到了提高。对于 3721，我通过转换销售的方式，部分避开了客户端销售的市场，让我们在与 CNNIC 和 RealNames 的竞争中能够险胜。但是，随着后期信息产业部会议的终结，我们和 CNNIC 终于变成两个在市场上虎视眈眈的对手，由于对方对外宣传的官商不分的模糊身份，我们变得更加恐惧了，或者说，因为恐惧，我们变得更加激进，想用更极端的方法来保留自己的用户。

一年后，竞争对手等公司也推出了各自的客户端软件。为了抢占用户，他们强行删除我们的客户端插件。竞争开始变得非常残酷无情。

我们为了防止对方删掉我们的软件，开始进行自卫反击。你来我往，结果就是，把软件变得难以卸载，但是用户的体验此时就变得非常糟糕。当时的互联网环境还不成熟，也没有相应的法律法规来规范市场。恶性竞争带来的是不良的后果。难以卸载的软件，后来常常被市场诟病。

那是我人生的一大教训，也成为我日后做产品的一个训诫。在很长时间之内，这件事情成了我日后竭力想摆脱的一个梦魇。在当时的市场环境下，我更多考虑的是，怎么把竞争对手打下去，而没有考虑用户的感受。最糟糕的是，我们当时做插件的方式后来被很多软件公司学了去，一时间互联网使用环境乌烟瘴气，我也不幸背负上了骂名。我后来对插件安装方式做了深刻的反省，并且总结了 3721 的问题，我们忽视了用户的感受，不尊重用户的利益，这样做产品，不会被竞争对手打败，也会被用户打败。

今后做产品，我都吸取了 3721 的教训，一定要尊重用户的利益，尊重用户的体验。所以，我后来做的安全卫士受到了欢迎。这些做产品的经验让我相信，你对用户不好，用户肯定会抛弃你；而你对用户好，用户一定会报答你的。我也认识到，一个公司对用户不作恶是成功的基础。

这算是一种自我救赎吧。

2001 年 7 月，除了在网上开始采取插件方式，线下的销售也不能马虎。我们面对的对手的具体状态，我们不清楚。但是，我们必须以全力以赴的姿态去应对。在得知 CNNIC 的大代理商都不愿意为我们销售时，我一度非常沮丧。

这个时候西岸奥美的黄勇提醒了我。黄勇是西岸奥美公关公司的创始人，圆脸，身材微胖；戴着金边眼镜，眼神精明机警，而且一说话，眼睛就会瞪得很圆，空中就会响起他略带夸张的粗糙沙哑的声音。因为创业比较早，他亲自做销售，因此积攒了不少销售经验。关键是，他是一个说服力极强的人。他说：“你呀，别人不给你做，你就不会自己出去做？”

我觉得不可思议：“你让我自己出去做销售？”

微胖的黄勇瞪了一下圆眼，目光责备地闪了一下：“你不走出去怎么知道卖不了。中国的市场大了去了，不是几个所谓大代理商能够覆盖到的。你走出去，才知道世界有多大！”

黄勇的话，给我打了点鸡血。我开始在寻求渠道方面思考、学习，还咨询了很多人。

2001年，正是联想公司销售火爆的时候，代理商只要能销售联想的电脑，据说都能赚钱。我去联想公司拜访，想听听联想是怎么卖电脑的，而接待我的人给我讲了杨元庆的故事："刚开始联想卖电脑，也想用IBM、HP的渠道，可是一上去，人家根本不搭理联想。你想，别人都是国际化品牌，我们就是一个中关村小厂商。所以，杨元庆亲自到一线去，去找那些小的渠道商，那些小的渠道商都很有野心和销售的欲望。杨元庆一家一家地去谈，慢慢地，联想建立了自己的渠道。"

听了联想员工的话，我才知道，原来杨元庆也是亲自去跑代理商的，内心很受鼓舞。

去完了联想，我又去找了方正的老同事。方正电脑是1995年11月建立的Founder PC，卖电脑也有好几年了。当时的同事给我说的有关方正电脑的渠道之事，让我大吃一惊，对方说："我们之前的激光照排是销售得最好的，所以我们卖电脑的时候就觉得，我们用激光照排的销售渠道不就行了吗？但是最后发现，我们根本指望不上激光照排的销售渠道，电脑的渠道还是要另建。"

通过和很多人的交流和学习，我内心已经逐渐明白了，3721想去大的渠道商那里借力是不太可能的。做销售，这事儿还是要亲自去。但是到底用什么方式去做呢？我不停地在思考。那段时间我翻了大量与市场销售有关的书和杂志，也在暗中观察哪些公司的销售做得最好。后来，《销售与市场》上发表的一篇关于商务通怎么进行渠道建设的文章让我眼前一亮。文章里提到的"小区域独家代理"的概念，让我跃跃欲试。

商务通从1999年开始，成为中国比较热的概念。整个PDA，也就是掌上电脑的市场随着商务通的火爆而崛起。而商务通这家公司是怎么创造销售奇迹的呢？他们建立了国内最棒的销售网络，仅仅用了一年。所谓"小区域独家代理"的销售网络，是在每一个地区只设一家代理商，代理商会全权负责这一地区产品的销售和推广，决不允许跨区域销售并严格执行总部设定的终端价格。

我有种被这篇文章点透了的感觉。大敌当前，对于渠道，我决定自己出手，自己跑在铺设渠道的第一线。我把开拓重点放在了中小企业最密集的长三角和珠三角、福建、广东潮汕等地区，我在此进行了一场体力挑战的测试。我经常一天跑三四个地方去见代理商。比如，一早从北京出发，中午飞到福州，忙完后下午赶到石狮，晚上和代理商谈完事情后，第二天一早坐车去厦门，基本上是连轴转。

这种疯狂的状态一直延续到了2003年的“非典”期间。凡是经历过“非典”的人应该都有印象，当时恐慌四处蔓延，超市爆发了抢购潮，巅峰时街道上几乎看不到人。所有的宣传都是劝大家尽量不要去公共场所和封闭的空间，坐飞机这种长期在封闭空间待着的行为更是该竭力避免的。我的想法却异于常人，我认为危机总是暂时的，而“非典”期间正是竞争对手会懈怠的时候，我更应该往南方多跑一跑，建立一些稳固的代理商关系。于是，当时的我，总是戴着防毒面具去坐飞机，一坐就是三四个小时。在别人看来，这简直是在玩命。

到了南方，我忘了多少次和代理商在饭桌上喝大了。这些早期的经销商里，好多不是卖域名的，而是有卖烟酒的、卖电脑的、从事服务业的，三教九流，做什么的都有。我一向很直，又喜欢交朋友，所以在酒桌上从不推辞，经常和这些人喝得不亦乐乎，就这样，我和代理商们发展成了不错的朋友。

当然，只喝顿酒，和大家打成一片，肯定不足以让经销商有动力开足马力干活。我知道，要让代理商死心塌地帮助3721出售产品，首先是要让人家赚到钱。于是我决定让利代理商。当时3721的网络实名定价500元，我拿三，让代理商拿七，这让代理商充满了动力。这种做法其实并不符合惯例，通常来说，代理商帮助商家做销售，拿的是小头。

小的代理商如同蚂蚁工兵，快速建立了庞大而扁平的区域代理体系，通过铺天盖地的渠道推广实现商业化。

后来，一些代理商因为3721变得更加自信，更加壮大。一个代理商对我说：“由于3721的态度和渠道政策，我们可以放开手脚进行市场推广活动，而不必顾忌自己的投入会被别人享用。另外，3721的配合使得我们双方就好比打仗时一个进行空投，一个进行地面进攻，在当地市场很容易大获全胜。”

随着渠道建设的顺利展开，3721的收入自然也涨势不错。到了2002年年底，3721的销售额突破了2亿元，毛利达到了6000多万元。很多媒体在这个时候都会采访我，让我进行年终总结，而我经常会说：“对于3721来说，并不在乎我挣了多少钱，而在于3721创造了一个市场，形成了一个产业，而我们的4000家渠道合作伙伴也和我们一起实现了共同成长。”

对于做渠道这件事儿，我在过程中有了很多感悟。我们在中国拥有那么多家代理商，通过这种像毛细血管和神经网络一样的网，我们能够真正地渗透到中国企业和网民的生活当中。一旦把渠道发动起来，你就不是一个人在战斗，而是无数人在战斗。这个时候，企业就非常扎实，接地气。现在的很多互联网公司缺乏这种扎实的精神。

另外，我在建立渠道的过程中，经历了一个从信心不足到信心逐渐建立的过程。待在北京时，我的心情通常很郁闷，一上网，都是互联网圈子里的烂事，几个行业网站，今天你骂我，明天我骂你。我也看见别人故意给我出的负面新闻。后来我明白，这些都是浮云。当我真的一个城市一个城市找过去，去谈客户，去谈代理商时，我发现毛主席当年说的“广阔天地，大有作为”是真的。当年，3721 的那场“上山下乡”运动，把自己从巨大的围剿中拯救了出来。

在我竭尽全力地建立自己的渠道时，一件讽刺的事儿发生了。2002 年 3 月 28 日，微软与 RealNames 的合同到期，微软对 RealNames 发出最后警告，称将终止合同，并只给 RealNames 三个月的期限处理善后事宜。此时，RealNames 还欠微软 2500 万美元。

微软在一份声明中写道：“这是与 RealNames 公司达成的一项艰难决策。我们每天都在努力使 MSN 更加易用。然而从企业观点和用户体验来看，RealNames 的服务并不令人满意。”

我曾经面临的灭顶之灾，灰飞烟灭。

一切没有把你打倒的，最终会让你更强大。

我去了一趟美国，找到了刚刚从微软中国研究院调回西雅图的李开复，联系上了微软公司，表示我们希望揽下原来 RealNames 的业务。

在微软抛弃 RealNames 之后，我们和微软之间暗送秋波。2002 年 10 月，我们宣告与微软达成战略联盟，IE 将直接支持 3721 网络实名。中国用户无须下载任何软件，就可以使用中文访问互联网。

有时候生活往往比电视剧还精彩，不是吗？

遭遇百度 对簿公堂

与 CNNIC 的这场论战，对于当时的我是一个很好的历练，一般来讲，初入江湖时创业者遇到这样的暴风骤雨，绝对是灾难性的打击，同时也是绝对的磨炼。但是一切风浪归于平静之后，它让我的心理承受能力又提升了一个高度。大多数创业者都要经历这种压力考验，经历之后，大家就会越来越冷静。后来有多少次，我身处险境，但是已经不那么害怕了。应对压力的这种能力不是天生的，都是磨炼出来的。

虽然 RealNames 破产了，但是我们的危机并没有彻底解除。CNNIC 还在，而 2000 年李彦宏和徐勇创立的百度此刻已经不再默默无闻。与 CNNIC 的争斗刚刚告一段落，我从埋头拉车的状态中刚抬起头来看了一眼天，顿时发现市场的格局正在剧变。

2003 年是中国互联网经过了彻骨的寒冬，重新起飞的时候。新的网游层出不穷，新的游戏不断出现，有的昙花一现，有的风靡全国。很多游戏的同时在线人数都是以万为计算单位，盛大公司当时在内地 30 多个城市开辟了 41 个服务区，《热血传奇》在最热的时期同时在线人数曾经超过 65 万。各地网吧像印钞机一样，不断地给网游公司送钱。

门户网站在2003年终于摆脱了互联网寒冬的影响，进入了上行通道，SP（Service Provider，服务提供商）的出现挽救了中国互联网。王雷雷的空中网就是在那个时候崛起的，因为我和雷雷之间有合作关系，所以我见识了他的战斗做派。我们经常一起开会到凌晨3点。开完会，我准备找个宾馆睡觉，走出会场，发现还有一堆人等着王雷雷开下一个会。连我这么疯狂的人，都觉得他很疯狂。

在SP兴起的时候，TOM网抓住移动的机会迅速做起来了，几乎是日进斗金。而我在做网络实名简直就是个劳碌命。高大帅气的王雷雷当时29岁，目光有神，快言快语，意气风发，他开玩笑地对我说："你那个东西一个名字才卖500块钱，你要卖到猴年马月呀？百度一个点击才3毛钱，比你还差。我们春节的拜年短信，一天的收入就是100万。"

虽然一天挣100万让我感觉很受刺激，但是这毕竟并不是我感兴趣的领域。创业也不能什么热就去追什么，我只愿意在自己已经打拼的领域里继续扎根。百度此时虽然还对我构不成重大威胁，但是，由于它采用了和Google一样的模式，采用竞价排名的方式做销售，它已经成长得让人无法忽视。

有生之年，狭路相逢，终不能幸免。

2001年，正当我和CNNIC因为官商大辩论在媒体上争吵得不亦乐乎的时候，正当我因极度的恐惧，在全国各地精心打造我的代理商渠道的时候，我沉醉于自己搭建的中文上网梦，决绝地拒绝了把3721定位为搜索引擎的想法。这一失足，就给了竞争对手成长的空间。百度这个名不见经传的公司，已经悄然转型了。

2001年，美国公司Overture创办的竞价排名的模式已经被证实是成功的，李彦宏也决定放弃之前的卖搜索技术和解决方案的模式，转向自己运营搜索引擎，依靠竞价排名广告来盈利。李彦宏为了做这个决策和董事会吵翻了。《沸腾十五年》里记录了这个场景——

*2001*年*8*月，深圳，病倒在这里的李彦宏正在电话里和散布在新加坡、美国、北京的董事争吵。徐勇反对李彦宏跳到前台去做搜索引擎、做竞价排名。"我们这样干，肯定会影响搜索技术的销售。"董事们支持徐勇："*Robin*！我们

当时投资你，可不是让你做竞价排名的！”吵了三个小时，李彦宏怒了：“我他妈的不做了，大家也别做了，把公司关闭了拉倒！”李彦宏猛地把手机朝桌上摔去。

虽然难以考证这里的具体细节，但是可以看出李彦宏下定决心做搜索引擎的意图。李彦宏意识到做一家出卖技术的公司规模不会太大，总要寻找新的出路。董事会被他的态度打动了。

2001 年 8 月，Baidu.com Beta 版上市了。此时我和 CNNIC 激战正酣，无暇顾及其他。我做的插件安装方式在市场上初见成效。从统计上看，用户的安装率极速上升。然而，我也开始关注这个以做搜索为主要业务的互联网企业，虽然它当时还比较小。到 2001 年的夏天，搜搜、人人、新浪等中国的主流门户网站，已经纷纷采用了百度的搜索引擎，但是问题在于：卖得好，但并不盈利。

经过一年多的布局，2002 年年底，3721 实现销售额人民币 1.4 亿元。2002 年的 CCTV 春节晚会，我史无前例地花了 200 万元的广告费，把“不管 3721，中文上网更容易”的广告词送上了让全国人民瞩目的节目。

尽管业务在不断攀升，但是我主动找到了百度，希望和百度进行合作。最简单的模式，就是在百度的搜索框前面放一条 3721 的链接。我当时的想法是，3721 和百度的业务并不冲突，如果合作，3721 还可以给百度带来流量。

后来，我有机会第一次在北大资源楼见到了李彦宏。第一次相对而坐，我发现 Robin 和我的性格形成了强烈的反差，我像机关枪一样，把想说的话一股脑儿地都说了，包括怎么推广、怎么做插件，毫无保留。但是，对面坐着的 Robin 很沉静，一直在听，也不表态。到了最后，他才缓缓地说：“我觉得 3721 本质上做的也是搜索，以后肯定会有竞争。”

和百度的合作，就这样无疾而终了。

2002 年 6 月，百度开始发力了，开始争抢流量。百度此刻也认识到了插件安装的强大威力，推出了地址栏插件，这个插件的界面和做法与 3721 几乎一模一样。再后来，地址栏插件升级了，变成了百度搜霸。但是百度是市场后来者，想和 3721 用相同的方式争夺 IE 入口，不可能有胜算。我们毕竟有 80% 的市场份额呀。为了迅速抢占市场，百度推出了一个极具杀伤力的手段，也是市场上的首创——让用户选择百度的同时把 3721 删掉。

这让我内心极度搓火。刚刚和百度谈了合作不成，他们又把我们做地址栏插件的方式山寨了去。把我们的地址栏插件山寨去并不要紧，竟然还让用户删除我们。这种做法让我火冒三丈。按照中学时期的逻辑，江湖开战，我必然以牙还牙。百度当时在市场上还是家很小的公司，我们并没有想到提起诉讼，而是想了一个以牙还牙的办法——你删我，我把你也删掉。

这是我当时犯的一个很重要的错误，竞争态势危急，我的眼睛里只有对手，只有竞争，忘记了去体会用户的感受。当时我认为，百度这种互联网实用主义的做派让人反感，它违背了硅谷精神，让我非常不齿。但是，我没有考虑自己也在犯错。

过了不久，和 RealNames 不欢而散的 CNNIC 加入了这场混战，他们做了一个通用网址的地址栏插件，和我们的一模一样。这个时候，百度、CNNIC 和 3721 一起，变成了三国大战。一时间，在地址栏这个差不多 1 厘米的战场上，几家互联网公司打得头破血流。

大家在贴身肉搏。我发挥 3721 技术上的优势，不让百度的插件把我删掉。当时用户卸载一个 3721 的插件非常困难，用户需要连接到网站，还需要好几步才能卸掉。

为了抢占网站的资源，2003 年年初，百度联合 CNNIC、网易、广东易信等公司组成搜索联盟。7 月，3721 和慧聪网组建搜索联盟。不少网站同时参加了两个联盟，用户登录时就会弹出两个对话框，或者相互抵制弹出。

这个时候，用户的感受就非常不好了。具体的感受会是什么呢？比如用户在 1 日的时候安装了 3721 的地址栏，那么他在地址栏里一敲，这个服务归 3721，给他提供中文上网。到 2 日的时候，他的电脑就会被莫名其妙地装上了一个百度搜霸，他这个地址栏就归百度搜霸来提供服务了，就没 3721 的事儿了。到 3 日的时候不知道什么原因电脑又装上了另一个 CNNIC 的中文网址，所以他在地址栏输中文的时候，就归中文网址给他提供服务了，总是后来的把先来的干掉。

一个软件，连同行都卸不掉，就更别提白领、工人或者农民工了。用户怨声载道。

2003年9月和10月，百度以不正当竞争为由，前后两次将3721告上法庭。这让我心里非常窝火。首先，删对方的插件并不是我的首创，我没有喊冤，反而被对方先告了。再者，自从上学以来，我就最讨厌两拨人打架，其中一拨人去跟老师告状的行为。这一次，我又被“告老师”了。

我和李彦宏都亲自出庭。

在法庭上，主审女法官向我发问：“百度指责你删掉他们的东西，你干了没有？”李彦宏抢答：“他肯定干了。”我赶紧笑着答：“我干了，但是是他先干的。我干的所有坏事儿，他都干了。”

女法官当场被我逗乐了。

我和李彦宏当时都没有今天的名气，就是两个公司的纠纷，董事长亲自出庭。现在想一想，这一幕，今天甚至今后再也不会出现。那是我和李彦宏见面最频繁的阶段。

最后案件的审理过程又持续了一段时间，双方各执一词。

我们会说：“3721网络实名和百度IE搜索伴侣，两个软件无法共识，是正常的软件冲突所导致的，不是3721针对百度软件采取的措施。对于软件的冲突，用户完全可以自主选择，这种纠纷应该由行业按照市场规律来解决！”

百度说：“百度的网址和软件代码，被列入了3721软件的黑名单，这说明3721在破坏百度软件的安装。”

我方又表态：“自从百度2002年推出到今天相当长的时间内，已经安装了3721网络实名软件的计算机用户，当再安装百度公司的软件后，百度公司软件对网络实名软件的相关程序和数据信息进行了恶意的针对性的破坏和删改，导致网络实名无法正常进行。”

双方在法庭上你来我往。

法官一审认定：“北京3721于本判决生效之日起，不得妨碍‘百度IE伴侣’和‘百度搜霸’软件以点击鼠标左键的方式正常安装，由北京3721承担诉讼费，并驳回了百度的其他诉讼请求。”

但是这次宣判后，百度和我们都不服判决。双方要求继续上诉。官司陆陆续续地打着。之后3721又进行了一次反诉，双方互不相让。那段时间，由于3721的市场占有率是最大的，我们成了众矢之的。打官司，成了公司日常运营的一部分。

与百度在市场上过招，也让我仔细思考和观察着百度的业务模式。让我模模糊糊地意识到搜索的力量。谷歌很早就在中国推出了中文公众服务，百度晚于谷歌一年，在中国推出中文搜索服务，但是百度的搜索模式在 2003 年逐渐发展起来了，这是非常明显的。

我之前无视搜索，这时已经醒悟了。我决心追赶。

寻求与 Google 合作未果

对抗百度，成了 2003 年 3721 的一个重要目标。我召集团队对 3721 和百度的技术做了评估。

我发现，3721 在流量和渠道上有绝对优势，但是在搜索技术上明显技不如人。这时我才意识到，我曾经痛失过一个优秀的搜索人才，也是后来去百度工作的俞军。我也意识到了我当初轻视搜索是多么短视的行为，而我最终要为这种短视买单。

俞军是我从上海挖过来的一个员工，当时他对搜索有无限热情，每天在公司工作十几个小时。他一直对我说，他来 3721 的目的就是把搜索做出来。我亲眼看到了这个人的激情，也相信他对技术有天分。但当时 3721 在和 CNNIC 打仗，我的注意力分不到搜索上。另外，当时公司已经开始盈利，我们的重点是在渠道上挣钱。我那时就是一意孤行。

当时我除了醉心于中文上网，还觉得搜索是非常花钱的行业。一方面，你得有人，另一方面需要大量的服务器支撑。当时我觉得，我们并没有那么多钱支撑我们做搜索这事。

其实，3721 有渠道和流量的优势，也有一定的技术积累，只要当时继续融一笔资，再搭建技术构架，是完全可以把搜索做起来的。只是当时的市场竞争和眼前的竞争对手，让我无暇开辟第二战场。到现在，只有后悔莫及。我后来经常教育年轻人，创业者不要过早地想着去挣钱，而是要盯准一个行业，扎扎实实地投入进去。这也是为什么李彦宏最后能成功，他是一个很坚韧的人，看准了一个事，能够坚持下来。

后来我推荐俞军去了新浪工作。一段时间之后，他看到新浪也不是真心投入做搜索，就去了最适合他的平台——百度。他后来成了百度的产品灵魂人物之一。

到了 2003 年，我感觉到，给了我巨大帮助并且帮我建立 3721 商业版图的 IDG 已经很难指导我了。3721 的发展已经超过了 IDG 的驾驭范围。互联网的第一批风险投资家和第一批创业者，到后来都是摸着石头过河。大家有时候都很茫然。

这一年，我决心开始大力发展搜索了。但是依靠自己的技术研发能力从头开始，我的直觉是这肯定来不及。要在一个已经有庞大的竞争对手的市场上取胜，我的打法是要轻灵、要快，不能用蛮力。我想到的最好的方法就是——和一家比百度技术好的高科技公司合作。只有这样，才能后来居上。这个时候，世界上最传奇、最活泼的 Google 公司就映入了眼帘。发轫于硅谷，拥有一个顽皮彩色 Logo 的 Google 当时已经是全世界最好的搜索公司，2001 年互联网泡沫破灭了，而 Google 却在这一年开始盈利，不得不说，这是一个奇迹。

我想，Google 还没有正式进入中国，因此这片广阔的市场还没有被他们发掘，而 3721 有渠道和流量，Google 有最好的技术，如果我们双方能够合作，在中国市场一定是天作之合。

有了想法就要去付诸实施。我想去接触一下 Google，但是如何见到 Google 的高层对于我们这个当时的中国小公司是件头疼事儿。在美国见一个人也是需要人际关系的，如果你没有任何资源，找人就像大海捞针一样艰难。这种情况和在中国是没有什么本质区别的。终于，我们在投资人团队找到了一个十分曲折的关系——IDG 投资人团队里有个人的太太认识美国竞选委员会的某位非裔筹款人，而这位非裔筹款人的太太和美国前副总统戈尔相识，而戈尔退出美国白宫之后，担任 Google 和苹果的董事。通过这层遥远的关系，我们才和 Google 有了一些微弱的联系。据说戈尔有能力把 Google 的高官请出来，和我们谈一谈。而我们也就把所有的希望寄托在了这次即将到来的会谈当中。

我怀着朦胧的愿望，希望这次见面能成为我们合作的突破口，心想：只要和 Google 的人见了面，一切都好说。很多事情都是通过坐下来交谈，才能认识到对方的价值的。而我认为 3721 对于 Google 的潜在价值，是值得对方考虑合作的。正当我满心欢喜等待这次见面的时候，联系戈尔的中间人却告诉我："在美国见政治家也是要明码标价的，见戈尔需要交 10 万美元。"

我倒吸一口凉气，心想："这就叫狮子大开口吧！"

尽管这笔中介费数额巨大，但是为了公司发展的大局，我还是咬咬牙把这笔钱给了。

于是，在一个阳光明媚的下午，我们在硅谷帕拉阿图咖啡馆见到了戈尔，他带来了 Google 公司的高级副总裁、公司发展兼首席法律顾问大卫·德拉蒙德（David Drummond）。这是一位非常有经验的黑人律师，曾经帮助 Google 完成所有的上市准备工作。因为 Google 2010 年退出中国事件，德拉蒙德在中国一度变得很出名。而当时我们知道，这个人在 Google 应该是第三、第四号人物，有一定的发言权。德拉蒙德身高有 190 厘米左右，声音洪亮，脸上有浓密的胡子楂，感觉像是从某部电影里走出的人物。不过那一天，他的目光很游离。

在王功权、刘千叶的陪伴之下，我和大卫·德拉蒙德展开了一场对话。我们的谈话重点就是 3721 是做什么的，我们在中国拥有怎样的流量优势，我们拥有什么样的渠道优势。如果我们合作，将对中国搜索市场产生什么样的影响。我这边显然是做了充足的准备，但是对方的态度完全不是我们想象的那样。谈话进行了 10 分钟，我已经明白了，对方明显是在敷衍应付我们，德拉蒙德好像连今天为什么被戈尔叫来都不知道。他和任何一场毫无诚意的会谈主角一样，说了一堆毫无意义的套话，比如，中国很重要，我们对中国市场很重视，但我们现在还没有什么明确的中国战略。我们会考虑中国战略，但是也许不是当下。

这样毫无诚意的对话进行了半个小时之后，老外们就纷纷告退了。谈话毫无结果，连建立一个关系以便跟进的可能性也没有留给我们。在这场略显滑稽的对话里，我一方面感觉到了美国公司骨子里十足的傲慢，又有一种上当受骗的感觉涌上心头。在谈话结束的那一分钟，我已经明白，与 Google 合作的愿望也随之付诸东流了。

被骗 10 万美元事小，但是这种被美国公司歧视轻视的感觉，在一段时间里挥之不去。总之，这是我人生之中一段不太愉快的回忆。

Google 最终在两年之后正式进入中国。当然，这场盛大的入驻仪式，也伴随着一场令人叹为观止的世纪官司。曾经在西雅图帮助过我的李开复那段时间经历了人生危机，因为他要从微软跳槽到 Google，微软对他提起了诉讼。而 Google 聘请了一个豪华的律师团队，花天价打了这场官司，并且最终与微软达成了和解。也许从 2005 年开始，Google 才真正开始意识到中国市场已经不可小视。而正是这个时候，大卫·德拉蒙德又一次出现在了我的视野当中。他作为 Google 的首席律师，先是帮 Google 从微软手里赢得了李开复，为谷歌正式入驻中国市场配备了一个颇有影响力的 CEO，又在四年的时间内见证了谷歌的流量从微小到到达巅峰时的 30%。

当然，我们都看到了 Google 最终退出中国的整个戏剧化的过程。

Google 退出中国，引发了中国几亿网民的感慨，而 Google 退出中国的那则声明，正是这位我求见过的大卫·德拉蒙德所写。他在那封流传广泛的声明里写道："做出这个决定让人感到难以置信的痛苦，同时，我们也十分清楚它将可能造成的深层次影响。"

目睹 Google 在中国出生又猝死的结局，回想着和德拉蒙德在 2003 年无疾而终的对话，我心里感到有些遗憾。如果 2003 年在加州的那场谈话，哪怕德拉蒙德多花一点耐心去了解 3721，也许今天搜索市场的格局就会被改写。而 Google 也用不着在中国自己建立渠道，做得那么辛苦，却完全处在百度的下风。如果 2003 年我们合作了，Google 甚至都不需要退出中国。当然，这一切只是猜测，一切都已经无法改写。

Google 在中国的策略一直充满了悖论，它投资了它的竞争对手百度。对于百度这样的直接竞争对手，你要不然不要投资它，要不然就投资到可以控制它。结果 Google 投了一点点，最后又抛售了股票。总之，这显示了一家在全球都具有优势的跨国公司在中国发展的困境。在本地文化里，Google 一直在摇摆、抗争、试探，一直到最后的迷失。

2003 年，我迫切想找到一套好的搜索技术，这个工作我一直在做，但是一直不是很顺利，我想这和我国际化视野不够有关系。

和Google的谈判无疾而终。竞争对手已经显示出强大的生命力。此时此刻，在如何对待 3721 命运的问题上我和投资人逐渐出现了分歧。是上市，还是干脆把公司出售？身边的各种声音越来越多，而投资人的退出需求这个时候开始若隐若现，各种看上 3721 庞大流量和资源的公司开始到和乔大厦拜访了。

处在互联网激流当中的 3721，该如何被左右？

3721的大结局——为什么会出售？

2003年，我已经执掌一家流量名列前茅的中国互联网公司。虽然当时我只有33岁，在外人看来可以说是志得意满，但是我的骨子里总是有一些不自信。

我当然希望能够建立一家充满革命创造力的公司，可以经受岁月长河的涤荡。我的价值观，也希望我生产的产品，能够为别人所用，影响和改变别人的生活。这是所有互联网创业者做企业的初衷。当然，作为一家互联网公司的CEO，我也梦想着去敲上市钟。不仅仅是为了一时的媒体聚焦，而是为了在纳斯达克留下一个印迹，以此证明获得了资本市场的认可。那是所有互联网人的梦想。

虽然内心想上市，但是那时的我对上市始终有一种恐惧心理。我觉得我英文不够好，跟西方人打交道不熟练。我一直在埋头拉车，没有站在一个高度去俯瞰互联网整个行业的状态。最大的问题是，我当时没有站在行业的角度评价3721于宏观处究竟处在一个什么位置。和别人比，我们的优势和劣势在哪里。

每一次IDG开会，都是关于创业的脑力激荡。在所有IDG投资的公司里，我一直不觉得自己是属于名列前茅的创业者。每次IDG一开大会，来的都是当当的李国庆、郭凡生这样的人物。他们每次上台就可以滔滔不绝地演讲，每个人都特别自信。我被IDG系的创业公司的气场给震慑到了，感觉自己来自第三世界，所以不太爱发言，也不太敢在这种场合说话，每次自动气短一截。

不仅如此，投资人在创业时对你的辅导态度，也决定着创业者本身的意志力。我之所以在那个时候感觉到一种莫名的不自信，也来自投资人在潜移默化当中给我的影响。到2003年，3721的成长已经超过了投资人的驾驭能力，互联网在当时处在一个极速发展的时期，即便是被认为成功的企业，也是在摸着石头过河，而行业本身的发展方向谁都不可能一下子说清。就连一直支持我的IDG也不知道到底应该对3721怎么办，大家对于行业的前景都很模糊。

其实回过头来看，当时的3721已经是站在互联网革命的前沿了，流量稳定，名列前茅。我记得当时有一家公司叫金融街，他们想上市，我们随便分发给金融街一点流量，就对它的销售增长有很大帮助。我还记得，当时雅虎（中国）也和我们合作。我分发给雅虎一些流量，轻轻松松就能给雅虎带来每天三四百万的流量。而当时雅虎自己的流量一天只有一百万。

但是当时外界有很多人并不看好我们，认为我们虽然收入高，但是模式前景并不好。但是谁的模式不是一步一步在市场上摸索出来的呢？我们自己并没有意识到流量的威力，内心深处被某种不自信给羁绊住了。我并没有意识到，只要有流量，可以借助流量做很多很强大的事情，包括开启一个新的业务——搜索。这种不自信，对于未来能够把公司做多大，是有阻碍作用的。

2003年，Google虽然尚未正式进入中国，但是已经开始了中文服务。当时中文搜索量最大的就是Google，百度还处于尚未起飞的状态。市场上当时还有一个雅虎，在中国一直不温不火。如果3721在这个时候转型，是有一线希望抓住搜索发展的机会的。但是，本来我就有一些不自信，加上那段时间外人对3721走向的众说纷纭，加深了我的疑惑。

在经历了和RealNames、CNNIC这些机构持续不断的商战之后，我心力交瘁，隐隐产生了几分退意。IDG此时如果出售几个公司，可以得到一个漂亮的投资回报率成绩单。好的退出业绩对于一家投资机构来说，就是一张A+的成绩单，它无声地证明了自己的眼光和实力。[1]而在我本身对3721的未来举

[1]根据对王功权的采访，当时IDG投资的项目很多。对于3721是否退出，IDG并没有特别的意见。

棋不定之时，一些公司已经开始陆陆续续地找上门来和 3721 谈出售了。我抱着试试看的态度被各方力量推上了变卖 3721 之路。

卖还是不卖？这个问题对我来说，就像是选择生存还是死亡一样艰难。这个问题在两个月的时间里深深地困扰着我。我经常焦虑不安，好像有无尽的黑暗在包围着我。好像我需要做出一个决定，是否要让自己的孩子去安乐死。这个时候我才体会到一个创业者对一家公司的感情，那种如同对自己孩子一般的由内而外的爱。那种一想到要离开，就有说不出的失落感。为了思考是否卖公司的事情，我去了美国两次，每次回来，我就觉得不能卖。正是因为我的倔强，我第一次和投资人王功权有了激烈的争吵。我们第一次拍了桌子，还朝对方大声喊叫。

这几个月对我来说就是灵魂煎熬，我不断地问自己：出售公司有哪些好处？又有哪些坏处？这种思考，对于一个创业者来说，是一种折磨。

在思考是卖公司还是自己接着干的同时，公司内部也在做各种技术测评。我们拿出各个技术指标和百度做着对比，最终的结论是，我们什么指标都比百度强，就是在搜索上比百度弱。而更迅速地超越竞争对手的方法之一，就是通过巨头对我们的收购，实现 3721 的超越，我也能在中国成就一份事业。

思前想后，想拿下搜索市场的心理和一种日渐浮现的虚荣心，促使我下了最后的决心——卖掉我亲手建立的 3721。

此时买者已经络绎不绝。在雅虎找上门之前，已经有好几家公司找到了我，每家的出资额都非常可观。大家当时想买 3721，其实都是看到了 3721 在企业级市场的出色表现。大家看到了 3721 的收入和企业用户的规模。当时互联网的各种服务都不怎么挣钱，所以大家都想在企业级市场方面挖掘机会。他们做大企业的品牌广告，挣中小企业的实名生意。能有这样的布局当然是最理想的，而 3721 则是一个被激烈争夺的对象。

第一个来找我的就是新浪公司。

因为出售公司的事情，我在硅谷和新浪的负责人见面了。他是一个非常风趣的人，很有意思。他当时愿意开出 2000 万美元来收购 3721。这个报价看上去肯定不高，但是鉴于新浪本身的市值当时只有 1 亿美元，这样算来，新浪实际上是肯拿出自己 20% 的股权来购买我们，这样的价格已经显得诚意十足。新浪的股权比较分散，如果这单真的成交了，我将在一夜之间成为新浪的大股东。这样的未来，对当年还很年轻的我来说，很有吸引力。当年新浪的实力站在了中国互联网的前沿，公众影响力处于鼎盛时期，是一家众所周知的媒体互联网公司，成为它的大股东诱惑十足。我思前想后，认为新浪在收购意向的表达方面诚意十足，但是网络实名并不是新浪的业务重点。3721 如果归在新浪门下，很难预测它的命运。新浪当时尽管已经开始推出新浪问答，这也是新浪的搜索产品——新浪爱问的前身，但是技术上也没有好过 3721。如果出售 3721，我肯定希望未来的拥有者和我一样重视它，鉴于此，新浪并不是一个好的选择。我们也就没有和新浪接着谈下去。

新浪之后，我见到了搜狐的张朝阳。张朝阳英文名是 Charles，我们之前接触并不多，而这次见面促成了我们的友谊。当年 Charles 已经在江湖里打拼了五六年，也经历过 2001 年的互联网泡沫、抵御过北大青鸟的恶意并购、和新浪的内容竞争等第一代互联网创业者经历的起起落落。经历过起起落落的江湖风云之后，我能感觉出他的淡然。他说话的风格是低沉平淡的，似乎没有什么波澜起伏，但是每一句话都充满了思考。

知道新浪对我们的报价，张朝阳对我说："我可以把价格抬到 3500 万美元。"

当时搜狐的市值是 1 亿美元左右。这意味着，搜狐愿意拿出 35% 的股权来交换我们的资产。如此大的股权比例出让让我感动。但是，我的感动大于冲动。搜狐当时甚至尚未涉足搜索，而我也认为 3721 和搜狐的业务整合可能不会很顺利。我一心想给 3721 找一个最安全、最被宠爱的地方。

后来是阿里巴巴，它是给我们开价最高的国内公司。当时，在企业级市场，阿里巴巴的企业服务都被 3721 给击败了。因此，如果阿里巴巴把我们收购了，它将重新得到企业级市场的江山，这将弥补阿里巴巴当时的重大缺陷。当时阿里巴巴家底并不丰厚，但是竟然开出了比搜狐和新浪都高的收购金额——6000 万美元。

马云对我说："要是真收购你们，我还要专门去融一笔钱，还要去换股。换股之后，你的股份可能比我的还要多了。"

为了了解阿里巴巴的业务模式，我专门去了一趟杭州。当时的阿里巴巴还没有淘宝，也没有支付宝。我心想，阿里巴巴不就是一个销售公司吗，其实和我的代理商模式差不多，这也没有什么核心技术。当时的我并没有看懂马云的模式。

就在我受马云之邀在西子湖畔做客阿里巴巴时,雅虎出现在我们的视野里。这并非这个全球互联网巨头第一次对我们抛出橄榄枝。然而，这一次是杨致远发来的传真，亲自表达了希望雅虎和3721签署排他性协议、一心一意地谈并购条款的意愿。

雅虎提出的并购价格是1.2亿美元。

本来，我对卖不卖公司还持有一种迟疑的态度，但是雅虎的出现让我倍感兴奋。雅虎的热情让我想起了之前Google的冷漠，对中国市场的冷淡，还有在硅谷施予我们的那一幕。这一热一冷形成了强烈的反差。

除此之外，雅虎还有一些让我难以抗拒的理由。第一，雅虎已经进入中国市场几年了。虽然做得一般，但是已经形成了一套在中国做事的方法，也拥有一个团队。第二，雅虎在全球是一个如日中天的品牌，它是在互联网行业开天辟地的企业，拥有世界领先的技术。第三，雅虎开出了一个比任何国内企业都要高的价格。当时领先的中国互联网公司市值只有1亿美元左右，雅虎的开价甚至超过了一些公司的市值。

很多事情，行为加强动机。虽然我并没有下定决心出售3721，但是关于卖与不卖的谈判进行得多了，要卖掉的认知已经不知不觉地被加强，尤其是当一些公司愿意开出比市值还高的价格来购买时，这在无形中让人的虚荣心开始膨胀。这个时候，无论是自己还是外界，都会认为所谓的天价收购是对你价值的肯定。

雅虎的技术让我心动。而3721对于雅虎也有价值。尤其是，3721的一个潜在优势是ICP牌照资源。1999年雅虎进入中国时，借用的是北大方正的ICP牌照。尽管绕开了政策限制，但借用毕竟不是长策。而收购拥有网络实名技术的3721公司，可以让雅虎轻松跨越技术和资源方面的壁垒。

我开始了谈条件的各种繁复程序。有一家香港的公司为我们谈判。最后的过程就是讨价还价、死磕协议条款，讨论财务与利润的考核细节。整个过程，殚精竭虑，视死如归。我对和雅虎的合作饱含期待，为了这一点，我犯了一个非常幼稚的错误——我放弃了对公司的控制权。我还没有意识到这么做会带来怎样严重的后果。[1]

按照协议，我将出任雅虎中国区的总经理。但是，失去公司控制权的安排，也让这个职位陷入了形同虚设的危险当中。

在焦头烂额地签订收购协议的过程中，媒体为这次收购打了一个标签，认为这是中国的互联网公司卖出了一个“天价”。

在疯狂忙碌之后的平静当中，我们在香港签署了收购协议。当时的媒体记载历历在目——

随着中国加入WTO后各种承诺的兑现，搜索行业的整合故事即将上演，而雅虎购并3721之举，只不过提前透出了“山雨欲来”的个中症候。

11月20日晚，3721董事长周鸿祎和主管国际业务的副总刘千叶一行，搭乘19：20到22：55的KA903次航班，秘密飞抵香港，行色匆匆地下榻到位于太古广场Conrad超五星酒店。之后，雅虎高级副总裁John Marcom、雅虎北亚区副总裁兼董事总经理关重远和北亚区互联网事业副总裁卢大为等人亦赶至现场。

紧张的谈判随即展开，直至第二天下午，基本条款才告达成。此后，双方特意将签约时间定格在11月21日3点7分，签约地点则选在香港铜锣湾希慎道10号新宁大厦2802室的雅虎控股（香港）有限公司，周鸿祎和John Marcom是最后的签字人。

雅虎将以现金1.2亿美元收购香港3721网络软件技术有限公司的股权，并与北京3721科技有限公司结成技术同盟。3721香港公司仅是一个向北京3721提供技术的公司，而北京3721拥有ICP牌照，并且仍将运作具体业务，并在股权上保持独立。收购完成后，3721香港公司将作为雅虎的全资子公司，继续

---

[1] 根据胡欢回忆，周在反复思量之后，决定不卖给雅虎，并且把这个决定告诉了董事会。而包括IDG在内的风险投资人，都表示出了宽容，说：“鸿祎，你来决定，无论什么决定我们都支持你。如果你不想卖，咱们就把公司继续做下去。”雅虎香港的David Lu受雅虎之托来找他谈，问他为什么不卖了，是因为价码不够高，还是有别的原因，或是因为是自己创建的公司就死活不舍得卖。只要不是最后一种情况，别的都可以谈。周想来想去，直觉是不要卖，但是也没有什么有说服力的理由。去杭州之前，王功权拉着他苦口婆心地谈了一次，终于让他下定了卖掉公司的决心。他刚刚出差到达杭州的酒店，雅虎的传真就追了过来。他就这么把公司卖掉了。

运营原有业务。按照惯例条件，交易将在明年第一季度逐步完成。

意料之中的是，周鸿祎于双方合并后并未全部卖出股份，还将是公司股东和管理层之一，至于赴雅虎中国任职一事，则无定论。[1]此外，3721香港公司两大风险投资商IDG和JAFCO均将全部套现退出，获利达数倍之多。

这一刻，没有镁光灯的闪耀，也没有香槟庆祝，然而双方都将这一刹那视为自己的胜利。

[1] 周当时已经决定接任雅虎中国总经理，只不过媒体此刻还并不知情。

进入跨国公司　情困雅虎

第十章

※ 本章部分参考吴军先生著《硅谷之谜》
2015 年 11 月，人民邮电出版社。

初入雅虎

我就这样做出将 3721 出售给雅虎的决定。虽然我摇身一变，从 3721 的生父变成了雅虎中国的职业经理人，但是我对雅虎完全不是一个职业经理人对于一家公司的态度，因为我好像还把 3721 抱在自己的怀里，好像我的孩子只是换了一个名字。

经过大学毕业之后的几次创业失败，经过了在 3721 创立期间九死一生的故事，我更对韦尔奇的书《商业的本质》里所描述的内容感同身受——

这是一种很稀缺的优秀品质。我们谈论的不是对风险的普通容忍，也不是高于平均水平的容忍。要成为一个企业家，你需要极大的勇气、疯狂的激情和超出理性的决心，忍受反复出现的近乎死亡的体验。

我把雅虎中国当成自己的事业，它寄托了我做搜索的依托，我把雅虎中国变成了一个可以驰骋的战场，让它占据了我情感上的全部。

“醉卧沙场君莫笑，古来征战几人回。”这是宁愿战死在沙场上的情怀。敦刻尔克大撤退之后，英国政府一度主张和希特勒、墨索里尼和谈，丘吉尔说：

“如果我在任何一刻想谈判或投降，每个人都会站起来把我从位子上拉下来。如果我们这个岛国漫长的历史要结束，只有在我们每个人都倒在地上被鲜血呛住的时候。”

这就是我当时的心态。

雅虎在当时是所有互联网人仰视的目标。创始人杨致远是我们这些互联网晚辈敬仰的英雄。有人这么评价杨致远：“一百年后，如果人们只记得两个对互联网贡献最大的人，那么这两个人就是杨致远和戴维·费罗。他们对世界的贡献不只是创建了世界上最大的门户网站雅虎公司，更重要的是制定了互联网行业全世界至今遵守的游戏规则——开放、免费和盈利。也许一百年后雅虎公司将不复存在，但是人们会把他们俩和爱迪生、贝尔和福特相提并论。”

从某种程度上讲，雅虎开创了整个互联网产业，凭借着免费的精神，互联网得到了大范围的普及。很多人都这么认为：“如果不是雅虎，互联网很可能像汽车一样，在相当长的时间里只能是有钱人的奢侈品。”

但是，一家公司开创了一个先进的理念，并不意味着它可以保持技术上的领袖地位。当时，我沉浸在对雅虎的推崇与期待当中，对雅虎在技术上的逐渐落后并没有立刻参透。这些感悟，都是在互联网的递延发展的过程中，慢慢体会到的。

2001 年的互联网泡沫同样席卷了雅虎这家赫赫有名的公司。这一年，90% 的互联网公司几乎都维持不下去了，就连电子商务巨头亚马逊公司在 2000 年也不断亏损，数额超过了 10 亿美元。《巴伦周刊》的封面刊登了一篇文章，指出像亚马逊这样的网络公司，正在风险投资上孤注一掷，而且在以疯狂的速度自毁前程。

雅虎和亚马逊一样，在 2000 年之前进行了很多疯狂的收购。雅虎更是在 2000 年之前在技术上没有什么投入，反而在 1999 年，以 57 亿美元的高价买下了一家叫 Broadcast.com 的公司。这家公司如同早期的 YouTube，但是在当时的条件下，上网看视频的人还乏善可陈。该公司后来只为雅虎创造了 2000 万美元的产值，更不用说利润了。

2000 年之后，雅虎受到了巨大的冲击，市值蒸发了 90%。2001 年初，雅虎已经亏损 9300 万美元，收入下滑了 42%，公司股票评级被美林证券从“中立”调降到“出售”，华尔街的一批算命先生甚至公开宣布：“雅虎模式已经走到尽头。”

面对困境，雅虎的首席财务官苏珊·德克尔临危上阵。她把公司所有的项目进行了重新排序，停止了对那些不盈利的项目的投入，慢慢地让那些项目自然死亡。这种“休克疗法”保住了雅虎财务的稳健性。

而另一位出现在我在雅虎任期内的全球 CEO 也功不可没。他叫特里·塞缪尔。这是一位出身于媒体的 CEO，来自华纳兄弟电影公司。雅虎的董事会看重他在传统媒体方面的经验，请他来主持雅虎的工作。因为他个人的从业经验，塞缪尔的思维基本上停留在了传统行业。

但是他做对了一件重要的事情，就是在 Overture 公司市场份额低迷时出手，买下了这家发明竞价排名的公司。这一重要举措，让雅虎完成了独立于 Google 进军搜索市场的布局。在 2002 年到 2003 年互联网大洗牌的时候，雅虎用十几亿美元收购了除 Google 和 Ask Jeeves 以外所有的搜索引擎和拥有数十万广告商的 Overture。

随着塞缪尔的改革，雅虎的各项业务上升。在连续六个季度亏损之后，雅虎终于在 2002 年第二季度重新实现盈利。截止到 2003 年第四季度，雅虎已经有 63% 的收入来自搜索服务，营收达到了创纪录的 6 亿美元。2004 年初，雅虎终于及时清醒过来，中止了和 Google 的合作。

塞缪尔把中国视为潜在的最大市场，而正是因为雅虎在全球搜索上的布局，让我产生与这家公司合作的决心。此前，因为 Google 对我们的冷淡，因为我对搜索不死的决心，让我对依托雅虎的技术来提升中文的搜索布局充满了灼热的渴望。

雅虎对于中国市场，到底是看中收入，还是一种战略布局？我当时认为是后者。因此我很快从出售公司的伤感中满血复活，准备大干一场。对于公司合并来说，最痛苦的时候，就是对两家公司进行文化与人事上的重新整合。而我刚刚在雅虎上任时，面临的就是这件最痛苦的事情。这是从创业者到职业经理人的痛苦转变之必修课。

2004 年 1 月 1 日，我把雅虎中国的团队搬到了 3721 的办公室所在地——和乔大厦。3721 的标识已经不见了，到处涂的是雅虎公司的标志色——紫色，很多墙面也进行了新的装修，被刷成了雅虎的颜色，上面有一个白色的大大的“Y”字，雅虎范儿已经铺天盖地席卷着3721的诞生地。

一个优越感十足、有着金字招牌的“高帅富”公司，现在被一个本土化的职业经理人接管。文化的冲击是根本绕不过去的，而员工的工作节奏势必要发生翻天覆地的变化，而这种变化必然包含着动荡和冲突，甚至势必会出现一些丑陋。但是，在经历了那么多职场和商场的动荡之后，我知道，丑陋的部分势必包含在一切革命之中。

雅虎，一个金字招牌，一个节奏不紧不慢的美国公司，要跨过心理上的那道坎儿，接受在中国市场上日夜拼杀的节奏，成为一个重新创业的中国企业，让所有的员工以创业精神重新工作，不会是一日之功。改造公司文化，让雅虎中国能够适应中国市场上的短兵相接和白刃相见成了我们的目标。

整合一开始就阻力重重，由于公司新的角色和新的定位已经和原来的大相径庭，雅虎员工的工作强度与力度也完全变了。雅虎的老员工逐渐感觉到，外企的那一套渐渐吃不开了，很多雅虎中国原来的员工选择了离开。

高管最容易成为公司并购中最先离开的人，雅虎中国也不例外。从最开始的拓展部总监张佳君，一直到副总陈建豪，不少原来雅虎中国的高层选择了离开。一直在紧紧盯着雅虎中国的最新动向的记者们，当然不会放过这些重要的信息，他们马上就对我开始了犀利的评判——“200人的3721收编了50人的雅虎中国。”

《环球企业家》发表了《雅虎门口的野蛮人》这篇文章，它在网络上疯狂流传，也颇代表了一些局外人观战的心态——

原雅虎中国的经理们陆续走人，而周不但掌印雅虎中国，也继续控制着3721。但据说，周只有完成一个难度不小的两年业绩目标，才能将1.2亿美元全部入袋。

很多人不理解为什么杨致远他们会如此信任并且高调地支持一个连英语都说不流利的“土鳖”创业家，同时他们也在观望，向来作风独断专行的周将如何跟他的前任兼现亚太区直接上司合作，以终止全球头号门户网站在中国的失败记录。

“我没有想要改变雅虎什么，我只是希望把雅虎原有的创新、积极主动、快速行动的部分放大，再加上3721的做事方式。”周鸿祎反复强调，“本土化并不是排斥海归。”

另一个记者在《周鸿祎斧凿雅虎中国》里更鲜明地表现了雅虎中国当时风格的改变——

周鸿祎确实改变着雅虎中国。按规则办事、小心求证的作风，转换成“为达目的不择手段”“要快、不怕犯错误”的信条。同时，雅虎中国开始摆脱以往单纯依靠广告的收入模式，网络实名和短信开始成为最大支柱。人变了、业务变了、文化变了，势必波及雅虎品牌。业内人士说，雅虎这个品牌已经缺少了以往高贵稳重的气息，开始同3721这个极端务实、是非缠身的名字联系在一起。不知道杨致远是否已经完全明了中国雅虎正在面对的转变，也不知道是否已经准备好以这样的转变来换取在中国的市场利益。虽然这样的市场利益并不确定是能够长期维系的。

在痛苦的磨合期里，到处都是本土文化和美国公司文化的冲突。可以说，公司内部的人事整合与文化整合，是雅虎并购3721之后最难熬的时光。我又喜欢直来直去，奉行不装不端的办事风格，所以注定了这是一项到处得罪人的工作。但环顾周围，中国互联网公司正在攻城略地，今天失之毫厘，明天谬以千里。我不仅有重塑雅虎中国品牌的沉重任务，还有实打实的利润考核目标，市场和总部都如猛虎一样盯着我。我考虑的，是怎样做对的事，而不是做一个面善心慈的“老好人”。我相信，文化的纷争是此消彼长的，我希望用一种创业的文化来洗掉雅虎中国的官僚气。

面对质疑，我在很多公开场合回答了大家的问题，我说：“雅虎中国的老员工走了不少，但是也有不少员工留下来跟我们一起共同创造雅虎中国的业绩，做得非常好。为什么会有人走呢？因为雅虎中国过去的文化和现在的文化确实不太一样，过去雅虎中国总部给的资源很少，没有资源做事，大家慢慢养成了一种慢慢做事的方法，现在这种方法对原来的习惯冲击太大，对很多人意味着要改变很多，这种改变很困难。我觉得我对他们做出这种选择很理解。不能说哪个更好，只能说哪个更适合你。有的人，因为不适合离开也很正常。”

并购协议刚刚签订不久，我们就迎来了2003年的圣诞节，刚刚结束并购，公司有着一种昂扬向上的心气是必不可少的。我带着雅虎中国全体300多号员工来到了三亚度假。当然，这是我希望借机鼓舞新公司士气的场合。300多员工聚集在海滩上吃烧烤、喝啤酒，彻夜狂欢。而我面对着大海，发表了致辞：“雅虎中国这架飞机马上就要起飞了,新的雅虎要有新的精气神和风貌,当然，我们也要做不同的事情，去改变这个世界。”

员工发出阵阵欢呼。

那夜，我和员工喝高了，我竟然在泳池边表演了浅池跳水，醒来一看，门牙掉了两颗。

新雅虎：发力搜索

2004年，雅虎在品牌广告方面的优势还无人匹敌。雅虎CEO塞缪尔显然已经感觉到Google的崛起。1998年，两个年轻又充满活力的小飞侠在校园里建立了Google的雏形，不但在硅谷掀起了一股充满天真烂漫的风潮，把公司打造成了一个童话世界，还用搜索这个崭新的科技颠覆了互联网行业。1999年，Google借着互联网的东风，顺利地从两家最大的风险投资公司KPCB（Kleiner Perkins Caufield & Byers）和红杉资本获得了两千多万美元，在互联网行业风雨飘摇的2001年，大多数公司都在艰难度日，而Google实现了盈利。

对于老牌互联网企业雅虎，毫无疑问看到了年轻的新秀Google对它的威胁，曾经有传言雅虎几次希望收购这家蒸蒸日上的公司，因此在2002年不惜一切代价收购Google，这是当时的雅虎重返荣耀的唯一方式。特里·塞缪尔曾经开价30亿美元的天价收购Google，但是这桩生意看起来没什么戏。佩奇和布林不是那种赚一笔就回家睡大觉的人，他们心比天高。

在探索商业模式时，搜索广告进入了小飞侠的视野。其实，后来被雅虎并购的Overture当时已经开始按照竞价排名的方式对搜索结果进行排名，但是 Google 看到了此种模式的弊端——这种“拜金主义”的排名方式最终会损害 Google 追求公平的精神。因此，最终 Google 采取的是后来众所周知的 Google AdWords 方式，就是在客观公正的结果的搜索页面右边，放上收费的关键词广告。而这个系统从无到有的创建，只有十几个工程师在做。这比雅虎和微软的效率高得多。

随着搜索广告对广告市场份额的蚕食，雅虎终于在沉睡中醒了过来，意识到必须和 Google 在正面战场上有一场战争。

这是一场关于技术的战争。塞缪尔在 2002 到 2003 年的强势布局，让世界看到了他希望夺回搜索之王的决心。雅虎总部在那年迅速地扩充着工程部门，工程师们夜以继日地工作，希望创造出一个震惊世界的广告系统，能够让后起之秀 Google 看到雅虎的追赶。当然，雅虎最终的决心是从丰厚的搜索广告里争夺一杯羹。

这是雅虎当时在全球的野心。然而，对于中国市场，雅虎在自己的领地日夜在搜索领域追赶的时候，却完全顾不上对于中国市场的搜索布局。当时 3721 有的是丰厚的收入以及稳定的渠道，搜索也并不在我的考核范围之内。按照合同的约定，只要我稳定地将 3721 的业务守住，并按照既有的业务线继续发展，考核会轻松完成，我未来的资金也会落袋为安。

但是，我那时只有 34 岁，心比天高。当我站在了雅虎的肩膀上，我的野心也最终转向了搜索上。经过了几年在中国市场上的摸爬滚打，我后知后觉地感受到了搜索引擎的威力，而我凭借程序员的直觉做了几年的 3721，终于认识到无论是我做的中文网址还是网络实名，其本质上就是搜索。因为后起之秀百度的出现，我醒了，并意识到了自己的局限。我相信，只要有决心，我借助雅虎的强大技术可以重回搜索领域，并占据半壁江山。

按照我们的收购合同，雅虎与 3721 的收购计划在两年内完成，雅虎先行支付总收购金额的 50%，余下的部分由雅虎中国的业绩而定。第一年雅虎中国要创造 1000 万美元的利润。如果完成，雅虎再付 25%，第二年中国需要完成 2500 万美元的利润，雅虎最后的 25% 交易才会完成。

而我刚刚接手的雅虎中国是什么状况呢？当时的雅虎中国落后了其他本土网站不止几个街区，当三大门户网站用海量的信息吸引着人们的眼球时，雅虎已经被养成“纸老虎”，无论是影响力，还是盈利能力，都无法和中国三大门户抗衡。

其实雅虎进入中国并不算晚，1998 年 5 月 4 日，雅虎开通其第 13 个非英语站点——中文雅虎，这是所有雅虎中文站点的前身，它包括雅虎香港、雅虎台湾和雅虎中国。这一年，四通利方信息技术有限公司和华渊资讯公司合并推出新浪网，网易也刚成立一年，搜狐刚刚推出搜狐网站。

据说，听到雅虎要来中国的消息时，张朝阳面临着选择，因为“太可怕了，雅虎都来了，还是把搜狐卖了吧”。他们甚至已经通过中间人沟通了 2000 万美元的价格。但是最终张朝阳还是放弃了卖公司的这个想法。事实证明，他的决策不错。

这个阶段，雅虎采用的是“自己耕耘”的策略，即完全以雅虎美国为主导（与方正合资更多是为了获取 ICP 牌照资源），任用中国职业经理人团队，执行全球统一的战略和商业模式。那时，雅虎的汇报体系对中国市场的不理解已经初见端倪。

和三大门户网站比，雅虎做新闻的方式显得“太弱了”。当中国本土的门户网站成千上万的网站编辑如同流水线上的蓝领工人那样海量地、没日没夜地生产新闻时，雅虎的网站编辑只有几个。雅虎全球做的目录分类的形式，在中国根本是水土不服。

当互联网泡沫开始在中国纷纷破裂之际，中国的本土互联网利用短信这根救命稻草跌跌撞撞地走出了困境，而雅虎在中国的团队得不到任何授权，错失了良机。更不用说，雅虎总部也在互联网寒冬里冻得要死，自顾不暇，根本没有精力照看中国市场。

我接手的雅虎，是一个在中国连第二阵营都排不上的互联网公司，既没有战略方向，也没有明确目标，管理层的频繁换血已经让雅虎中国的员工心情麻木，军心涣散。

在这种情况下，习惯当创业者的人都明白此时雅虎需要一场大刀阔斧的改革。雅虎和其他的本土互联网公司一比，基本上是落后五年的感觉。此时如果要追赶，只能是下决心“挥刀自宫”。[1]

我给雅虎定下了发展方向：第一，充分发挥 3721 的渠道和流量优势，优先发展搜索；第二，着力发展雅虎邮箱，推动雅虎的电子邮箱在中国取得与之相匹配的优势地位；第三，瘦身门户，着力打造几个重点频道，不和三大门户网站正面交手。

当然，做搜索是我内心最大的目标，我开始了向总部游说的第一步——不在雅虎中国的页面上强化搜索，而是要建立一个完全独立于雅虎的单独的搜索品牌。这意味着这个新的品牌，要有自己单独的网站和 IP 地址。

我一抛出这个想法，总部的反对声纷至沓来。“周鸿祎疯了吗？放着好好的雅虎品牌不用，却要从零开始？”我的想法，如同往平静的湖水里扔进一块巨石，把那些反对的水花都弹射了出来。

出师，并不顺利。

[1]2004 年 3 月，周执意请回了曾经在 3721 工作两周后来去了 263 的田健回到雅虎任职。根据胡欢的回忆，因为田健在 3721 的一些经历，胡欢强烈反对田健来到雅虎中国工作。她甚至和周在某个大楼的台阶前争执了起来。周说：“靠一己之力，公司做不起来。”而周对此的解释是，田健确实还是有才华、有销售能力的，也有管理能力。周还是比较爱才，也不计前嫌，所以请他回来了。

痛苦的沟通 “一搜”的出生

之所以执意要开辟一个独立于雅虎的搜索品牌，是因为我是定位理论的忠实信徒。

定位理论是美国营销大师艾·里斯和杰克·特劳特于 1972 年提出的，当时他们写了一系列名为“定位时代”的文章，刊载于美国专业期刊《广告时代》上。后来，《定位》这本书提出了“有史以来对美国营销影响最大的观念”——对品牌进行定位，并且陈列了很多和直觉相反的常识。

其中最让我震撼的观点并不是作者提出的每一个品牌都要集中火力于狭窄的目标——细分市场，而是对于品牌延伸陷阱的阐述。所谓产品延伸，就是大公司习惯把一个知名的产品用在一个新产品上。比如，施乐的复印机成功了，施乐就把自己的品牌延伸到了计算机产品上，结果惨败而归。比如，大众汽车将已经成功的微型车品牌大众延伸到大型车上，导致 1971 年大众汽车的市场份额跌了 24%。

定位理论创始人，用无数类似的例子和历史经验来证明，一个知名品牌开创一个新的产品，应该启用新的名称。当然，这和我们的直觉是相反的，因为新产品搭上已有的知名品牌，看上去理所当然，节省了很多营销成本。

而特劳特也意识到了这个反直觉的问题，他说："品牌延伸，让新的产品在人们心目中没有自己的独立位置，还会让原来品牌的地位模糊不清，结果往往是灾难性的。"

在人们凭借直觉，把知名品牌搭载在新产品上时，第一幕往往是早期效果的幻觉，第二幕的高潮是贪婪和对无往不胜的向往，第三幕往往就是品牌被模糊掉，公司整体市场份额下跌的冷酷现实。

"就像一个过度膨胀的星球，品牌最终会变成一个燃烧殆尽的空壳，在营销上规模巨大，却不堪一击。品牌延伸之所以祸害无穷，是因为这种疾病潜伏好多年才会发作，是一个缓慢而不易被发现的过程。"事实上，《定位》后来成为美国商学院的教材，定位理论掀起了第三次生产力革命。

《定位》这本书用无数真刀真枪的案例来阐述一些知名品牌，因为不懂营销陷阱而导致公司开始走下坡路的血的事实。应用于雅虎在中国的搜索，我马上想起这应该用一个新的品牌来和百度竞争，而让雅虎停留在门户网站的概念上。

为了给雅虎的独立搜索品牌起名，我绞尽脑汁。但是，总部的强烈反对声还在延续。

"雅虎已经有这么好的技术和品牌了，而你竟然要建立一个全新的搜索品牌，你疯了吗？"

"这需要重新投入多少营销费用？"

"雅虎做得好好的，当然要用雅虎的品牌，我们毕竟是全球第一的互联网公司。"

总部反对我用独立的品牌打造中国雅虎的搜索产品。碰撞自此开始露出了端倪，我和我单恋的雅虎，甚至还没有来一个轰轰烈烈的"蜜月期"呢，就已经开始争吵起来了。直到这个时候，很傻很天真的我才恍然大悟，作为一个职业经理人，我想在这个平台上实现自己的理想，真的是想多了。

雅虎看中的只是 3721 的流量和良好的财务数据。在众多艰难的沟通中，我逐渐领悟到，雅虎这次对 3721 的投资，充其量算是一次财务投资，而不是一个战略的豪赌。纵观雅虎历史上那么多次巨额的收购，1.2 亿美元，对于这家充满荣耀的公司来说，的确不算什么。对于在中国的发展，他们抱着比较保守的态度。

我终于体会到了跨国公司在中国的种种水土不服。那种巨大的文化差异让沟通变得极为艰难。种种不适症已经开始显现了，我们之间是一场场"土鳖"与"高帅富"之间的鸡同鸭讲。

在沟通无果的情况下，我决定用 3721 的拨款来投入做搜索的前期建设，雅虎的总部在不给资金支持的情况下，终于默许了我的方向。当然，在不投入资金的情况下，这对于雅虎来说，是个旱涝保收的结局。

我开始给独立的搜索品牌命名。我最初想到的品牌再次让总部哭笑不得。一个中文听起来挺可爱的名字"搜搜"，总部那边却觉得匪夷所思。Soso 翻译成英文就是 Just so so——还凑合的意思。堂堂的雅虎，不可能让自己的孩子起个名为"凑合"。总部不同意用这个名字，虽然那些美国人可能一辈子也不会用到中文搜索。在"搜搜"这个品牌被驳回的时候，我遗憾地想："雅虎这个名字，不也是粗俗的意思吗？这不比凑合还糟糕吗？"

的确，Yahoo 在英语世界里也不是一个高大上的名字。1995 年的某天晚上，杨致远和雅虎的另一位创始人大卫·费罗也曾为了公司的名字苦苦思索。费罗想起他小时候，他爸爸总是叫他"Little Yahoo"（小粗汉）。

他们查看词典中 yahoo 的解释，发现这个词出自斯威夫特的小说《格列佛游记》，指的是一种粗俗、低级的人形动物，它具有人的种种恶习。很显然，这个词有点不雅。但他们转念一想，把公司起名为 Yahoo，虽然有点开玩笑，但是自嘲自讽的作风盛行于网上，选择这个名字会显得与众不同。于是，他们一致决定将公司命名为 Yahoo。为了增加褒义色彩，他们还特意在 Yahoo 的后面加上惊叹号，以表示发现"野人"的吃惊，即"Yahoo！"。

这个名字显示了雅虎早期的小飞侠特点。十年已过，雅虎变成了庞然大物，当年的天真也许已不复存在。我叹了一口气。

在否掉我最理想的"搜搜"之后，我又想出了一个名字——"一搜"。想出这个名字我很得意：一方面，一搜是容易搜索的意思，潜台词是一搜什么都有了；另一方面，一搜拼音的第一个字母是个大写的 Y，和雅虎的第一个字母 Y 正好形成呼应，正好可以表明它也有着雅虎紫色的血液，是雅虎家族的产品。

“一搜”这个名字一经敲定，一些闲言碎语就来了。“那个一是周鸿祎的祎”。我也管不了这些燕雀之声了，对于一切的一切，发展才是硬道理。我面对的是每天都在跑马圈地、你死我活的中国互联网发展格局，一日千里，却又必须谨小慎微，雅虎中国此刻，只能是心无杂念地向前冲了。

为了避开和百度、Google 的正面竞争，我对“一搜”有了新的定位，那就是主打 MP3 搜索。这也正是定位理论所提示的——“跟随者的定位”，对于跟随者来说，跟风发起跟风产品，绝对不是好的策略，因为好的品牌已经在消费者的心中占据了统治地位，这种地位一时间很难挑战。新的公司只有在大公司的业务机构里寻找薄弱环节，跟随者才有厚积薄发的可能。

我当时发现，音乐搜索在市场上还是一个薄弱环节。用户在搜索歌曲的时候，可能心里并没有一个指向，不是关键词驱动。因为他们并不知道自己想搜什么歌曲。这个时候，歌曲排行榜的作用就显现出来了，当我们通过排行榜来推荐歌手、歌曲时，用户的积极性很快就显现出来了。我可以看到流量的上涨。

后来雅虎北亚区副总裁卢大为在接受采访时说：“从我认识他第一天到现在，他对互联网的热情很高，他做很多事情并不为他个人利益，这是我很欣赏的。”

确实，我当时并没有过多地考虑怎么把 1.2 亿美元全部套现的事情。本质上，我还是在创业。

让我欣慰的是，单独做搜索品牌，已被历史证明是个非常正确的决策。后来新浪推出了搜索叫爱问，搜索推出了搜狗，腾讯最终使用了搜搜。而 MSN 是在这方面觉醒得最晚的一个，刚开始微软绑定的搜索品牌叫 MSN Search，后来这个策略并不成功，微软的用户被搞晕了。后来微软改变了方向，在浏览器右上方推出了 Windows Live Search，这下用户更是晕头转向。一直到最后必应(bing)的出炉，微软才迷途知返，从弯路上绕了回来。这个时候，微软再奋起直追已经非常费劲，Google 已经将搜索的烙印深深地刻在了人们心中。

“一搜”产品发布会上

层出不穷的冲撞

几乎连个温暖的蜜月期都没有，我和雅虎已经有了同床异梦的倾向。我信奉“士为知己者死”的道义，每天为雅虎殚精竭虑。面对市场的瞬息万变，我每天是“夜阑卧听风吹雨，铁马冰河入梦来”，那时的我简直是一个对雅虎充满幻想的青春少年。而雅虎总部有一股“天下谁人不识君”的、不可思议的乐观，雅虎总部和雅虎中国充满疏离和难以沟通的障碍。

我处在一个非常典型的外企职业经理人的尴尬位置上，直接面对的是美国文化和中国文化，以及两种文化格格不入的冲突。在这种位置上工作，沟通成本基本上是“黑云压城城欲摧”。你明明知道这种方式可以玩得转，但是对方就是觉得不合逻辑；对方提出一套自认为应该可行的方法，但在你听来无异于自毁前程。双方充满了鸡同鸭讲的对话，一切都慢慢地开始变得很滑稽。

刚刚推出“一搜”时，我意识到必须在中国市场强力地树立这个品牌的知名度，用速度和力度去占领市场份额。但是品牌的推广应该和品牌的内涵一致，才能给用户留下深刻的印象。

当时中央电视台最火爆的节目是王小丫主持的《开心辞典》，这是一个答题类的益智节目，相信很多人都看过。“你确定吗？”是王小丫非常经典的提问方式。选手们答题，如果遇到不会的题，有几种寻求帮助的方式，一种是向现场观众寻求帮助，一种打给自己的亲戚朋友，还有一种是去掉一个错误答案。

我想，如果能把“一搜”嵌入到《开心辞典》里，肯定能对搜索品牌有个提升。我们可以把其中一种寻求答案的方式变成到“一搜”里搜一搜，选手在答题时，屏幕上会出现我们的搜索框，选手通过搜索找到答案。这是一种多么天衣无缝的贴合的宣传方式。这种品牌推广方式应该可以发挥很好的效果。我为自己想到的这种方法感到得意。

我们需要500万元的推广费用。按说这并不是一个天文数字。可是这500万元始终批不下来。原因是，总部既不知道《开心辞典》是什么，也不知道“王小丫”是谁。就这两个对于中国人简单得不能再简单的问题，我一次一次地递交着报告，解释这个节目是怎么回事、解释主持人是谁。

然而，总部始终未能理解，最终也没有同意。

事实证明，在互联网行业，时间比金钱重要。今天错过了这个重要的时间，明天就要花一百倍的精力去弥补。雅虎总部始终抱着省钱的想法在中国过日子。别人的千军万马都杀过来了，我们怎么能坐以待毙呢？

不仅仅是关于“一搜”的想法不同，另一个让矛盾层出不穷的点是关于雅虎邮箱的运营。

雅虎邮箱是当时世界上最大的电子邮箱提供商，拥有1.25亿用户。本来是一个很好的品牌，但是一段时期之内在中国却没有什么发展，员工们似乎还浑然不觉。

雅虎的早期充满了外企风范的会议，员工们提着电脑，播放着PPT，然后讲着充满逻辑的官方语言。总体的风格，先是一大堆眼花缭乱的数据，然后说我们要在哪里进行Market Campaign（市场推广），最后是几个广告创意。你要是人在现场，很容易被这些流程洗脑，甚至被这个范儿给唬住，觉得这些计划天衣无缝。但是我一听这些天花乱坠的数字和广告计划，唯一的感受就是气不打一处来！

有一天，我就爆发了，我说：“大家做的这些PPT很漂亮，但是在做这些市场活动之前，你们自己能先注册一下雅虎邮箱吗？你看，如果用户要注册一个新邮箱，要花多少时间？雅虎邮箱，现在所有的注册名ID全球共用，一旦@之前的用户名被注册了，中国用户根本注册不了。我相信，你试了五次还是注册不了一个邮箱，用户连一个注册流程都走不完。人家就走了！”

我说完这些话，会议室里一片寂静。无论坐在什么位置上，挂着什么头衔，我永远是公司的首席体验官。作为一家技术公司，别的都是虚的，用户体验才是首要的。而这里的很多人还无法放下身段，站在一个高高在上的角度沉浸在自己编织的世界里，似乎从来没有从用户的切身感受来为用户所想。

雅虎当时遭遇了很多糟糕的用户反馈，其中最多的就是雅虎邮箱很难注册。雅虎坚持全球统一的ID注册，这让很多用户打算注册的ID已经被其他国家的用户捷足先登。如果不改进，雅虎邮箱根本不可能吸引中国用户。

我和雅虎总部提议，能否用修改系统注册的规则，让中国的用户不受统一ID系统的折磨。但这又是一场无休止的拉锯战。对于并不了解中国市场特殊性的美国公司总部，美国同事露出一脸无法理解的表情：“为什么全球各个市场都没有那么多幺蛾子，唯独中国市场总是给我们提出头疼的问题？”

雅虎的技术产品实行的是中央一体化，具体到雅虎中国的产品，总部希望仅仅汉化一下界面就可以了。如果中国有任何有关雅虎技术改进的重要建议，必须先得到总部认同，并且由总部的工程师来完成。任何雅虎产品的开发和改进，也总是先在美国、欧洲城市贯彻，轮到中国市场，那不知道要等多久。

我经常做一个比喻：“我饿了就想吃碗面条，他们会说，鸿祎，你别急，我给你做个满汉全席。等他做好了，我已经饿死了。”

像无数败北的跨国互联网公司在中国的命运一样，这些公司在市场上不断地试错。其中的磨合之艰难困苦，只有亲身经历的人才会懂得。

在总部不想改变原则的前提下，我提出可否用“加一点”的方式来解决注册难的问题。比如，如果Hongyizhou@yahoo.com.cn不能注册，可否让用户在用户名那里加一个点，变成Hongyi.zhou@yahoo.com.cn解决这个问题。总部终于妥协了。

这个提案好不容易博得了总部的认可，却遭遇了雅虎中国的一些老员工的“非暴力不合作”的态度，尤其是一位年轻的老雅虎工程师，他忽略我的指示。这位姓谢的工程师直接告诉我：“加一点这个事情，技术上做不到呀。”我顿时有点不高兴，那种感觉就是，我们在一个战场上打仗，我让你去冲锋，你却说，我做不了呀。

我耐着性子说：“我和别的老板不一样，我是一个懂技术的老板，你和我说说，技术上怎么办不到？”

对于这种不合作的员工，作为创业者多年的我，本能的反应是将他开掉。

但是开掉他的某一天早上，我刚刚上班，就接到了雅虎总部人力资源部一封措辞严厉的邮件。

> 鉴于 ××× 员工的投诉，我们近期要对你进行一系列的调查，雅虎公司的原则一向是让员工快乐工作，我们要通过调查来了解你是否已经违反了这项原则，影响了雅虎中国员工的工作范围和工作情绪！

这对我来说挺滑稽的，这也是我在所谓外企工作的全新体验。原来，你连开掉一个你想开掉的员工都很难，又何谈大刀阔斧地进行业务拓展？那个员工后来不但没有被开掉，还被调到了北美的雅虎总部去工作，算是“因祸得福”了，只剩下我在那里哭笑不得。

北亚区的人听了我的阐述，还是一如既往地采取和稀泥的方式，安慰我、鼓励我，但是这不能解决任何实质的问题。当时还在努力学习英语以适应这高大上外企风的我，终于懂得了人们为什么把夹心饼干的感觉说成三明治，那感觉真和夹在两片面包中的一片可怜的肉差不多。

这是我一个人的战斗

在外企里浸润了一段时间，我终于明白，很多人在跨国公司里工作，首先想的就是明哲保身。人们彬彬有礼地在邮件里踢着皮球，用非常礼貌、文雅的英文相互推诿责任。在年终聚会上，大家做出一堆眼花缭乱的 PPT 来麻醉自己，整个团队都像是生活在《皇帝的新装》里，毫无地气可言。

在外企里，大家只要能够保住自己的位置，尽量少得罪人，就是一种成功。

雅虎的外企基因，决定了它在中国市场这种你死我活的氛围中前行很艰难。尤其是对一家互联网公司来说，品牌的优势微弱极了，在人们用脚投票的环境里，产品不好就意味着毁灭。

在这种环境里，我承认我感觉到有点孤独，但是，这毕竟是带兵杀敌的现场，我不能把它弄成我一个人的战斗。我要提振士气，我也不能怕得罪人。

我在雅虎开策略讨论会，参会的都是雅虎的中高层干部，我发现每个人都拿着笔记本电脑，一边在噼里啪啦地打字，一边开会。每个人都不知道在干吗。也许这里并没有不尊重的意思，但是这可能是雅虎长期以来形成的氛围和习惯。当时并不是每个互联网公司都能够让每个员工拥有笔记本电脑，但是雅虎做到了，但这也形成了领导在上面讲话，员工在下面收电邮的习惯。

我很不能容忍，因为我完全看不出一种冲锋陷阵的气势。我不耐烦地对大家说：“雅虎公司确实很伟大，但那是在美国。大家都看到了，雅虎中国做得很烂。以后开会我们就是要非常有效率地讨论战略。你们能不能把笔记本合上，谁要是不想合上，我就把笔记本扔到窗子外面去。”

我的领导风格就是这样。虽然肯定不是最好的，但我希望是最有效的。员工纷纷把笔记本合上了，开始向前看。我们的会议开始真正地讨论事情了。

2004年年初，Google有意进入邮箱市场，这个传闻让雅虎总部夜不能寐。这倒不是说 Google 对所有接触的业务都有点石成金的能力，而是有传言说 Google 将推出 1G 的免费邮箱，让容量达到雅虎当时免费邮箱容量的 100 倍。按照克里斯·安德森的《免费》一书描述的——

> 如果 *Gmail* 邮箱真要提供 *1G* 的免费存储空间，那么雅虎想比肩的话，对公司而言是一件很可怕的事情。
>
> 会议室的白板上画满了各种表格。他们计算了存储器的成本，还好这项成本在不断降低；他们还计算了对存储器的预期需求量，这显现出了一个经典的长尾曲线。

邮箱是兵家必争之地。面对着 Google 的新行动，我在中国率先跟进，迅速地推出了 1G 容量的雅虎邮箱。另外，我携多家网站推出“邮件联盟”，迅速引爆了中国邮箱的 1G 时代。这曾经给邮箱做得最好的网易相当大的压力。随着扩容战略的推出，雅虎邮箱很快抢占了中国邮箱市场第二的位置。另外，我想做的事情是将雅虎邮箱和雅虎的即时通信工具 messenger 打通，这样用户可以在看邮件时实时聊天。

但是，实现快速奔跑的愿望总是那么难。推进的每一件事，都是阻力重重，尤其是当我们面对总部的迟缓决策时。我在此过程中感觉到格格不入，还闹了不少笑话。这正是因为并没有一个人替我去战斗。

2005 年，我带着几个网站的总编辑去硅谷参观。我想，去的话要和总部的人套套近乎，送一些礼物。我当时去高碑店买了不少仿制的明清木雕，一个一个地装好带上，算是送给美国人的见面礼。我当时有很多问题要和美国人去沟通，比如各个业务线怎么继续向前发展，来年的预算怎么办，王小丫的节目要不要投。

但是到了美国，我傻眼了。我一个一个部门地拜访他们，送木雕，做交流。每一个部门的人都对我特别客气，但是我提出要求，让别人拍板做决定的时候，却没有人为我出头。最糟糕的事情是，这种氛围是在表面很民主的氛围之下形成的。雅虎内部提倡民主，任何一个小的策略，一个资深工程师反对，这事就不能做。

塞缪尔就是一个典型的凡事不爱表态的 CEO，我在总部的办公室见到了帮助雅虎购买 Overture 的塞缪尔，他意味深长地看着我："鸿祎，我看你太冲动了，不够成熟。你呀，凡事应该少发表意见，你要懂得让下面的人去做决策。"

我想到了我刚刚见过的 COO 的样子，那人的工作状态和骡子差不多。每天只睡几个小时，从一睁眼就开始开会，每个人见他的时间都只有几分钟。时间一到，下一个人就风风火火赶到他面前汇报工作，而他呢，整个人面色憔悴，体能透支。我心想，让下面的人做决策——这不是坑人嘛。市场等不了，尤其是中国市场，更等不了。而 CEO 自己不做决策，在我看来，这简直是太疯狂了。我考察了一圈雅虎的风格，心里很发愁，每一件事情都需要极长的决策时间，但是轮到中国问题呢，却没有人做决策，大家都要问 Jerry（杨致远）。剩下相关的人都在那里当和事佬。

我心里郁闷到极点了。看着办公室里的一团紫色祥云，我内心倒吸了一口凉气："这家公司要完蛋了吧？"

初现峥嵘

明明是公司的事情、公司的未来，因为我总是希望不断地推动事情的前行，总是去和总部拍桌子、争吵，导致我在总部落下了一个坏名声，最后我自己也感到心力交瘁。

中国媒体采访我的时候，问我："你亲手创立了 3721 公司，又把公司卖给了雅虎，从创业者到职业经理人的转变，你最大的感受是什么？"

我习惯在采访的时候给记者干货，还喜欢用比喻的方法来描述我的感受。我说："雅虎呢，是杨致远的孩子，他是生父。现在在中国市场，我也不能说是干爹，我只能说，我充当的是一个教父的角色。"

谁知道，"教父"这个词，在英语语境里有"黑手党"的意思。美国总部每次发篇新闻稿，都要改无数次，一直改到新闻稿里全是废话，没有任何信息量的时候才会发。而雅虎总部对我在采访中的表现也不是很满意。

到硅谷访问的时候，我见到了雅虎法务部门的头儿，一个戴着小眼镜的白人，目光犀利得如同一条蛇，他见了我就问："你为什么总是制造那么多麻烦！我手下的律师投诉你，说你自称雅虎的教父。"一直从好莱坞电影里学习英文的我，一时不知道该怎么回答，本来我就对他的律师团队一直以来的处处刁难极度不满，这时更加口不择言，我想起了我最喜欢的电影《肖申克的救赎》，当时我一方面怒火中烧，一方面口不择言，选择的是“Your fucking lawyers try to fuck me”。现在想想，真是没有留过洋的“土鳖”的冲动，现在我很后悔。

可想而知，我这相当于在说脏话，当时这位小眼镜气坏了，那毒蛇般的眼睛露出凶狠的光。可想而知，当时他马上报告了总部，总部又找来北亚区的负责人来质问我，让我解释为什么竟然讲 fucking 这样的词。我实话实说：“我是看碟学的英文。”

这件事情就这样过去了。但是过了几年，我听到了一个让人哭笑不得的消息，雅虎的女 CEO 卡罗尔・巴茨在 61 岁时临危受命，接替杨致远成为雅虎 CEO，希望能够带风雨飘摇的雅虎走出困境。而她的一大特点，就是喜欢使用美国的国骂。巴茨上任不久，就下令严禁商务秘密外泄。她警告说，哪个员工胆敢这样做，就“他妈的把他踢到火星上去”。网上流传的一篇巴茨对员工的讲话稿，其中巴茨说要尝试新的营销策略，要让所有人不再忽视雅虎，而那个新的战略就是用说脏话的方式，让雅虎重返媒体的头条。她还号召“每个雅虎员工都尽其所能地使用脏话，不仅在公司如此，在跟客户、合作伙伴一起出席外部会议时也要如此”，她还奖励在外面说脏话最多的员工。

看了这条消息，我乐了。我就是没有赶上好时候啊。

在一个人和一个官僚机构的对抗中，矛盾升级是必然的。随着 2004 年中国互联网的复苏，可以看出当时我卖掉公司其实并不是一个好的选择。雅虎做的是相当成功的一笔交易。经过一年的浴血奋战，雅虎中国取得了不错的战绩。

雅虎中国在中国市场首推了 1G 邮箱，成为第一个扩容邮件的中国互联网公司。除此之外，我把邮箱注册流程变得很简单，用户量增长得很快。而其他的公司都被我打蒙了，丁磊门前也被我“烧了一把火”。不过不打不相识，我因此和丁磊成了朋友。除了邮件扩容，我们向联众、当当等多家知名网站提供以各家品牌为地址的 1G 邮箱服务。虽然没有要品牌，但是这让我们的邮箱总量一跃成了中国第二。

在即时通信方面，QQ 具有先发优势，在当时基本上已经垄断了市场；而 MSN 当时的策略是锁定白领阶层，占领了另一部分市场。很多人都有等待一个小蓝人亮起来的经历，它们是第一梯队。而雅虎通、新浪 UC、网易泡泡则属于第二梯队。对于 messenger，我采取的是做小的方式，即时通信工具和邮件打通了。而我们又和边锋、联众、浩方等游戏公司合作，让他们在游戏界面里可以通信。这几家拿下来，我们即时通信的规模已经不亚于当时的腾讯。

对于门户的策略，我认识到以雅虎的人力，与三大门户网站死磕是不现实的。新浪当时已经深得网民的心，海量新闻的推送，即时新闻的轰炸，形成了第一门户的影响力。搜狐和新浪比较接近，而网易则定位于时尚、娱乐。尽管雅虎从出生开始就钟情于门户，但是我认为，在现有的资源条件下，雅虎应该“有所为、有所不为”。我砍掉了很多频道，而重点保留了房产、汽车、娱乐几个频道，主要面对白领。另外，我把一些频道外包给了 E 龙网，双方进行分账合作。我依然是定位理论的亲力亲为者，认为新浪就是中央电视台，而雅虎则是凤凰卫视。

当然，我最欣慰的还是新的搜索品牌——“一搜”，以音乐搜索为入口，我们的搜索有极简化的一站式入口及搜索结果页面，不受任何广告干扰，没有人工干预，可以搜索全球 50 亿网页，支持 38 种语言。

“一搜”一经推出即获成功，短短几个月，流量涨势飞快，搜索的势头发展不错，我相信，有朝一日它完全有可能成为中国的第一。我拿 3721 的钱来养活这个孩子，总部最终采取了睁一只眼、闭一只眼的态度。

从历史的角度来看，这是雅虎中国的巅峰时刻。收入达到 4000 万美元，盈利突破 1000 万美元，并在中国市场上首次实现了盈利。尽管成绩单已经完全亮瞎双眼，但是痛苦的沟通已经让双方损耗巨大。我们拍了无数次桌子，吵了无数次的架，在分歧中左奔右突。在整个过程中，我参透了很多道理，在外企工作，最大的成本不是别的，是沟通。如果不实行强势风格，那几乎是什么事情都推行不下去。而让我感触最深的一件事情，就是对中国市场，雅虎的眼睛只是死死地盯住了收入和利润，并没有更多的战略考虑。

我觉得，我是从战略方面来布局雅虎的，我觉得没有人比我更爱雅虎了。

矛盾升级 情困雅虎

第一年的业绩完成了，我得到了并购金额的 25%。

2005 年的业绩要求是 2500 万美元。难吗？不难。只要按照既有的业务线推进，完成这个目标不算难事。但是互联网行业一日千里，停滞就等于死亡。当然，我希望雅虎能按照我的方式进行战略布局，但布局就意味着投入。

按照惯例，我给雅虎总部提交了 2005 年度的预算。在预算里，我请求总部允许我扩招队伍，先不考核利润指标，以便我能腾出手来做好搜索和邮箱。我希望雅虎再投入 500 万美元用于“一搜”的开发，另外，再给 500 万美元用于中国市场的推广。

第一年的业绩水平，我希望向总部证明的只是一点：Yes, I can. 我想，有了信任作为基础，雅虎总部应该可以让我放开手脚大干一场。但当年的我，实在是很傻很天真。对于一项财务投资来说，按期赢得回报才是重中之重。谁真会在乎中国战略？

最难受的是，预算批不下来，而且没有人和你真正地交谈。即便拒绝，也应该有个人坐下来和你聊聊想法，说说拒绝的理由，这样也是好的。但是总部的人根本就不想谈。我年初去美国，去找法务，找财务，但是他们的态度都是，我们就按照合同来，绝不可能通融。

所有的人都和你打哈哈，都不谈切合实际的问题。我需要的是答案，是能不能做，而他们认为能不能做必须得先讨论。问题是很多人都没有到过中国，也不了解中国的实际情况，根本决定不了。

我承认我一直没有找到和美国员工沟通的合适方式，在中国可能我们拍着桌子吵一架不管怎么样总能吵出一个结果。但是面对这种表面彬彬有礼、实则打太极的方式，我经常感到莫名其妙，最后的结果也往往是无疾而终。这让我经常是有火都不知道冲哪里发。你很难想象，雅虎这样一家公司在每个关键的判断上，都是选错误的选项。

除了预算问题去美国，我当初还有一个重要的布局，那就是让雅虎进入安全领域，给雅虎的用户提供更安全的上网服务。是 3721 时代的强制安装给了我教训，我把 3721 变成工具条，并且可以自由卸载。我把 3721 上网助手变身为和网络安全有关的上网工具，让小白用户可以清理系统 IE 和系统垃圾。

当时《免费》一书还没有出，但是用免费的方法获得互联网用户，我已经感受颇深。我的愿望是杀毒厂商提供一套免费的杀毒软件，跟 3721 上网助手捆绑在一起推出。当时最大的杀毒厂商金山、瑞星、江民都还如日中天，每年通过卖杀毒软件收入已有好几个亿。一听我的想法，总部认为我疯了。对于他们来讲，好好的商业模式要免费就是“自宫”啊。

赚钱的杀毒厂商都不想“自宫”，只有卡巴斯基表现出了一定的兴趣。这家总部位于俄罗斯的杀毒厂商于 2002 年进入中国，但是始终在强手如林的杀毒市场上打不开，只是在一小撮小众用户里受到欢迎。我找到卡巴斯基大中华区总裁张立申，对他说：“你看你和雅虎合作好不好，反正呢，你在中国也打不过瑞星、金山和江民，还不如和雅虎做免费推广，先把知名度做上去。”

张立申来自香港，皮肤黝黑，戴着一副黑边眼镜，眉毛特别粗，嘴唇略厚，看上去是一个很斯文的商人。但是他说话的时候声音非常低沉，加上浓重的港台腔，偶尔会让人听不清楚，因此听他讲话就要特别认真。

对于合作，张立申表现出犹豫，但是我提出补贴几百万元，作为使用卡巴斯基杀毒软件的补偿，最后双方风险共担。卡巴斯基答应了。

我去美国的任务之一，就是向高层陈述我的战略：雅虎中国将进入网络安全领域，帮助用户排除木马，保证通信安全，把雅虎打造成最安全的互联网公司。

我满心热忱，但总是遭遇冷漠。雅虎总部的人听到我的想法，总是觉得太疯狂，有人说："雅虎可是世界第一的互联网品牌，为什么要和这样边缘的公司，在这么边缘的领域里瞎耽误工夫？"又有人说："雅虎是那么好的牌子，我们这么做，不是在帮别人免费推广品牌吗？这样做的意义是什么？"

为的当然是帮助雅虎在中国立稳脚跟，建立品牌知名度。但是雅虎要不就是无暇顾及中国市场，要不就是真的不想在中国有所作为。雅虎把这个合作叫停了。

一切的一切都变得越发困难，相互的敌意与怨恨也随着时间的推移在慢慢累积。3721 与雅虎最初的联姻，其实就像是两个价值观完全不同的人，凭借着最初的热情，或者在慌乱中用潜意识选择了权宜之计，盲目地走到了一起。而我又像是那个满腔热血地出发的人，为了雅虎，我牺牲了大量与家人在一起的时间，每天用 18 个小时以上的时间工作，无数次飞往美国，去做无谓的为雅虎中国争取利益的努力。每次心里都是伤痕累累。我意识到，雅虎已经是一家自认为伟大的公司了，它永远不会再有一个初涉江湖的小公司那种与生俱来的不安全感和天生的茫然。这就是我与雅虎之间格格不入的本质所在。

我的内心，从小就有英雄主义情结，总是梦想在江湖上留下侠士的名字，救人于危难之间。因此，我对利益看得没有那么重，反倒对行走江湖、改变世界更感兴趣。而在运营雅虎中国的一年多里，我就像练就了一身武功，攒足了所有的力气，却被戴上镣铐锁进了黑洞的人，什么本事都施展不开。

终于有一天早上，我醒来，疲倦极了，不断负伤和不断疗伤这个循环，我想，应该结束了。

我知道一切都应该结束了。在雅虎继续工作，只能是无谓地浪费感情。我看上去外表完整，甚至还斗志昂扬，仿佛还可以在江湖上冲冲杀杀。但是我已经有了内伤，而且伤痕累累，雅虎也根本无法实现我称霸江湖的野心。

2005年的雅虎中国，需要的不是一个耳听八方、野心勃勃的将士，而是一枚言听计从的棋子。

2005年5月，我在硅谷提出了辞职。

富贵非吾志。但知临水登山啸咏，自引壶觞自醉。

此生天命更何疑？且乘流，遇坎还止。

我竟然第一次有了归隐之心。

雅虎后续——跨国公司在中国发展的种种困境

即使今后亡命天涯，我也不想再经受雅虎的折磨了。在我的一生中，也从未有像离开雅虎时那么疲倦过。

雅虎总部提出了几种方案，按照当初的并购协议，我完成了第一年的利润指标，但是第二年我决定辞职，因此如何分配剩下的并购金额需要一个方案。最终，雅虎考虑再三，给了两种解决方案。其中之一是，我和我的团队留下，以收购金额原价为标准作为我在雅虎的股权所得。但是这意味着 3721 的投资者利益将被牺牲掉。我不能同意这样的方案。几经商讨，最后，杨致远决定，支付 9000 万美元，我们和平分手了。

没有任何一段经历会是白费的。在雅虎中国的日子，让喜欢统率三军的我其实也成长了很多。这段日子，无关对错，而是暗合了跨国互联网公司在中国发展的起起落落。进入一个新的市场去学习需要漫长的领悟和时间，就像中国公司去美国发展，也一样会栽不少跟头一样。而我，终于感觉到了，我最终是不适合当一个职业经理人的。因为职业经理人的终极目标，就是把一切既有的决定执行好。创业者虽然很艰苦，但最大的好处是可以自己做决策，自己左右公司的命运。

很多跨国互联网公司初入中国，都经历了交学费的过程。这些公司都会面临一个共性的问题，那就是选择市场，还是选择血统。当巨头们纷纷来到这片不熟知的市场，它们往往自视血统高贵，希望以居高临下的姿态和惯常的手法来统治这个市场，之后通常都会遭遇惨痛的市场检验，摔了跟头之后它们才知道，高贵的血统不能放之四海而皆准。它们起初会对中国市场不信任、不放权，到最后才恍然大悟。

eBay 是除了雅虎之外的又一个典型例子。eBay 在 2002 年通过收购易趣网早于雅虎正式进入中国市场。当时这个重磅消息震惊了中国互联网。

“2002 年 3 月 18 日，eBay 投资 3000 万美元现金，获得易趣 33% 的股份，并借此进入中国互联网市场。突如其来的消息，震惊了业界。正如一业内人士所说：中国 C2C 市场上担心已久的事情终于发生了。”媒体这样形容 eBay 的到来。

早年 eBay 的女 CEO 惠特曼是那样野心勃勃，她对外界表示，18 个月中国市场必须拿下。我还记得当时易趣拿着 eBay 的资金在各种渠道上进行广告轰炸。最绝的是，它与大型门户网站签订的都是独家广告协议，意味着那些网站不能接受同类型的网站广告，比如来自淘宝的广告，否则易趣要对这些网站进行高额罚款。

面对彪悍的对手，当年的淘宝还力量单薄。面对来势汹汹的竞争，马云采用的是农村包围城市的方法，在无数的个人网站上投放广告，同时，公交车和地铁也开始出现淘宝网的网站。当然，广告战并不是最终决胜的关键。最终决定胜负的还是淘宝三年免费的终极撒手锏。淘宝宣布对店家三年免费，这给易趣造成了很大的困扰。

其实 eBay 全资收购易趣之后的工作重心就是让中国的网站完成与美国平台的对接，服务器搬到了美国，网站的风格也要改成 eBay 的全球统一模式。在工作流程上，闭着眼睛也可以想象出来，易趣做任何决策都要层层向上级汇报工作，这样的直接后果就是反应迟缓，腹背受敌。

直到 2005 年 5 月，eBay 才第一次调整了费用制度，但是这时候，大好时机显然已被错过，再想追赶淘宝已来不及了。2005 年，易趣的市场份额被挤到 24%，并且每况愈下。

微软同样也遭遇了水土不服，吴士宏离开微软，被人们称为“中国式离婚”。她最著名的梦想就是要把微软中国打造成“中国微软”，但是出师未捷，她在愤愤然中黯然离场，并以一本《逆风飞扬》把自己经历的痛苦昭告世人。

曾经在微软中国和 Google 工作、也许是中国最有名的职业经理人的李开复，在自传《世界因你不同》里，重点阐述过作为跨国公司在中国的职业经理人的痛苦的心路历程：

从微软到谷歌，作为跨国公司在中国的高级管理者，我一直都在感受来自各方面的文化和价值观差异的冲突和冲撞，我深深体会到那种公司成长时的艰难，以及逐渐适应过程中的各种煎熬，同时也深深体会到每一点一滴成功的来之不易。有时候，那种扑面而来、毫无防备的价值文化冲撞，让人备感挣扎，尤其是那些倾诉无门的委屈和不被理解的孤独。但是我相信，这一切的一切，是事物发展的必经之路。直到今天，还有很多跨国公司仍在摸索的路途中。

我算知道了什么叫作“倾诉无门的委屈和不被理解的孤独”。

我觉得尽管我很强势，也费尽心思地管理着雅虎中国。但是今天看来，依然有一些值得总结的失误，或者说，一些值得总结的经验。

第一，我对杨致远的崇拜心理。确实，加入雅虎的时候，我的年纪不大，对于杨致远这样声名远播的全球互联网公司明星，我几乎是仰视的。我在雅虎期间，有和杨致远直接交流的机会，他也曾经第一次带了一支庞大的队伍来访问中国。在我心中，他就像篮球界的乔丹、足球界的巴乔，是前辈，我对他充满敬意。因此，我和他交流的时候，我觉得带着不均衡的气场，我不够自信。在很多时候，在我应该竭力坚持的时候，我选择了妥协。

第二，跨国公司的重重上报制度，是阻碍跨国公司在中国发展的重要因素，而我始终没有理顺这层关系。美国公司内部交流汇报和交流想法的时候，大家都要准备精彩的 PPT。我有时候觉得，写 PPT 就如同写奏折。我们这里战事正酣，千钧一发，朝廷那边还要不断地派出锦衣卫。我们还要天天准备折子汇报。我觉得，我其中的一个问题是，没有在国外学习、生活过的经验，因此强扭着去按照那套逻辑讲道理，我学不会。我是在国内摸爬滚打出来的创业者，我依靠的更多的是直觉。但是，直觉写不到 PPT 里。

第三，我在雅虎的收获，就是领悟到了对于公司控制权的把握，尤其在互联网领域里，大家都是围剿式发展，因此绝对的话语权至关重要。在我决定离职之后，阿里巴巴的马云曾经给我打过一个电话，他说阿里巴巴即将和一个大的跨国公司合并，问我与雅虎合作的感受是什么。我一听，心里要说的话太多了，就在电话里和马云吐槽了在雅虎的经历，我对他说，无论怎么样，不能失去公司的控制权。虽然当时马云并没有对我指出，阿里巴巴即将合并的公司是雅虎，但是当时我已经隐约有了感觉。

2005 年 8 月 11 日，雅虎中国宣布与阿里巴巴置换股权。雅虎从此进入马云时代。

和解——雅虎十年后的醒悟

虽然是自愿选择离开雅虎的，虽然我曾在和CNNIC的交锋中公开说“被冤枉的愤怒让我几乎要冲过去决斗”，让很多人都留下了“周鸿祎就是很好斗”的印象，但是我清楚自己，我其实是一个神经很大条的人。愤怒来得快去得也快，很多架吵过就过了，我很容易忘记不愉快的经历。经过一场攻坚战之后，我很快就能恢复原状，清除记忆，然后满血复活，阳光灿烂地去开展新生活。

但是，雅虎给我留下的伤害却比我想象的要深。我很长时间在心里感到很憋屈，缓不过来。我感觉到我本来是有机会的，只要按照我既定的策略去做，雅虎在中国是大有可为的，说不定早就成了中国的第一搜索品牌。但是，出于太多的原因，雅虎却错过了很多机会。

在阿里巴巴宣布股权置换之前的一个星期，2005年8月5日，百度在纳斯达克上市了。百度的融资额为1.09亿美元，发行价27美元，开盘价66美元，第二天，百度的股价冲破了150美元，全面超过了盛大和新浪，成为当时中国互联网的最高市场价。可以说，百度凭借坚持终于把搜索引擎做了起来，而3721借力雅虎，最终却没有实现搜索产品的突围。这种对比，更让我感觉到了自己虽然一直是一名愿意冲锋陷阵的战士，但是骨子里还缺少一种坚韧。这一次教训屡次帮助我，让我日后在江湖上遇到重大决策时，能保持一种沉稳的心态。

事实上，从雅虎退出之后，我们都看到了雅虎公司经历了 2004 年到 2005 年两年的支撑，基本上完败给了 Google。塞缪尔雇用的工程师开发出了一个不伦不类的 Panama 广告系统，既达不到华尔街的预期，也无法赢得用户的心。雅虎本来依靠抛售 Google 的股票维持了股价，但是 2006 年，雅虎的 Google 股票抛完了，维持股价的工作也基本上实现不了了。

对我说“还是要多让下属做决定”的塞缪尔被赶下了台，留下了一个千疮百孔的雅虎，但是他却从雅虎的股票上赚了 4.5 亿美元。在吴军博士的《浪潮之巅》一书里，有专门的一个小章节《自废武功》来描述雅虎的衰落。随着一系列事件，如微软并购雅虎失败的发生，雅虎最终从微软、雅虎、Google 的三方争斗中出局了。在投资人看来，雅虎的唯一价值就是它拥有两家亚洲顶级的互联网公司——日本雅虎和电子商务公司阿里巴巴。

就在 2014 年，与雅虎最终的和解终于到来。8 月 8 日，《哈佛商业评论》刊登了文章《一个内部人士对雅虎牵手阿里故事的叙述》（*An Insider's, Account of the Yahoo-Alibaba Deal*），该文章记录了雅虎前总裁苏姗·德克尔（Susan Decker）回顾雅虎收购 3721 和入股阿里巴巴的经历，她表示，整合雅虎中国和 3721 的失败让雅虎意识到，必须全部放弃对本土公司的控制权。

2003 年 11 月，经过努力，我们以 1.2 亿美元收购 3721，这是一家拥有五年发展经验、将近 200 名员工的公司，最重要的是，它的领导者是一位作风硬派、强势的本土互联网企业家周鸿祎。

我们当时的想法其实很简单：把两家公司（雅虎中国和 3721）的精华整合成全新的雅虎中国，2004 年营收预计可以超过 2500 万美元。当时我们有 300 名员工，大多数是本土精英，每个月的用户也超过了 5000 万。我们当时对雅虎在中国的未来感到乐观。

但到 2004 年中期，公司因为控制权和管理风格上的分歧陷入了运营困境。

据称周鸿祎认为原先雅虎的员工薪水过高，而且作风懒散。

而雅虎团队则感觉自己受到欺压，并且认为周鸿祎并没有专注于雅虎的运营。我们坚持认为，本土团队应当遵循雅虎总公司的汇报、体制和管理要求。显然，这令本土团队感到不满，2005年周鸿祎离职，随后建立了360公司，现在在纳斯达克上市交易，市值120亿美元。

尽管周鸿祎带领公司超额完成了业绩任务，但3721的市场地位与中国本土市场的竞争对手间的差距越来越大。

在雅虎总部和雅虎中国关系的问题上，我们最初采取了最严格的控制措施：雅虎控制着产品和团队，集中管理法规部门，例如财务和法律。为此，我们依赖于雅虎自己聘请的员工和雅虎内部挑选的管理人才。这种做法理顺了与总公司的沟通和现场的指导。面对地域和文化上的遥远距离，这似乎是探索新市场的有效做法。

然而从中国本土招募的员工感觉到，我们在逊尼维尔总部的公司领导并不理解中国市场，他们把这些公司领导看作外人。这从一开始就制造了紧张关系。但问题不只于此，公司总部在批准一些本土酝酿产生的想法时耗时太久，因此中国国内的竞争对手针对本地市场进行产品调整并快速进入市场，进而击败我们。

因此，在收购3721时，我们就决心采取一些不同的做法。面对这位作风硬派强势、经验丰富的中国商界领导人，我们放弃了很多的产品控制权，允许本土团队在决策方面拥有更多自主权。

我们还允许3721高层管理综合运营，包括此前雅虎中国的业务。只有法律、财务和人力资源事务需要报告到公司总部。

但是3721在处理因两种不同文化和商业习惯引起的人际关系问题上做得很糟糕，这些问题也放缓了我们在产品方面的步伐。正是因此，在与阿里巴巴合作时，我们认识到，需要整个放弃运营控制权。

随着时间的推移，以及雅虎总部对中国问题的反思，当然还有后来360公司的不断成长，我感觉到这段心结终于有了了结。而这件事情，最终留给我的教训也是反思——这是一个值10亿美元的错误。

我们作为第一代创业者，没有人给我们指明创业的方向，当时大家都在探索。最后在第一代创业者中，最能坚持的人，最后成功了。由此，我得到的一个很大的教训就是，你要往前看，一定要有前瞻性。所以，我后来总结，成功都是熬出来的，成功都是被逼出来的，很多时候，是看你熬不熬得住。

在写作这本书的时候，雅虎公司令人遗憾的结局已经上演。根据《硅谷百年史》的描述——

到 2007 年，雅虎已经落后了。它的广告平台和搜索引擎都不如谷歌有效，而且更重要的是，雅虎在人才争夺战中也失败了。最优秀的工程师去了谷歌，因为谷歌提供了最大限度的自由和最好的福利。所以，谷歌开发了强大的高科技产品，如 Gmail、谷歌地图和 Picasa 照片管理软件，所有这些都击败了雅虎。除了搜索落后，雅虎也在互联网的三个主要大方向上落败；社交网络（Facebook 开始主宰市场）、用户创造的内容（被 Yelp! 和 Demand 传媒这些公司控制）、云计算（Salesforce.com 和亚马逊方面已经相当强大）。

2008 年 2 月，微软主动出价 450 亿美元收购雅虎，主要是为了得到它的搜索技术（这个开价是 2009 年雅虎近 6 亿美元利润的 75 倍）。谷歌这时也加入进来，再次表示愿意提供搜索技术给雅虎，由双方分享营业收入。杨致远以价格过低拒绝了这两个提议。最终在 2009 年，雅虎和微软达成协议，微软的新搜索引擎 Bing 将来用来支持雅虎搜索，两家共享收入。这再次让雅虎从技术的“白热战”中淘汰出局，这场技术之战需要几千种服务项目和一个深度的运营后端，从而进入前端的内容和服务的竞争。再者，雅虎似乎已经在社交网络、云计算、移动计算这些最有前途的互联网发展领域落后。

后来雅虎的一系列发展大家有目共睹，这家历史最高估值达到 1250 亿美元的互联网公司，以 48.3 亿美元的价格出售了互联网核心资产。据《华尔街日报》报道，此次交易为互联网资产和房地产资产，但不包括阿里巴巴的股权、雅虎日本的股权、雅虎的现金储备以及专利资产，专利资产将会另行拍卖。在交易完成后，雅虎将改名，并转变为一家注册上市的投资公司。

雅虎总结——在不同的欲望之间取舍

2005年8月7日，搜狐大厦。林木直播间。

天气挺热，我像往常一样，穿着随便，下身着宽松如面口袋一样的浅色裤子，上身穿深蓝色的翻领短袖T恤，一脸轻松地走进了访谈间。直播间其实就是一间中号的办公室，两张黄色的皮沙发摆在中间，沙发前面，是一个普通的玻璃茶几。茶几上放着几只雀巢咖啡纸杯。屋子里散发着一股淡淡的咖啡味儿，墙角有一盆放置很高的绿色植物。

我刚刚从雅虎正式离职，既筋疲力尽，又无比轻松。这是我自大学毕业以来，职业生涯中不多的可以真正好好休息的几天。[1] 不过我的日程还是被各种采访填满了。这段时间中国的媒体记者蜂拥而至，希望了解我离开雅虎中国

[1] 根据胡欢回忆，加入雅虎之后的半年，胡欢离开了公司。离开公司之后，胡欢说她陷入了人生的彷徨。她说，她想着离开公司之后把家建设一下，但是没有想到，她完全不会生活。她有些无所适从。而周特别忙，他内心渴望把雅虎中国的全部业务做到最好，全心扑在了工作上，时时刻刻都在奔走，好像从家庭生活中彻底消失。她见不到他，说不上一句话。只有最苦恼的时候，他才给她打电话，诉说一下，借机整理一下思路。周离开雅虎以后，他们度过了非常美好的一段时间。胡欢说，周从小热爱音乐，喜欢摆弄音响。小时候家里没钱，他就去废品站买元器件自己焊接音响。离开雅虎以后，胡欢说："他好像奇迹般地再次出现在我的生活中，情绪平和，热爱生活，也开始关心我了。他带我去看各种高级音响，甚至线材也要千挑万选。自己组合，自己搭配。不满意就折价卖给中间商，再选新的。我家的音响逐渐被他调到顶级水平。"

的真正内幕。

另外，记者们知道我和雅虎签订了包含一个有关利益的复杂计算公式的合约，他们都在热心帮我计算我从雅虎获得了多少财富，是不是从此踏上了财务自由之路。当然，他们最关心的是：周鸿祎的下一步是什么？周鸿祎会何去何从？

我秉承着对媒体的一向态度，有什么说什么，开诚布公，在搜狐大厦和主持人林木交谈了自己的想法，似乎是给过去做一个阶段总结。

当媒体问我，离开跨国公司是否需要很大勇气时，我说："如果一个人特别看重外在物化的东西，就容易被外界东西左右，可能放弃什么都会觉得很难。但是我是追求内心理想的人，某种程度上我是一个理想主义者，放弃这些东西不难。我喜欢两句诗'天生我材必有用，千金散尽还复来'。当年离开方正，也是这样'仰天大笑出门去'……"

当媒体在计算我得到了多少财富时，我说，钱永远挣不完。你有一个亿向往十个亿，有十个亿向往一百个亿，有一百个亿又琢磨更多的钱。我经常讲欲望是永远无止境的，你不能控制自己的欲望就会永远痛苦。比尔·盖茨是一个标杆。职位、钱、名声、公众关注度，这些东西其实都是身外之物，都是阶段性的，这些东西很容易获得或者失去，最重要的是，你自己的能力提升，你自己对事物的看法、你解决问题的能力，这些东西是你内在积累的东西，是别人拿不走的。

接受完采访，我感觉就自己离开雅虎，我已经对公众进行了充分的表达。

离开雅虎，有几件重要的事情要说。第一，雅虎在最后谈我去留的方案中，曾经给我提出过一个方案，就是请我和我的团队留下来，以收购金额原价为标准支付我所属的股权所得，但是让我不要干预雅虎收购其他股东的应付款。我对这种方案立刻表达了反感和反对。因为这是一种买下团队、牺牲投资人的方案。正是我的坚持，让投资人对我很青睐。其实，了解我的成长过程就很容易明白我的选择——我认为，在利益面前的背叛是最可耻的行为。这本是我自然的反应，但是为我今后赢得投资打下了良好的基础。

最后一件引发争议的事情，就是我从公司的收购款里拿出了一部分，分给了员工。一般来说，公司被收购，正常应该是股东来分钱，但我还是希望拿自己可以控制的资金分给员工。有很多员工，包括工作了三四年的前台和客服，都拿到了十万元级的股东赠予款。有一些资深的员工，可能最后拿到了上百万元。

这笔分给员工的钱，总数大概有上千万元。对我来说，钱并非不重要，但是让和我一起奋斗过的员工最终实现共同富裕，要比我个人的独自富裕还要重要。我依然希望和我一起奋斗过的人们，不要被亏待。这也许依然是我内心的江湖气节在隐隐发生作用。

正是这上千万元的赠予款，为今后的又一次波澜壮阔的口水战，埋下了伏笔。

重新出发　奇虎诞生

第十一章

初创奇虎

在 IDG 做了一年天使投资，经历了一些成功和一些失败。我在投资界观察和体会着中国互联网的发展。这一年，投资战绩还算不错，但我最重要的感觉是，周围人都在被互联网的精神感召着去冲锋陷阵。中国互联网的竞争已经趋于白热化了。作为互联网的第一代创业者，我明显感觉到入行十年以来，这个行业正在欣欣向荣地发展。

这一年做投资是因为我和雅虎签订了竞业禁止协议，有一年的时间不能在一线工作。但是，我把天使投资当成了另一次创业，我在这个平台里观察行业的发展，希望自己培养出一个未来的互联网巨头，同时也为自己的下一次创业做一些准备。

在外界看来，这可能是我经历了雅虎之后的港湾，其实，我内心知道，这只是下次创业的过渡。

在这段离开运营一线的时间里，我看到蓬勃发展的百度和 2005 年最终入驻中国的 Google，它们的并存使得中国的搜索格局的竞争开始激烈。Google 入驻中国之后内部有过很多方向之争，但是最终的结论是——首先要把中文搜索做好，这是其他一切产品的基础。众所周知，基础研发的工作需要时日才能展现功力，所以 Google 在中国最开始的半年，除了招聘开展得轰轰烈烈之外，产品上依然默默无闻。而初到中国的 Google 也不断遭遇着各种意想不到的风波，负面消息接连不断。最初进入 Google 中国的那批员工现在回忆起当时的情景，总是说“好像每两个星期，Google 中国就要面临一次关门的危险”。很显然，一个跨国互联网公司到中国来谋求发展，正在遭遇各种困境。

而百度的成功，也让我更加坚定了搜索模式的重要性。我开始意识到自己错过了最重要的一班车，假如 3721 没有急于卖给雅虎，假如 3721 不那么着急盈利，如果我当时沉下心来，再进行一轮融资，继续积累搜索技术，也许中国的搜索格局就可能被改写。但是，这也正是历史的无情之处，历史就是历史，该发生的已然发生，人们只能着眼未来。

我觉得在商场上做事，应该愿赌服输。我原来确实做过搜索，但自己犯了错误，把最好的赶超机会葬送了，我必须要学会接受别人的成功。而且，我有一个观点，如果一个事儿别人已经做了很久，做得很成熟，没有破绽，你用同样的方法再去做，肯定没有机会。就像我经常讲的，打败搜索的肯定不是第二个搜索，打败 QQ 的肯定不是第二个 QQ。所以，在很长时间里，我在搜索市场上没有看到颠覆式创新的机会。

2006 年，淘宝基本已经完胜了跨国零售巨头 eBay，马云的阿里巴巴此时在发展壮大，而马云手中的雅虎，已经和我当年铸造的雅虎不一样了。阿里巴巴接盘雅虎，希望雅虎中国成为一家纯搜索公司，但是雅虎始终有全球第一门户的情结，不肯让步于中国的这种改动。这也是为什么雅虎的首页，一度成了和百度一样的单纯搜索框，但是到后来又改回了门户的模式。雅虎中国在当时给记者们和用户们的感受是一致的——雅虎失控了，在几个方向之间来回摇摆，而我作为介于局内人和局外人之间的那个人，很明白这是怎么一回事。有的人告诉我：雅虎中国正在去周鸿祎化。

而当时的中国互联网，第一次涌现了 Web2.0 的概念。从网站提供内容为主过渡到用户产生内容，用户和网站有了快速海量的互动。在 Web2.0 时代，用户不仅仅是内容的浏览者，也是互联网的内容制造商。

2005 年 7 月，博客中国的创始人方兴东，宣布博客中国改名为博客网，并且称博客网将构架出全球第一的博客门户，直接对中国第一门户网站新浪网造成挑战。博客被认为是互联网历史上的一场声势浩大的“草根”运动，而创始人甚至认为博客网在不远的未来将成为中国第一大门户。

就在两个月之后的2005年9月，新浪网就发布了自己的个性化博客平台，而用户自主成了新浪博客强调个性化、人性化交互平台的最大卖点。最有影响力的门户一出手，博客浪潮更加汹涌澎湃。那一年，豆瓣网、铁血社区、天涯论坛等也成了人们日常发帖常常聚集的去处。一时间，用户似乎成了主宰互联网的一种力量。

行业的发展我只是通过天使投资在参与，和以前拼杀在一线不同，我变成了一个旁观者，一边看到高度竞争的成熟公司出现，一边看到百舸争流的初创企业在埋头竞争。我已经对回到公司做产品的状态有些眼热了，我知道，一个战士最终的宿命还是在战场上带兵杀敌，重入江湖是必然选择。

我完全了解回到重新创业的那种状态感受。憧憬中夹带着煎熬。高兴，但是大多数时间将伴随着绝望，而且不确定性是最恐惧的状态。有时候是政策的不确定性，有时候是市场上的不确定性，那种瞬息万变会让承压能力低的人几近崩溃。但是，对于一个像我这样的人来说，只有在这种极限运动中，才能体会到生的快乐，短暂的安逸已经让我如坐针毡了。

我知道，像我这么倔强的人，始终是要回来的。

3721已经是上一个篇章了，新的创业方向会是什么呢？

在做天使投资人时，我已经在为“回来”做着一些铺垫。当时，我自己创立的天使基金、红杉中国和鼎晖创投投资的其中一家互联网初创公司叫作“奇虎”，由我在雅虎中国时期的老搭档——齐向东担任董事长。这家公司我自己投了几百万美元，成为它的天使投资人。与此同时，鼎晖、红杉等一些机构跟投了1500万美元，使其总的投资额达到了2000万美元。

这是我为下一轮创业而构架的新平台。

重新复制任何一个成熟已有的模式，都会面临激烈的竞争。在选择创业方向上，老齐和我也一直在苦苦思索——什么是下一代互联网的风口。以博客为代表的 Web2.0 概念推动了中国互联网的发展，而我依然钟情于搜索，于是，在奇虎成立一年多，我的竞业禁止期即将结束的时候，我们逐渐想清楚了奇虎的方向——集中力量做社区搜索。

毫不夸张地说，这和我内心的搜索情结息息相关。

在 2006 年这个时间点，在搜索领域和百度在正面战场进行交战已经不太有获胜的可能。尤其是 Google 中国的中文搜索产品已经开始逐渐显现出很好的质量，况且它的一系列本土化的工作也在进行，比如 Google 发布了中文名“谷歌”，并且开始发力各种有关搜索的本地化产品。在百度和谷歌都在加大马力在中国市场激烈竞争时，盲目加入这场恶战无疑是一种自杀行为。奇虎必须另辟蹊径，进行错位竞争。

当人们习惯了在大的搜索网站进行搜索时，有很多社区内的即时信息人们无法抓取到。因为国内有 600 多个社区网站的网页是由程序写出来的，标题、主题的位置，每个社区都各不一样，网民们搜索一些这样的信息是搜不到的。而这正是奇虎能够避开和百度正面竞争的机会。

时间在一分一秒地流逝，2006 年 3 月，我在雅虎中国工作期间积累的疲倦已经释放干净了，而市场的感召让我有赶紧重回行业第一线的紧迫感。我已经开始想念那种在一线作战的痛快淋漓感。

一头困兽已经满血复活。不断向前奔跑的人过不了太久清闲的日子，我感觉——我要重新出发了！

2006年 回归——关注社区搜索

2006年3月，我重新回归了互联网的一线，回到了我自己以及众多风险投资公司共同投资的这家公司——奇虎。之所以起名为“奇虎”，是因为中国有“骑虎难下”这个成语，我们希望网民上了这个网站就再也难以下去。一些人说，奇虎翻译成英文即Strange Tiger——周鸿祎这头“奇怪的老虎”又下山了。

回归之后，我马上开足了马力工作。可以说，虽然3721让我错失了进军搜索的大好机会，但是搜索情结已经根植在我的内心。正如前面所说，Web 2.0概念影响了一大批互联网创业者，在新浪潮的感召下，中国互联网创业的又一波热潮正滚滚而来。2005年是“群星闪烁”的一年，杨勃创办豆瓣网，王微创办土豆网，梁钧创办56.com，古永锵创办优酷……互联网观察者们感慨，用户产生内容、去中心化、自媒体、参与式架构等，正迅速发展起来。

奇虎当时的方向，是想让中国的网民在内容丰富的论坛当中找到所需要的内容。这也是我们希望和百度进行差异化竞争的想法。毫无疑问，当百度已经占据了网页搜索的制高点时，如果我们再在这个正面战场与其交战，可以说毫无胜算。于是奇虎希望做社区搜索的聚合，在另一条道路上实现突破。

我们提出的口号是“打造一亿个门户”，希望网民定制自己喜欢的内容，打造自己的个性化网站。比如，一个体育爱好者打开主页之后，看到的将是以体育为主的信息；一个小说爱好者打开主页之后，看到的将是以小说为主的信息。按照我们的设想，每个人都将拥有自己的个性化主页，这个网页可以满足人们上网的一切需求。

现在想一想，这个想法和今天在移动端的内容翘楚“今日头条”客户端想法颇为类似，只不过奇虎将这个理念提前执行到了电脑的客户端。

按照这个计划，奇虎的人员编制一半以上都是技术人员，而编辑人员很少。在机器抓取内容之后，奇虎也部分借助于用户自选以及随后的人工编排来呈现内容。

在盈利模式的设想上，我们也想出了不同于百度的模式。

2006 年 4 月，奇虎推出了“蜘蛛计划”的社区联盟计划，希望为各大社区提供搜索服务并且销售关键字广告，然后和各个网站分成。在这之前，奇虎已经收录了一万多家社区，借助这些从社区带来的流量，奇虎的全球网站排名已经达到第 65 的位置，我不知道这是否可以迅速给奇虎带来收益。

我的截至目前的最后一次创业，就是以这样豪华的阵容和庞大的野心开始的。再次创业，我受到了外界不少的关注。我这一次的目标是，做一家伟大的公司，它经得起岁月的消磨和涤荡，是一个让用户满意的公司。

在这期间，奇虎公司还在不断地进行着新一轮的融资。在 2006 年 3 月获得红杉等四机构第一笔 2000 万美元的风险投资之后，奇虎在时隔半年多之后再次宣布获得风险投资。此次对奇虎进行投资的五家机构分别为美国著名创业投资公司高原资本、红点投资、红杉资本、Matrix Partners 和 IDG。奇虎是高原资本在中国内地的第一个投资项目。

在宣布了新的业务模式之后，我的再创业就这样展开了。奇虎的办公地点几经变化。在奇虎网组建之初，跟随齐向东的不过十几个人，他们在京广中心西北侧一个叫“雨霖大厦”的楼内办公，办公室有 40 个座位。然而，半个月后，这个办公室外的走廊都塞满了人。接着，齐向东到北京周边的一个郊区包租了一个度假村，把二十来个研发人员派到那边搞“封闭式开发”。可是过了不久，刚腾出的空位又坐满了新人，他又不得不租了北邮的一层留学生公寓，把那里的会议室改成了办公室。到后来，一批新人又占尽了腾出的座位，他只好又去一个中学租了间办公室，安排了几十个人。

2006 年春节前一天，分散在四个地方办公的奇虎网员工搬进了同一座办公楼。一位员工说：“在此之前，我们自己也不知道公司竟有这么多人。”

因为 Google 公司已成为全球互联网公司的典范，奇虎也在公司内极力倡导“以工程师为主导的企业文化”。奇虎网新的办公地点设施齐全：24 小时开餐状态的员工食堂、洗衣服务、健身房、篮球场、员工宿舍、网球场。Google 有最好的厨师，我们的厨师也是从丽都饭店请来的，在那边做了六年西餐厅的厨师长。

我和老齐的二次创业开始之际，外界对我们有无数的猜测和想象，媒体人说：“2005 年 8 月 5 日，百度奔赴纳斯达克 IPO 一举成名时，李彦宏财富暴涨时，周鸿祎还是那个周鸿祎，江湖却已经改朝换代，目前国内搜索引擎市场已经是百度、Google 的天下，加上雅虎、搜狗等的搅和，留下的发挥空间已经不多了。”某业内人士说：“决定进入这个领域，奇虎将面对强大对手的阻击和敌视。”

社区搜索的式微与搜索梦的保存

江湖虽然已经改朝换代，但人们总是傲然屹立于潮头。然而，每一次创业之路都不是轻而易举能成功的。

随着时间的流逝，我们的“社区搜索”并没有收到预期的效果。我和老齐也在事后总结，这个概念可以在手机端得到很好的实行。但是在PC时代，这个概念略微有些超前，互联网的用户细分尚未发展得如此深入，用户更需要的是网址导航类的简单垂直细分服务，过于深入细分的服务在当时不具备广泛的市场。

于是，作为创业者，我不专注的毛病又开始复燃了。在2006年2月收购了亿之唐后，奇虎获得了后者的新闻转发证、ICP（网络内容提供商）和SP（内容提供商）牌照。这样，奇虎的触角又伸向了短信、彩信、图铃下载、播客、音像搜索等无线业务，开始进行试探性布局。但是，我们沮丧地发现，这些业务无一聚焦，无一强大到产生足够大的收入。

奇虎在前行的道路上，似乎又丧失了方向。随着我们把触角伸向各个角落，奇虎的商业模式完全模糊了。在这个时候，一些不留情面的记者把奇虎的定位说成“社区大杂烩”。而我们始终也没有在社区搜索的方向上实现真正的突破。

对于社区搜索的失败，我后来跟创业者交流时，也公开总结过几个错误。

第一，我们用了一个豪华团队创业。当时奇虎是豪华的创业团队，要技术有技术，要经验有经验，跟百度单挑过，还融来一大笔钱。但带来的一个问题就是心态浮躁，觉得自己无所不能。但互联网是不断变化的，经验往往是靠不住的，你必须随时处于归零状态，从用户角度出发，随时把握用户新的需求。

第二，我们还是以平台化思想为主，没有聚焦于一个切入点。平台型产品在最开始的时候，一定是通过打动用户的一个点来切入的。但我们的团队那时心态膨胀，有着浓厚的经验主义思想，加上手里融了不少钱，就忘记了创业最重要的原则是专注。

所以，在总结这一段教训的时候，我经常打比喻说，女人生第一个孩子要怀胎十月，生第二个孩子也要怀胎十个月。但我们在生第二个孩子的时候，就觉得自己有经验了，加大努力两个月就能生出来。这是很严重的错误。事后来看，如果当时稍微专注一点，能把这当中任何一件事情坚持做下来，那也会成为一个不小的事业。

可以说，当时我们把一个创业者该犯的错误都犯了。有一次，王功权对我说："我也不懂你们的业务，但是我们给你投资，是希望你做点与众不同的东西。结果，你好像做了一个新浪，又做了一个百度，又做了一个阿里巴巴。你准备和大家都竞争吗？你们能同时做这么多东西吗？"

他的这些话，当时对我而言如醍醐灌顶，当头棒喝。

社区搜索这条路没走通，我心里想，我要愿赌服输，输了我们就想别的方法，不能在一棵树上吊死。但我觉得挺愧对投资人的，每次和他们吃饭就感觉特别有压力。我从对投资人负责的角度，保留了一支搜索的队伍，表明我还在干。

当时我们很多员工，特别是搜索核心团队的员工，都是奔着搜索的梦想来的。如果我告诉他们不做搜索了，这对团队的打击也蛮大的。所以，我就跟他们开了很多次会，表达的意思是，现在做搜索的时机不合适，我们先保存革命的火种，将来再伺机而动。另外，我们不再把自己定义成搜索公司，而是一家具备搜索技术的公司。

事实证明，保存这支队伍，将来大有可为。

“流氓软件”在中国泛滥成灾

就在我醉心于“社区搜索”模式的突围时，2006 年，“流氓软件”开始在网络上肆意横行，严重干扰了网民的上网体验，这成了中国互联网最黑暗的一年，而最糟糕的一点是，人们开始把“流氓软件”的所有罪名，不分青红皂白地强加在我的头上。有人开始给我设计各种刺耳的标签，这些刺耳的称号让我十分难过。

这种感觉，如同杰克·韦尔奇在《商业的本质》里所说的那样——

几乎每个人在其一生中都经历过但丁在《炼狱》中描述的情景：一个庞大而干涸的深井里，被遗弃的灵魂疯狂地寻找出路，挣扎着向上攀爬。

对我来说，这些被冤屈的时刻，就给我这种感觉。

那一年，我 36 岁，也是我人生的最低谷。

可以说，在 3721 的插件模式迅速打开市场之后，这种推广方式得到了程序员的青睐。业界意识到这是客户端软件推广的最有效率的模式。于是，2003 年到 2004 年，几乎所有的互联网公司都热衷于开发这种软件。他们研究了 3721 的“网络实名”和其他客户端技术后，开始不断地模仿。但不幸的是，人们在模仿中走了样。

那时候，除了网易之外的所有互联网公司都在做着一件事儿，不经用户同意，强制性地在电脑里安装，然后劫持流量，乱弹广告。他们会在软件实施当中把一些功能放大到极致，不仅使这种安装具有了强制性，而且软件在电脑里会不断运行，然后永远驻留。之后，这些软件会在合适的时机突然“显灵”，用弹框的方式不断弹出广告，有的软件甚至通过这种方式偷窃了用户的文件。这就和木马病毒变得非常接近了。老百姓把这类软件叫作“流氓软件”。

“流氓软件”后来发展到了登峰造极的地步，它可能就是一个独立软件，而且安装方式也发展到了很高的水平。很多流氓软件开始和其他软件进行捆绑，或者利用 IE 浏览器的漏洞偷偷进入用户的机器，甚至有些软件为了能够牢牢把住用户机器，原来是不给提供卸载入口让你删无可删，后来就是通过后台自动升级，把反流氓软件给干掉。

在巨大的利益面前，很多公司连基本的品牌和美誉度都不要了。

流氓软件公司的商业模式非常简单，他们靠不断骚扰用户来赚钱。刚开始一个月卖广告挣两三百万元都属于小规模，后来一些中等规模的公司一个月大概能赚五六百万元，大一点的就更不用说了。

我承认 3721 的插件模式的确是我发明的，这个模式其实有很多的创新，包括地址栏搜索、插件推广、代理渠道。对于之前犯下的不尊重用户的错误，我已经公开承认了。这个经验让我意识到要时刻以用户体验为重。但是，后来互联网里发展出的这些升级改造、瞒天过海的奇招损招，既不是我的发明，我也没有参与，现在大家却不由分说地把这些账记在了我的头上，这让潮水般的骂声涌向了我。

看到这些媒体报道，我心里充满了愤怒和委屈。在我心中，3721 是一个我辛辛苦苦为之奋斗的中文上网梦，是由一个朴素的愿望生发出来的，但是现在它成了我的梦魇，成了定义我人生的概念。

2006 年下半年，“流氓软件”的讨论在媒体中达到高潮，其中对我的讨伐当然是少不了的。一睁眼，就是媒体铺天盖地的骂声。我把自己关在屋子里，连着一个星期不敢出去，砸坏了一张桌子和两扇门，被冤枉的愤怒让我几乎要冲过去决斗。但最终，我冷静了下来，我知道，这个潘多拉的盒子终究是我打开的，我只能自己亲手合上它。

我的内心暗下决定，要让市场上有一款产品，能够把这些流氓软件消灭掉。此时此刻，后来引爆中国市场的 360 安全卫士和安全团队，只是奇虎众多庞大团队里非常不起眼的一支小队伍。他们尝试着进行一些查杀流氓软件的开发。这就是后来 360 安全卫士的一切商业模式模糊隐约的开始。

我开始做安全卫士的时候，没有商业动机，更没有想到未来要做免费杀毒，也没有想到要做浏览器、做搜索。我做 360 的目的很单纯，就是要直接把那些流氓软件都干掉。

我从不是一个商人，归根结底，我是一个程序员、产品经理。我心里留不住话，有时候喜欢点名批评人、挖苦人，但我觉得我是一个敢于担当的男人。一人做事一人当，不使小动作，不说假话，不暗地里害人。我小时候打架是这样，现在做公司也是这样。

因为这个，早期360安全卫士就这样起步了，最初的团队只有不到10个人。

逆转——360慢慢渗透进安全市场，大获成功

除了内心的一种情结，在2005年左右，我自己其实也隐隐约约觉得做网络安全服务是互联网的一个方向。我甚至早期就注册了以360为主的一些域名。

在离开雅虎的时候，其实我就已经主张雅虎做免费网络安全服务了。我甚至还跑到硅谷与杨致远、和雅虎的管理层开过会，对他们解释我为什么想和卡巴斯基合作推免费的网络安全服务。我的想法是：未来的互联网安全不是专业的安全公司来做，而是由一家领导型的公司去做。要和Google竞争，你的搜索要比别人的更安全；要和微软竞争，你的邮箱要比别人的更安全。这是一个差异化的竞争方式，能让雅虎脱颖而出。但是，这个方案没有得到雅虎的认可。

在离开雅虎一年之后，我做过一年的投资。我也试图在这个方面进行思考。我甚至将卡巴斯基的张立申介绍到了腾讯，希望他们可以达成合作。不过，无论是雅虎还是腾讯，很多人还是认为这个事情有点疯狂，一家公司在线推广另一家公司的杀毒产品，不但不收你的广告费，还要付给杀毒公司钱。这对一家大型互联网公司来说不符合逻辑，也不可能受到认可。

2006年，我延续着安全是未来互联网的一个潮流的思维以及为自己正名的想法，决定自己在安全领域做点什么。于是，我从奇虎团队里抽调了5个人组成了一个项目小组，几个人开发了一款叫作“流氓克星”的软件，我们的目标是，查杀当时网上比较流行的100款流氓软件。

一开始，这个团队里就包含了在3721时代就跟随我工作的傅盛。虽然后期发生了太多如戏剧一样的事情和争论，但是不可否认的是，在360最开始的阶段，傅盛带领的这个团队做的产品很不错。我的头脑里经常充满了有关产品的各种想法，但是我需要有产品经理帮我把这些想法实现。对于初期的360安全，傅盛就是这样一个产品经理。

为了更好地提供服务，我们再次和杀毒软件卡巴斯基开始了合作：每年拿出两三百万元购买卡巴斯基为期半年的激活码，卡巴斯基绑定360软件免费为用户提供杀毒软件。我们自此将“流氓克星”命名为“360安全卫士”，正式推向了市场，网友只需要下载“360安全卫士”，就可以免费获得流氓软件查杀、系统诊断修复和病毒查杀等服务。

消息一出，一石激起千层浪。

流氓软件在2006年的中国，是一个很庞大的地下群体。很多恶意病毒和木马都有了商业性，从业人员过百万，形成了一个严密的产业链。他们有编木马的、包装的、拿出去散发的、招商销赃的、洗钱的……过去他们很容易就操纵几十万、几百万“肉鸡”，而360安全卫士的横空出世断了很多人的财路。于是，很多流氓软件的生产者都对我恨之入骨。

360安全卫士的出世在公众和行业界获得了两种截然不同的效果。一方面是用户的迅速认可，360安全卫士客户端装机量猛增；另一方面是竞争对手的激烈反弹，以及由查杀流氓软件引发出的一场“血案”——老东家雅虎和我展开了一场针锋相对的口水战。

事情的起因是：360安全卫士将“雅虎上网助手”这位昔日的对手纳入了流氓软件范围，将之查之杀之。很多人把这件事情定义为一个事件——周鸿祎手刃亲生儿子。而之后发生的种种波澜壮阔的对峙，被人们定义为“互联网第一口水战”。

这次战役来势汹汹，既让我再一次暴露在大庭广众之下，又让“什么是恶意软件”的争论在社会上引发了源源不断的讨论。这一切，又让我和360站在了中国互联网矛盾重重的风口浪尖。

当雅虎上网助手被定性为“流氓软件”时，不出所料，业界一片哗然。雅虎助手是雅虎的重要收入来源之一，帮用户清理掉雅虎上网助手，毫无疑问就是砍去了雅虎的一棵“摇钱树”。

不出意外，雅虎反应激烈，当时的执行总裁田健，也是我曾经的搭档和战友，当即对我开始了连篇累牍的炮轰，其中还包含着对我的道德指责。老同事反目成仇的这一幕，如同电视剧的剧本一样具有戏剧性，无疑迅速成了媒体关注的焦点。

2006年8月14日，田健召集了媒体，并对记者们说：“‘360安全卫士’的开发是周鸿祎出于过往恩怨，对雅虎中国的打击报复，谁都可以做反流氓软件，但是周鸿祎不能。

“周鸿祎不断从雅虎中国挖人，在离开雅虎前签订了许多偏向现在投资公司的合同，雅虎收购3721完成后，根据协议应该分给员工的奖金被周据为己有。”

媒体很快就从这混乱的信息当中挖掘到了其中隐含的数据，以及这场口水战发生的真正原因——

据互联网调查公司 *iResearch* 的统计显示，*2004* 年 *3721* 网络实名收入约为 *1.5* 亿元到 *2* 亿元，*2005* 年增长到近 *4* 亿元，*2006* 年开始出现整体下滑，但依然是“瘦死的骆驼”。阿里巴巴雅虎收入前三名的业务是“*3721*”、短信增值、搜索竞价。*360* 安全卫士从根本上清除上网助手，让雅虎中国一点流量都拿不到，彻底失去收入，这属于釜底抽薪之举。

而我面对雅虎连篇累牍的指责，迅速开启了反击模式。我也召集来了媒体，并且进行了公开表态：“雅虎中国炮轰我全是为了‘利益’二字，网络实名业务是雅虎中国最核心的经济支柱。‘360安全卫士’发布之后，该软件可以轻易发现用户很难彻底清除的‘雅虎助手’，并在用户主动卸载下干净地将其清理出电脑，这直接导致的结果便是网络实名产品覆盖率的受损，进而会或多或少地影响产品的销售。

“在近一年的时间里，雅虎中国管理层由于缺乏互联网运营经验导致策略多变和反复，这才是造成员工大量流失的主要原因。别人可以挖走你的一两名员工，甚至十几名员工，如果数以百计的员工都离你而去，那就不能埋怨别人，只能怪自己太无能。”

对于用雅虎的钱收买员工的说法，我的回答是：“分配给员工的奖金，是 3721 原股东赠予员工的，我代表 3721 最大的股东，对这笔钱有绝对的分配权。我给所有的3721员工都发放了奖金。仅此一次，我就给了田健250万元，他是我给钱最多的人。”

对于这次媒体会，很多记者印象中的一个经典镜头就是，一个记者拨通了免提电话，直接和田健进行对话，询问他有关奖金收取的问题，而他没有直接回答。这戏剧性的一幕被很多媒体记录在案。

可以说，媒体上双方的骂战一浪高过一浪。一时间，二虎相争的消息最大限度地曝光在公众面前，雅虎首页也在口水战最激烈的时候登上了我的负面消息。商战，尤其是涉及道德指责的商战，从来不会被认为是一件好事。但是，令 360 团队和我都备感意外的是，随着口水战的升级，360 安全卫士装机量正在随着这次公众事件而日渐升高。

我们眼看着客户端的安装量每日在高涨。我忽然明白，这次事件成了 360 安全卫士最好的宣传平台。无论双方的争论焦点如何，用户最终选择了用脚投票，选择了安装这款可以帮助他们减少流氓软件侵扰的软件。我知道，网民站在了我这一端。

经常有媒体会让我回忆这段往事，以及在将雅虎助手定义为查杀对象的时候，我是怀着一种怎么样的心情，是一种痛苦的自我否定还是一个在商言商式机会主义的选择。在接受采访时，我回答了这个问题。

做 360 确实没有什么“谋于密室”，坦率地说有一点点“无心插柳”。2005 年和 2006 年中国流氓软件已经达到令人发指的程度，根本不打招呼就公然入主用户的电脑，狂弹广告。用户机器里面不是被一个流氓软件，而是被十几个流氓软件割据，速度很慢，经常死机。可怕的不是一家奶粉里面有

三聚氰胺，而是这已成为行业的潜规则，我认为当时流氓软件行业也达到了这个境界。上至大门户，下到个人工作室、小公司，没有不做流氓软件的，而且形成了一种风气。做互联网靠什么？就靠流氓软件。大家不再比谁的功能好、谁的信用度高，而是比谁的流氓软件多，谁就可以融资，不以为耻，反以为荣，谁不用流氓软件谁傻，这就是当时的商业规则。

在这样一种情况下，整个行业已经谈不上什么道德了。而杀毒软件公司明明看到流氓软件在横行，不是没有技术能力来解决，而是不敢解决，因为中国做流氓软件的人不仅光明正大地做，还形成了产业。都是一个圈子的人，抬头不见低头见，敢于冒天下之大不韪去做一件得罪人的事，也是需要胆量的。虽然有人呼吁用政府、司法的力量，但老百姓很难取证，根本不可能打赢官司。

查杀3721确实需要下很大的决心。因为3721跟我有关系，如果我不杀它，就很难做到公正。但是我杀得越狠，对公众而言我就是在否定自己的过去，这是一个非常大的自我冲突。很多人不能理解，觉得我是机会主义，但是我不承认这一点。当时的商业机会很多，流氓软件势力也很强大，360不一定能做成。钱不一定能赚到，还要先得罪那么多人，包括我的投资商、合作伙伴、员工，没有一个人看好，大家把这看作我个人快意恩仇的事，都说要折腾就让他折腾吧。现在360成功了，很多人说我借尸还魂，但是当时确实经历了无数内心煎熬。

可以说，这篇采访比较透彻地表明了我的心情，以及我当时的状态。

当这件事情终于随风散去，时间来到了2013年，我惊闻田健罹患了癌症，并且已到末期，感到十分伤心。

我和田健虽然有过激烈的纷争与争吵，但是也有过一起合作开拓战场的一段时光。我们的渊源其实很深，田健曾经是我在3721搭建专业管理团队的第一人。1999年，当时只有31岁的田健是方正电子有限公司信息产品部总经理，当我和他聊起我正在创立的3721时，他说他想在30多岁的时候做更多不熟悉的业务，有更多的体验，接受更大的挑战，我们谈了大概10天就把所有的事情定了下来，快得连我也有些吃惊。后来田健离开了3721，在雅虎期间我们也有共事的时间。随后就是风波、癌症，以及起起伏伏的人生。

后来，我去医院看望了田健，并且和他在病榻旁边聊天。在病床之前，我忽然意识到，人生最后的高度可能都是一样的，就是一张病床的高度。人生是如此充满了不确定性，而过去的爱恨情仇与人的生命相比，是那么不值一提，而我和田之间的恩怨也早已成了过去式。当田健离世的消息传出，我也在微博上发出了自己的心里话——

今天惊闻田健去世的噩耗，很伤心。田健是我当年的同事和伙伴，虽然有过分歧和争吵，但他是我很尊重的一个朋友。去年他生病了我去探望他，聊起很多往事，都是过眼云烟，这么多年过去，很多误解也得到消除。愿田健一路走好。

只要在江湖，就难以避免征战，难以避免经历一些黑暗的时光；只要在江湖，就经常面临利益与长远的选择。雅虎事件发酵期间，我的名誉在公众面前受到了又一次冲击和损害，但是360的产品却受到了前所未有的曝光。这让装机量直线上升。现在回想起来，这是一件让人高兴又令人无可奈何的事情。

无论是查杀雅虎上网助手，还是与田健的纷争与和解，都像是一场心灵的对话。每每想起这一幕一幕，我会想起傅雷的译作《约翰·克利斯朵夫》中的一句话：“真正的光明绝不是没有黑暗的时间，只是永不被黑暗所掩蔽罢了。真正的英雄绝不是没有卑下的情操，只是永不被卑下的情操所屈服罢了。”

360杀毒为什么走向免费

2009年，美国著名的互联网杂志《连线》总编克里斯·安德森在《免费》一书中详细讲述了互联网的免费理念。安德森指出——

> 互联网把微处理器、网络带宽和存储融合在一起。在技术革命的推动下，这三者的成本都在以惊人的速度降低。互联网不仅整合三者，而且以极低的成本接触到了数以亿计的海量用户。当一种互联网软件以趋零的生产成本和同样趋近于零的流通成本抵达海量用户时，它的价格也可以趋近为零。

从反病毒卡到方正的电子邮件系统"飞扬"，从查杀流氓软件到查杀木马，再到免费杀毒，我的产品思维早已受到互联网开放精神的影响，这是360客户端最终从部分免费走向全部免费的过程，也是我对免费模式进行实践的过程。

但是这个过程并非一帆风顺。

最开始，360安全卫士只是查杀流氓软件和木马，查杀毒部分和卡巴斯基合作。我们提供给用户6个月的免费期，用户没有任何门槛，只需要下载一个软件就可以使用。这个时候的互联网大环境还是病毒肆虐，多数的电脑还在“裸奔”，而购买杀毒软件的用户也多半要去线下门店购买光盘安装。这无形当中把很多有需求的小白挡在了使用杀毒软件的门槛之外。因此，我们这款可以直接下载的安全产品，一下子引发了用户的兴趣。用户们口口相传，纷纷来下载我们的软件。在这段时间，续费成了我们很重要的一个收入来源。

与卡巴斯基的合作结束以后，和我们合作的国外厂商先后还有 NOD32 和杀毒引擎 BitDenfer（罗马尼亚安全软件品牌）。在这段时间，我们虽然一直在推半年期免费的客户端软件，但是这并没有引起杀毒软件厂商足够的警觉。很多杀毒厂商那时候还在收取可观的年费，他们认为查杀木马的功能从技术上说很低端，甚至可有可无，是对专业杀毒软件的配套。而我们当时也保持着和杀毒软件的兼容性，和别人捆绑在一起。

不过，随着时间的推移，我越来越有一个直觉，360 自己做杀毒的日子应该已经快要到来了。我清晰地看到，中国互联网的某些环境已经发生了变化。

从 2006 年到 2008 年，大量上网的用户从单纯地在网上浏览新闻、在聊天室聊天、发帖子发展到了在网上开店、购物、玩游戏、买装备，这就涉及了资产安全的问题，让网上安全变成一种刚性需求。我感觉到，互联网安全最终会变成每个人都要面临的问题。我想，包括杀毒在内，互联网安全一定会成为一种基础服务。

我对免费的认识很朴素，只要是人人都需要的，就应该是免费的。所以，我们在免费结束了流氓软件泛滥、把木马黑客赶到地下后，就想到这样一个问题，杀毒软件是人人都需要的，那么杀毒软件也应该免费。我们中国人不喜欢买软件，连微软操作系统都不爱买，更别说杀毒软件了。那个时候，每年花两百块钱买正版杀毒软件的人非常少，2008 年大约有两亿上网用户，买正版杀毒软件和装盗版杀毒软件的用户，总计不到 1000 万。

从这个方向出发，我开始思考公司的战略方向——是不是将其他业务砍掉，将公司业务聚焦到安全？这个决定重大，当时《免费》这本书还没有出版，理论支撑无处可寻。一旦我将其他业务砍掉，那么免费安全如何找到将来变现的模式，或者到底能不能变现，我都没有明确的想法。我知道如果我将整个安全业务免费将意味着什么，意味着可以预知的公司内部的反对，意味着砍掉现有杀毒续费高达 2 亿元的收入。

更重要的是，我要如何和投资人交代？这将是个巨大的难题。这毕竟是关系到公司发展方向的重大决定。我可以想象出投资人的心理状态：我给你投了那么多钱做搜索，结果呢，搜索没有做成，你去做查杀毒软件，360 查杀流氓软件虽然受到网民的欢迎，但是把同行得罪了，而且未来的盈利模式还不知道。我们怎么能答应呢？

2007 年，光瑞星一家的杀毒销售额就超过了 8 亿元，可以想象，如果 360 宣布免费策略，将有一场怎样疯狂的围追堵截在等着我。

果不其然，王功权、沈南鹏以及其他董事，在董事会到来那一天听了我的陈述，都表示不能完全同意我的“免费”决定。沈南鹏因为要出差需要早走，他简单表示了他的看法：“是不是先将公司上市，再有新的战略出台？”王功权也说：“这样的策略太过冒进，是不是稳妥一些好？”最终，对于这个“免费”战略，董事会并没有进行投票。事情看似被搁置了，而我决心继续推进这个策略[1]。

2008 年 7 月 17 日，我们召开了一次新闻发布会，宣布正式推出 360 杀毒软件，并且宣布永久免费开放给用户使用。我在发布会上说，杀毒软件市场重新洗牌的时候到了。

没有想到，第一版的免费杀毒软件一出炉，就遭遇了滑铁卢。

---

[1] 根据风险投资人王功权的口述：“无论是在 3721 还是在 360 的董事会上，周鸿祎的决议基本没有被否决过。真正的风险投资人从来不会干涉创始人的战略。有的时候在董事会上，我们对一些决议感到高度担心，对有一些也倾向反对，但是最后都没有进行反对。这是因为想驳倒周鸿祎很难：第一，他对这个行业的理解确实有前瞻性，很多道理他可以自圆其说，他有对行业的理解，而你只是靠本能觉得这件事情不行，但是靠本能是没有办法驳倒他的；第二，他太有激情，你说半个小时，他说两个小时，而且热情不减。你说谁能有多少意志力和他辩驳，他的坚定和顽强最后总是让他赢得胜利。投资人通常是被他说服，最终认为也许他是对的。”

从杀毒滑铁卢到后来的脱颖而出

第一版杀毒软件出炉之后，市场的反馈并不是特别好。我第一次体会到，并不是什么都会“免费就灵”。

这次推出免费杀毒软件，我们购买了 BitDefender 的引擎，做了一些简单的本地化开发，做了汉化就推出来了。我们没有从用户需求角度出发，过于相信国外开发者的能力。结果这款测试版的 360 杀毒软件太重、太卡、太笨，不符合中国用户的使用习惯，用户反馈不是很好。我们的第一次“免费”竟然以失败告终。

各种用户反馈纷至沓来，市场上的批评不绝于耳。幸灾乐祸的声音开始响起来了——“周鸿祎的 360 杀毒软件不过是一个搅局者！”“他的免费策略长不了！”现在回想起来，相对于那时收费的杀毒软件，360 杀毒测试版就是“次优品”，除了免费，浑身上下没有什么优点。

虽然铩羽而归，但是我们的免费之路不能停。那段时间我们卧薪尝胆，开始全方位着手解决测试版的各种问题。那时候杀毒软件团队的骨干之一是邹贵强，我把他从一个小的杀毒软件公司“墨者”挖过来，开始认真修改我们的软件问题。公司团队开始连续地加班加点，一个小伙子甚至为此推迟了婚期，为了鼓励他，春节的时候，我给他封了一个大大的红包。

我习惯了有什么问题当即解决，比如当我们得到一个用户反馈某个病毒杀不干净时，我会要求执行团队当天晚上就拿出解决方案把问题解决干净，而不是像其他公司一样等上两三天，很多员工因此叫苦不迭。不过，正是因为如此，很多问题得到了迅速解决。很多 2009 年行之有效的杀毒解决方案，甚至延续到了今天。

整个过程，我们都是在埋头苦干。

我们先解决卡的问题，这样会让杀毒软件的运行速度变快。传统上，杀毒软件扫描硬盘时，只要发现病毒，不管是死的还是活的，它就要上报。在改造 BitDefender 引擎的时候，我们换了一个思路：像这种恶意程序，只有在运行的时候才会对电脑产生危害，这就跟一条大鳄鱼一样，它睡觉的时候是不会攻击人的。于是，我们就改变了报病毒的规则，不管有多少恶意程序，只有它开始执行的时候，360 杀毒才会报毒，然后迅速查杀处理。这样就提升了杀毒软件的速度，用户感觉顺畅了很多。

然后我们改变了开机扫描的做法。传统杀毒软件是电脑一启动就开始进行安全扫描，一扫描就要占用大量的系统内存。用户一开电脑，就要处理一天里最重要的事，让用户等着杀毒软件，这很不厚道。于是，我们就做了一个小改变。开机后不做扫描，让用户把重要的事干完，再过一段时间才在后台开始扫描工作。

我们还改变了杀毒软件的界面。360 的界面做得非常简单，只有三个按钮：快速扫描、全盘扫描、指定位置扫描。360 杀毒软件刚一出来，又引起一阵哄堂大笑，人人都说：杀毒软件怎么能做得这么简单呢？怎么能做得这么白痴呢？太不专业了。事实证明，用户就是喜欢这样“简单”的软件。软件看着很简单，用户用着很方便，所有的技术都放在后台。

我一直认为，杀毒软件不能打扰用户。杀毒软件是用户的保镖，出危险的时候要及时出手，平安无事的时候就得老老实实地在身后待着。还有，给用户安全提示也得分什么时候。360 免费杀毒默认开启免打扰模式，用户在玩游戏或者运行全屏显示的程序时，360 杀毒软件不弹窗提示，推迟升级、查杀任务。这样做，第一，不在用户聚精会神的时候打扰用户；第二，不占用电脑资源，优先保证用户完成手头上的任务。

在一年多的时间里，我们做了很多不起眼的工作。这些事不起眼，但是目标只有一个：让杀毒软件易用、有效，让用户用起来感觉爽。这些就是我们的微创新。

2009 年 9 月 29 日，360 免费杀毒 1.0 版本正式版推出，别人以为我们又要放哑炮了，结果，我们放了一颗“原子弹”。

360 客户端的装机量势如破竹。到 2009 年年底，360 杀毒软件占据了 30.8% 的市场份额，用户量超过 1.2 亿，加上 360 安全卫士 73% 的国内覆盖率，360 的用户数逼近 3 亿。

果不其然，杀毒界“风雨欲来”，免费的策略动了很多传统杀毒厂商的“奶酪”，一个竞争对手的创始人当晚就给我打电话说“你把我们的锅给端了”。我回答：“这是我们共同的锅。”

对于 360 在杀毒领域的长驱直入，瑞星、江民、金山等厂商显然坐不住了。就在 360 杀毒发布的第二天，瑞星官网上就将同样刚推出的瑞星 2010 产品全线免费半年，并展开了包括邮件营销、在线广告在内的一系列免费推送举措。

而早期的合作伙伴终于开始对我发难了。网上出现了大量的攻击文章。有的说免费没好货，360 免费杀毒不专业，杀不了病毒，是花架子。有的说 360 推出免费杀毒，背后有不可告人的目的，360 肯定是暗地里偷用户的资料来卖，否则没有收入，怎么能养活这么多人。甚至有一家杀毒公司设立专题，在好几千万的杀毒软件上写着“360 安全卫士有后门，偷窃用户隐私”的大字报。后来我们把这家公司告上了法庭，这家公司最后输官司赔款道歉。

2010 年 6 月 1 日，卡巴斯基大中华区总裁张立申向媒体发布了公开信劝我“回头是岸”。他说“没有 360，卡巴斯基在中国就没有机会”，对我而言，这种说法突破了我的底线，我不服气。我认为当时是我劝说举棋不定的卡巴斯基走上免费尝试的道路的，我曾说：“反正卡巴斯基也不可能打败瑞星、金山、江民，还不如死马当活马医，双方合作，免费推广。”我今天依然这么认为。

我立刻在微博上对张立申的指责做出了回应，说：“今天有收费杀毒厂商的老总写博客，劝我‘回头是岸’，仔细拜读之后，我领会到他的真正用意：只要我能放弃免费杀毒，回头和他们一起做收费，那就什么都好说。我想问大家，你们希望我回这个头吗？”

11 月 19 日，金山新闻代言人在个人博客公开指责 360 恶意竞争，言辞激烈。同一天，金山官方 BBS 也发布了一份关于“360 安全浏览器屏蔽金山网盾”的公告。就是在那段时间，我们连续遭遇了很多起诉讼。那是互联网发展中期很奇特的一景。

面对群起而攻之的局面，我并没有退缩，这就是免费带来的颠覆性力量，它具有破坏性，也是我当初决定做免费带来的必然结局。

免费具有一种颠覆性的力量，它会破坏传统的商业模式，同时又建立新的价值体系。随着免费杀毒软件在中国的普及，中国网民安全软件的普及率从不足 10% 提升到 95% 以上。

我带领 360 进入互联网安全领域的时候，我们都是一帮不懂安全的人。我们就像蛮牛冲进了瓷器店，或说乱拳打死老师傅，不懂安全软件市场的游戏规则。今天，这些杀毒厂商终于明白过来，免费安全是大势所趋。当年那些没有跟进的厂商，基本上全都歇菜了。跟过来的厂商虽然还不断地骂我们，但他们所有的模式都跟着 360 学。免费之后，整个市场的规模比原来扩大了 100 倍，也终于有实力与国外的安全公司抗衡了。现在，360 每年为互联网用户节省了 400 亿到 800 亿的安全软件开支。

今天，我相信安全产业的用户比七年前增加了 10 倍。那整个市场的盘子也大了很多，过去一家安全公司一年的收入做到几个亿可能都是行业翘楚，但现在通过和互联网的结合，一家安全公司每年在安全上虽然不赚钱，但也可以把收入做到很高。所以，我觉得互联网行业带来了颠覆式的创新，互联网对媒体的冲击，对影视产业的冲击，对音乐产业的冲击，包括一度兴起的小米也体现了互联网对手机产业的冲击。这些冲击我认为不是我们发明的，它是趋势，也不是一两家公司所能拦得住的。

360 的免费杀毒，是对“免费理论”的一次经典的检验，也是 360 公司的一次颠覆性的创新。当然，每一次颠覆性的突破都会有阵痛和难过，也会有实打实的对收入的放弃。起初我们在 360 软件的主界面里放了几条文字链，为 360 每年带来了 8000 万元的收入。到了 2010 年，我们决定彻底取消 360 软件上的文字链广告，因为我觉得，360 是一个保镖，是一个卫士，如果没事就给你传递小传单，这个保镖用户也用不了太久。虽然这样一年可能损失几千万元，但是从长期来看，我们认为广告模式不适合安全软件，我们必须舍弃广告。

在免费的过程中，敢不敢把实打实的收入取消，这是考验企业领导人勇气的事。说起来容易做起来难，整个过程是一场凤凰涅槃。每次我在阅读《颠覆性创新》这本书时都会感同身受——

确信无疑的是，最简单的创造终结竞争者的办法，就是提出很多极端的想法，然后围绕这些极端的想法创建公司。这就是为什么许多刚成立的企业发展如此迅速，而且能带来如此巨大的冲击力。即使他们与行业巨头并肩作战，他们仍然能够吸引很多的财富和传统的荣誉。他们之所以成功，是因为他们并没有效仿其他企业，他们就是局外人、游戏规则的改变者。用赛斯·高汀的话来说，他们不像鸡肋那么索然无味。

360 商业布局初步显现

事实证明，360 的免费模式成功地实现了突围，而中国网民也受益了。2013 年微软官方发布的安全报告指出，中国电脑的恶意软件感染率指标为千分之零点六，只是全球平均线的十分之一。360 免费安全软件普及对中国网络安全形势的改变起了关键作用。

而在进军免费安全的同时，我们的团队对于商业模式的探索已经慢慢开始了。我们的商业化之路，甚至比想象的还要顺利一些。这些都归功于我们通过安全卫士和免费杀毒积累了海量的用户。

2008 年 5 月，360 推出了“360 安全浏览器”。凭借着 360 安全卫士的巨大用户基数，浏览器的装机量也是一路高歌猛进。根据后来的市场调查，360 浏览器活跃用户达到 2.55 亿，市场占有率位居第二，仅次于微软 IE 浏览器。

后来我们又有了 360 安全网址，并将 360 浏览器的默认主页设为这个站点。随着导航流量的增加，里面每一个网址链接入口其实都能开发成一个广告位。虽然 360 杀毒让我们损失了大量的收入，但是这些有机进化的商业模式在基本应用、免费安全软件的基础上逐渐裂变，让 360 很快有了新的、更多的收入。这也奠定了 360 公司后来的成功，以至于形成了迅速走向资本市场的基础。

再后来，360 的产业布局从浏览器扩展到了搜索，从软件服务扩展到硬件产品，从 PC 端扩展到移动端，是一个基于安全服务的庞大互联网产业集团。360 的利润来源涵盖了网址导航、搜索分成、软件下载、游戏运营等诸多方面。

总结起来，这是 360 适应互联网大潮流的结果，这个趋势就是免费。回望整个过程，虽然 360 实现免费的过程冒险激进，但是顺应潮流的结果，就是让网民迅速用脚投票。就如同我在演讲中所说的那样——

任何企业都可以找最强的竞争对手打，但是有一个对手你是打不过的，那就是趋势。趋势一旦爆发，就不会是一种线性的发展。它会积蓄力量于无形，最后突然爆发出雪崩效应。任何不愿意改变的力量都会在雪崩面前被毁灭，被市场边缘化。

免费有时候看似一条冒险的道路，但是就如同《颠覆性创新》的作者所说的那样：

将会有越来越多的管理者认识到，保守而谨慎，必将引向毁灭之路，而不可能逃避经济风暴的摧残或将此作为长治久安的生存方式。

我一直希望，360 不要失去冒险的基因。

2011 年 8 月，虽然免费之路实施的时间并不长，我们的 CFO 姚珏对 360 成长走势有了清晰的预判——360 的商业模式已经形成，并且走在快速发展的道路上。于是，她在一次董事会上提出建议，360 拥抱美国资本市场的日子应该到了，我们可以提请上市。

没有想到，360 在美国资本市场寻求上市的日子，将伴随着中国互联网最为惊心动魄的一场战役——“3Q”大战。

“3Q”大战　出逃香港

第十二章

春节中的偷袭——腾讯来了怎么办?

做免费杀毒和安全软件面临的一直不是风平浪静的环境。一个正在崛起的互联网安全公司在突围的过程中，打破了行业既有的规则，永远是群狼环伺，杀机四伏。我性格执拗，有时候口无遮拦，免不了得罪人，也免不了陷入四面树敌的处境。中国互联网发展过程确实经历过一些无序状态，这让竞争的残酷程度超乎想象，也让竞争手段显得超乎寻常。每家公司或多或少都带有一些原罪。

如果说互联网江湖的竞争和一般商场的竞争有什么不同，我会说，互联网公司之间竞争的严酷程度大大超过了普通的商业竞争，大家都无所不用其极。这时常让我想起一部香港电影《寒战》，光明与黑暗的两股势力总是交缠出现，而命运则沉浸在虚无与不确定当中。公司死亡的阴影和随时可能被后来者压制的恐惧经常会占据创业者的内心，因此这经常触发的是一场场非此即彼的斗争。这种你死我活的战斗强迫创业者要经常忍受灵魂的拉扯，也锻炼出强大的心理素质。

即便是在外界看来非常好斗的我，既不想主动发起一场战争，也不愿意被动地经历一场浩劫，这意味着对精神的折损。尤其是，我不想惹到互联网中的一只大鳄——腾讯。但是，灾难是否来临，终究不以自己的意志力为转移。

2010年春节期间，我正在海南休假，多年和我并肩作战的战友齐向东打电话告诉了我一个正在发生的“坏消息”，模仿360安全卫士的“QQ医生”开始在PC端进行强制捆绑了。虽然避开了北上广，但是这种对我们地盘的侵蚀显而易见。这意味着，只要在QQ进行捆绑的区域，每位拥有QQ的用户只要上网，就要被强制下载一个“QQ医生”软件，而安全软件天然的不兼容属性会让360的运行变得复杂而困难。通常来说，两款安全软件在一台电脑上会拖慢电脑进程，最终让用户忍无可忍，卸掉一款安全软件。毫无疑问，这是腾讯向安全领域发起攻势的信号。

这是我们最恐惧的对手掀起的让我最为担心的一场战役——腾讯，已经瞄准了安全领域这块蛋糕，它准备伸手收割果实了。

我意识到，一场战役已经打响。这会不会让360尸横遍野？想到这里我不免后背发凉。

打开电脑，我发现QQ医生和360安全卫士的功能高度重合，连界面都非常相似。安全软件天生的不兼容性让我瞬间感觉到了360的生存危机。如果这种情况持续发生，也许不用一个春节假期的时间，所有PC上的安全客户端就会替换成QQ医生，而360公司花几年摸索出的商业模式和通过免费苦心积累起来的用户，在短时间内就会毁于一旦。

我心里一沉，这一次，终于轮到我们了。

为什么？答案不言自明。

其实，早在2008年，我就开始考虑这样一个问题：腾讯来了怎么办？

那个时候，360安全卫士的装机量已经过亿，但是我高兴不起来。我早就说过，做互联网的人，一定会遇到三个无法回避的问题：生、死、腾讯。腾讯就像一个天花板，你怎么长都要碰上它。它发现你长个儿了，就会自动往下沉，压缩你的生存空间，再把你压回小个子。

任何做客户端的都怕腾讯，主要是怕两个方面：第一个是被它抄袭，它做得虽然不如你好，但跟你差不多，而且还要抢在你前面去注册专利；第二个，它的推广平台厉害，一天好几次给用户推，时间一长安装量自然就上去了。要是这样推不成，那就采取“默认勾选”的方式安装，QQ一升级，莫名其妙就多了一款 QQ 软件。这种方法再不行，那就往主程序里面捆。

2010 年，腾讯已经成长为中国互联网界一家罕见的“全业务公司”，它的业务涵盖了即时通信、门户、游戏、搜索、购物、邮箱，乃至输入法、浏览器、支付工具等大小业务。而且，腾讯在保持着无法被超越的优势的同时，也是令任何一家互联网企业提起都无法不心惊胆寒的巨兽——一只攻击性很强的巨兽。

在 2010 年之前，腾讯喜欢模仿新兴互联网企业产品，然后凭借其强大的用户黏性将其迅速推广出去，新公司在这样的市场进攻之下挨个死去的事件层出不穷。一些媒体凭借敏锐的直觉发现了这个现象，他们说——

这就是腾讯，中国第一、全球第三大互联网公司，一家全球罕见的互联网全业务公司，即时通信、门户、游戏、电子商务、搜索等无所不做。它总是默默地布局，悄无声息地出现在你的背后；它总是在最恰当的时候出来搅局，让同业者心神不定。而一旦时机成熟，它就会毫不留情地划走自己的那块蛋糕，有时它甚至会成为终结者，霸占整个市场。

一些人说——

腾讯从来不做第一个吃螃蟹的人，却总能在成熟的市场中找到空间，横插一杠子。然而它选择的路径也使其饱受争议，那就是模仿，有时甚至是肆无忌惮地“山寨”。

被腾讯公司终结的公司不胜枚举，这也让 360 担忧。我内心时常担心那一只靴子会掉下来，担心某一天我们也被山寨、被抄袭、被终结。所以，我希望公司可以跑得更快一些、更隐蔽一些，以至于让腾讯注意不到，追不上来。但是我没有想到，这一天来得竟然如此之快。

我从来不愿意与腾讯起正面冲突，因为我清楚这庞大对手摧毁一切的杀伤力。

就在大家还沉浸在春节的喜庆氛围当中时，公司的各路高管被电话紧急召回。

我从海南飞回北京，老齐飞回北京，在东北滑雪的谭晓生从哈尔滨飞回北京，生病正在输液的姚珏回到办公室，一个怀孕 6 个月的女高管也从国外赶回了北京。大家聚集在公司的会议室里研究 QQ 医生的界面和各种数据指标，也在猜测着这场劫难的规模究竟有多大。那一天是大年初二，我内心委屈，忍不住脾气，当着高管们的面，摔坏了一部诺基亚 N72 手机。

我们打开电脑，具体分析了腾讯的推广手法：第一，安装不可勾选，必须强制安装；第二，软件是后台安装，安装过程在用户前台没有显示，在不可见的情况下就直接给安装上；第三，安装完成以后，系统提示 QQ 医生和 360 软件不兼容。

在办公室里，大家都意识到了事态的严重性，并且研究了一些攻防方法。在整个讨论的过程中，高管的心情是沉重的，但是又有一种刚创业时的空前团结。这是许多创业者都会遇到的时刻，竞争来袭，公司前途未卜，人们对未来的裁决缺乏判断。

幸运的是，这次危机显得非常短暂。虽然 QQ 医生的捆绑卓有成效，但是由于产品功能并不成熟，很多用户觉得不好用就纷纷卸载了。可以说，这次腾讯的偷袭并没有取得它预期的效果，也没有实现对安全市场的大规模攻城略地。大规模的卸载没有发生，360 在暗暗松了一口气的同时，内心已种下一颗担忧的种子——我们有理由相信，当 QQ 医生做好产品优化之后，有可能会卷土重来。当一切重演的时候，那将会是另一场“完美风暴”。

媒体这样评价 QQ 医生的上线——

此前，周鸿祎曾在多个公开场合对腾讯创始人马化腾在产品上的功力赞不绝口，同时还声称，腾讯绝不会成为 360 的竞争对手，因为“腾讯是一个娱乐公司，在安全方面，应该由一个很专业的公司更专注地去解决问题”。

很显然，马化腾毫不客气地给了周鸿祎一个响亮的耳光。

“3Q”大战与 360 上市准备同步进行

随着第一版 QQ 医生卸载率的逐渐上升，“QQ 医生上线”的危机看似平安度过，公司看似再次进入平稳发展的稳定期，而我们也持续走在商业化的道路之上。在互联网行业的竞争当中，方向第一，速度第二。而速度，对我们尤为重要。

公司的 CFO 姚珏预判到了免费业务已经给其他增值业务奠定了坚实的基础，公司的商业化正在良性健康的道路上行走。7 月 28 日，在香港的董事会上，姚珏向董事会报告了数据的增长趋势，并提出了 360 在美国上市的申请。这意味着，360 将像很多互联网公司一样，有希望走上国际化的资本市场的道路，我们瞄准的是中国公司争相奔赴的纽约证券交易所（纽交所）。

上市对 360 的意义不言自明，这意味着公司品牌的提升、人才招募更加有利，融资后公司将得到快速发展。而成为一家公众公司，对 360 在市场上的竞争当然也不无裨益。我们本能地知道，外部通过强制安装的手段将我们置于死地的概率也许会大大降低。

因为赴美上市要提前做公司的三年审计，姚珏已经开始指挥财务部门部署，开始做上市的准备工作。这所有的动作都是在悄然无息中进行的，姚珏希望一边尽快做准备工作，一边等待董事会的正式批准。这样可以最大限度地缩短上市时间。当然，此时市场上对于我们的计划还一无所知。这个时候我们也都没料到，一场公司成立以来最大的灾难正在悄然酝酿。

2010 年 9 月 22 日是中秋节，我邀请开复和创新工厂的几位骨干到 360 的怀柔基地玩 CS 游戏，刚刚酣战完一场，一行人正在农家院吃饭，我突然收到了报告，腾讯新一轮的攻势开始了，和今年春节的进攻方式如出一辙——强制安装。但是腾讯这次显然有备而来，此时用户安装的“QQ 医生”已经升级为“QQ 电脑管家”，并具备了云查杀木马、系统漏洞修补、安全防护、系统维护和软件管理等功能。这几乎直击 360 公司的命门。

一时间，我内心的委屈情绪开始往外喷涌。我不惧怕两款相似，甚至相同的产品在市场上公开竞争，市场的原则就应该是让用户用脚投票，但是腾讯通过一年以来的推荐用户安装，并没有达到很好的效果。这意味着，腾讯虽然是个庞大帝国，但并非专业的电脑安全厂商。在这种方法并不奏效的前提下，强制安装和不兼容成了抢夺用户的方法。但是，这种竞争手段却意味着用户的选择权被剥夺了。

同事告诉我，这一次，网页上连错别字都一样，甚至 QQ 电脑管家的使用说明里还有“360 安全中心”的字样。腾讯这一次进行的是大规模的后台静默安装，也就是神不知鬼不觉地装进用户电脑，比强行安装还要糟糕。

多年的市场竞争其实已经让我内心较为强大，但是这一次，我有了祸从天降的感觉。我的脑海里条件反射地出现了一系列的连锁反应，强制安装后的结果必然是 360 用户加速流失，而这种失去会不会像堤坝的溃决一样越来越快，以至于最终不可收拾？我很害怕，害怕第二天早上醒来，就很可能有更多的用户放弃 360——比起公司死亡，我更害怕这种眼看着用户流失的无力感。

在 CS 场地附近的农家院里，我给马化腾打了一个电话，大概意思是腾讯不能这样用强制的做法来要挟用户，希望他们能够停止强制安装。马化腾在电话里语言缓和，他安慰了我，大概意思是说，腾讯不会把 360 置于死地，但市场是大家的，腾讯的安全也是一定要做的。

很显然，沟通无效。

没有办法，又一次在节日当中，我召集员工回公司商量具体的对策。我的头脑中浮现的是残酷的现实，是那一幕著名的故事《大卫与歌利亚》。

歌利亚希望与一个和他一样的勇士来一场近身肉搏，他从来没有想过决斗会以一种不同的方式进行。他早就做好了战斗的准备，而大卫并不想遵循决斗的惯例，他告诉扫罗，他放羊的时候曾经杀死过熊和狮子，他这么说不仅表现出他的勇气，同时也表明了一件事，他打算像对付野兽那样来对付歌利亚，他要做一个投石手。

而历史学家罗伯特·多伦温德写道："歌利亚几乎没有战胜大卫的机会，这就像一个拿着青铜时代的剑的勇士无法战胜配有点 45 口径自动手枪的对手一样。"

我觉得，我们的处境正是如此——面临着一场歌利亚与大卫之间的战斗。我们获胜的概率就像拿着剑的勇士面对着拿着枪的对手。360 公司的规模以及用户数量都无法和腾讯相提并论。安全是 360 的主战场，而对于腾讯来说，安全只不过是一个相对边缘的业务，就算我们全盘战胜，也不能撼动腾讯的一丝一毫。然而，咄咄逼人的形势让我们必须迎难而上，这场战役对于 360 来说，毫无疑问是难上加难。如果想成为大卫，我就要想出一个能以弱胜强的方法——这是我们面临的最大难题。

在危机爆发的当口，另一个隐忧又在内心慢慢升起。准备投奔资本市场的 360 现在处在商业大战爆发的前线，命运前途未卜，那我们还能如期上市吗？

如果不能，360 成为一家公众公司的梦想是否会就此彻底破灭？

漫长的对决

扫罗国王之所以不相信大卫有获胜的机会，是因为大卫弱小而歌利亚强大。扫罗认为的力量只是物理上的力量而已，他不知道力量也可以有其他的形式：打破规则时产生的力量，用速度和出人意料攻克强壮对手时产生的力量。

为了能够成为以弱胜强的大卫，就更加需要冷静沉着。怎么才能看清对方的软肋？怎么样才能克敌制胜？在这场漫长的对决里，我能保持一如既往的冷静吗？

既然QQ用客户端强制安装的方法来攻击我们的领地，我想，我们是不是也可以继续在客户端上做点文章，以其人之道，还治其人之身？360安全卫士的客户端也可以产出一款更受QQ用户欢迎的产品，让用户们欣喜若狂地下载，让QQ的产品经理也同样感受到360产品经理们的无奈。这是一个以战求和的出发点，我们希望通过这样一个回合的争夺，让QQ停止强制安装，从而回到公平竞争的道路上来。当然我们也会撤回这款客户端，然后大家偃旗息鼓，让用户拥有自主选择权。

行走江湖多年，我知道我不能再莽撞行事，无论如何不能仓促迎战，而这其中最关键的因素是必须让用户受益。

在仔细分析QQ软件之后，我们发现QQ对用户的电脑有扫描硬盘的行为。扫描的最终目的是给用户进行画像，但是这个动作用户并不知情。诚然，作为一个成熟的上市企业，腾讯不会通过获取用户隐私与个人信息去牟取非法利益，但是QQ扫描的事实却没有公之于众。这相当于腾讯在用户上网时不知不觉中掌握了用户的秘密——这就是我们推出360隐私保护器的前提。

在中秋节结束后的一周之内，我召集程序员花了一周的时间封闭开发这款软件，迎战QQ进攻的武器——360隐私保护器。我们告诉用户，360隐私保护器的本质是工具，其功能是帮助用户监控电脑中的软件在系统后台的所有行为。这款软件将软件行为变得透明，变成能让普通用户充分感知和了解的工具。

当隐私问题日渐成为网民的话题时，人们对于隐私问题的重视程度达到了一个新的高度。当我们将隐私问题抛到公众面前的时候，毫无疑问，一石激起千层浪，这成了人们关注的焦点。“360隐私保护器”刺激了对手还击的欲望，而且还击的力度和速度非比寻常。

在隐私保护器发布的第二天，如我们预期的那样，腾讯的还击开始了。这是中国互联网江湖里寻常又不寻常的一幕——腾讯联合了很多公司，大多是我们平时“得罪”过的和有竞争关系的公司，发出了一个联合声明——

2010年9月，360悍然推出“360隐私保护器”，将正常的用户操作和QQ安全检查模块诬蔑为腾讯QQ窥视用户隐私。任何第三方程序凡是名字被修改为“QQ.exe”后，都会被提示窥视隐私。该公司还通过其软件弹窗、官方网站专题、博客及微博等各种方式进行恶意传播扩大影响。

腾讯公司也对扫描行为做出了两次回应——

有媒体报道《360新推软件指QQ侵犯隐私》。文章中提及的所谓“隐私扫描”内容，是对QQ安全功能的误解。我们在此强调，腾讯QQ软件绝对没有窥探用户隐私的行为，也绝不涉及任何用户隐私的泄露。

近期某公司推出“隐私保护器”，诬蔑QQ窥视用户隐私。在此我们严正声明：QQ一向重视用户隐私的保护，绝没有窥视隐私的行为。被诬蔑的主要是QQ安全检查模块。QQ安全检查模块是一个查杀存在于整个电脑中盗号木马的安全软件，在QQ登录后会对易被木马入侵的内存、开机启动项、常用软件启动项、桌面快捷方式等位置的文件进行安全检查。

媒体对于这场争端的报道不一而足，有的说：“随着互联网的发展，软件开发商能够更好地与用户产生交互，能够第一时间掌握到用户对软件使用的数据，从而提升自身软件的性能。但与此同时，一些互联网软件也开始出于各种目的滥用用户对其软件的信任，在未经用户允许的情况下，私自采集用户机器中的大量隐私数据。在信息不透明的情况下，用户的隐私很容易受到侵害。”

央视说：“针对这一现象网络专家称，目前毫无可靠的方法可以验证新版‘隐私保护器’是否能够正确地识别QQ等被监控的聊天软件，但相关法律及行业标准的缺失，已经日益成为阻碍互联网发展的因素。”

至此，360与QQ的客户端争夺战已经正式在公开领域打响了。媒体的各类报道也开始相继出现。事情已经处在了一个愈演愈烈的边缘，我知道这场战斗还将继续下去，也预感到战争随时可能再次升级。

这是不是意味着一场漫长的对决就要开始了？

这会不会掀起一场轩然大波？

“360 扣扣保镖”和“出逃香港”

本以为推出“隐私保护器”之后，双方会各退一步，一场交战就此可以消停了。但是很显然，对手已经被激怒了，战争升级的可能性骤然加大，在“隐私保护器”推出之后，我们掀起了一轮又一轮你来我往的公关战，氛围格外紧张。

屋漏偏逢连夜雨，不出所料，有人又在此时开始兴风作浪了，有关 360 要做即时通信的消息无中生有地出现在市场上。因为做了免费杀毒，我们得罪过的公司不少，我猜测，这是我们的又一个安全领域的竞争对手的所作所为。我们在客户端的数量上虽然不如腾讯强大，但是确实也有相当的占有率。对于正在气头上的双方，这种在市场上的煽风点火对双方的偃旗息鼓无疑起不到任何正面作用。这会让腾讯觉得，我们也要在他们的领域横插一脚了。虽然 360 当时是一个很小的民营公司，对庞大的腾讯帝国不可能形成真正的威胁，但是，安全卫士客户端的装机量毕竟摆在那里，这种传言肯定会给糟糕的现状火上浇油。

其实凡是了解我们的人都知道，360 的优势是做工具型软件，安全软件并不具有交互性和太强的黏性，因此我们根本没有做即时通信软件的基因，做不了这种有用户关系的软件。

当各种谣言甚嚣尘上时，我知道，我必须为接下来的战役准备一颗“原子弹”了，至于使用不使用它我不得而知，但是如果对方有撒手锏拿出来，我们必须也有武器可以应对一阵。我知道，我的字典里没有“苟活”这两个字。

生死边缘，步步惊心，我组织了团队在怀柔进行了三个星期的封闭开发，目的是研制出一款能够遏制对手的“秘密武器”，让未来的灾害能够减轻到最低。10 月 4 日，我开了两瓶茅台和我的员工一起喝了，就这样，我在这三个不眠不休的星期里度过了我的 41 岁生日。

生死未卜，但是我的脑海里并没有刻意模拟那些令人生畏的画面，比如想象出最坏的结果，让自己胆寒不已。在这种大敌当前的时刻，我通常提醒自己要冷静，想办法把眼前的危机度过。

现在想一想，那感觉真是走在人生边上。

到底什么武器才能和 QQ 抗衡呢？我在家里苦思冥想。通过研究腾讯过往的经历，我想找出 QQ 软件的软肋，做一款让用户爱不释手的软件。我想到，曾经著名的珊瑚虫事件搅动得互联网行业鸡犬不宁。一个网络爱好者和编程爱好者做出的外挂辅助软件，曾经受到腾讯用户的大力欢迎，也让腾讯烦恼不堪。这款软件可以显示 IP，提示好友的地理位置，屏蔽腾讯的广告，还有丰富的定制功能。虽然受到广大用户的欢迎，其中珊瑚虫可以显示 IP 的功能引起了强烈的争议，因为这泄露了用户的隐私。

我们再次研究了 QQ 软件的利弊，希望做出一款保护用户隐私、让用户喜欢、使用更便捷的软件。通过研究我们发现：第一，QQ 运行的过程中，会产生很多垃圾，用户也不知道该不该清理，因此经常选择不去清理，从而导致电脑变慢；第二，QQ 的广告弹出不能去掉，如果去掉，必须缴纳会员费用；第三，一旦 QQ 开启，它的功能很多，往往几十个模块同时运行，造成电脑卡慢。

针对 QQ 软件的这些弊病，我们开发了一款软件，也就是最后引爆战争的、激发出“一个艰难决定”的著名的“360 扣扣保镖”，如同对 Windows 的优化功能一样，我们做了一款 QQ 的操作系统，加上了很多优化 QQ 软件的功能，让软件可以去广告、清垃圾、加快运行速度、优化模块。这样可以让 QQ 软件用起来又快又轻松。为了避免争议，我们不是修改了腾讯的代码，而是把选择权交给了用户。另外，这款软件不显示 IP，保护了用户的隐私。我们要确保这款软件完全合法，以免陈寿福事件[1]再次上演。

三个星期的封闭式开发行将结束，我知道，弹窗广告、QQ 秀都是腾讯的重要收入来源。这是一个相当于核弹的武器，一旦发出，会让双方的关系瞬间彻底陷入冰点。因此，这款武器更像是我们的一个战略储备，至于是否使用、何时使用，公司内部完全没有一个结论。我们在观望紧张的局势，也担心事态进一步恶化。

2010 年 10 月 27 日，腾讯召集金山、百度、遨游、可牛等公司联合发表了《反对 360 不正当竞争以及加强行业自律的联合声明》，并通过弹窗等方式公告用户，要求主管机构对 360 的不正当竞争进行坚决抵制。而我也在微博上发出声音称："360 免费杀毒颠覆了传统收费杀毒，所以遭到了全行业的妒恨。"

随后我们发出声明，宣称"向一切灰色利益和潜规则宣战。不怕得罪任何厂商，哪怕是中国最大的和第二大的互联网巨头"。

情急之下，我们的公关也昏招迭出，在我并不知情的情况下，在弹窗上发布了一个并不恰当的、针对马化腾个人的回应，更加剧了事态恶化的可能。

如同我看过的一本小说，世界上几个国家刚开始打的是常规战争，但是打着打着，战争就升级了，双方都使用了核武器。随着双方取胜心切的态度日盛，大家急眼了，最终使用了核弹。

一旦发动战争，很多事情就已经无法预知。

2010 年 10 月 28 日，我和老齐、姚珏在香港参加董事会，正是在这个董事会上，360 上市的决定得到了正式批准。接下来，我们又召开了紧急会议，研究了五家的联合声明以及我们自己并不明智的那个回应，预感到战火必将

[1] 陈寿福因制作了珊瑚虫 QQ，于 2006 年 8 月 20 日被腾讯公司以侵犯著作权为由提起诉讼。珊瑚虫 QQ 增强包是基于腾讯 QQ 制作而成的 QQ 插件，集成了网上最新流行的功能，比如：可以显示好友的 IP 地址以及地理位置，另外去掉了烦人的广告，使界面更加清爽，也可选择安装 MSN 风格的提示声音，珊瑚虫 QQ 增强包还提供了丰富的定制功能。正因如此，珊瑚虫 QQ 增强包曾经成为网络上最受追捧的软件之一。2008 年 11 月 24 日，陈寿福被判处有期徒刑三年，并被处罚金人民币 120 万元。2010 年 3 月 11 日，陈寿福获得五个月的减刑，于 3 月 10 日正式刑满提前出狱。

愈演愈烈。

2010 年 10 月 29 日，我们深感已经身陷困境，舆论已经大军压境，我们在一直延续到凌晨的会议上决定，只能使出最后的招数——宣布推出“360 扣扣保镖”，让弹窗之战爆发得更猛烈一些。这并不像很多媒体想象的那样，推出“360 扣扣保镖”是我们精心设计的“精确制导”，或者是我们精心谋划的一场布局。我们只是亦步亦趋地跟随了形势，它的发布只是迫于无奈，它将要产生的后果当然让我紧张。

这款如同 QQ 伴侣一般的软件，一旦弹出，果然就受到了 QQ 用户的强烈追捧。最初发布的 72 小时内，装机量突破了 1000 万。用户发现，“360 扣扣保镖”主要功能涵盖隐私保护、防止 QQ 盗号、过滤 QQ 广告、清理 QQ 垃圾等，同时用户在安装“360 扣扣保镖”后，直接把 QQ 面板上的安全按钮链到了“360 扣扣保镖”。

核弹引爆，一时间，媒体爆炸了，浓烟滚滚。一时间，互联网震动了，众说纷纭。

马化腾悲愤地向外界宣布：“再过三天，用户可能全军覆没！”[1]

后来有人猜测，10 月 29 日是马化腾的 40 岁生日，而 360 此举是给马化腾送了一份特别的生日礼物。其实这是完全不实的言论，360 选择这一天推出“360 扣扣保镖”纯属巧合，我们的产品是简单测试之后匆忙上马的，除了应对战争别无他用。

当时也有人问过我是否胸有成竹。其实，就如同艾森豪威尔将军根本无法预知诺曼底登陆那场异常艰苦的战役究竟会取得什么结果一样，大军推出的那一刻，他的眼神里只有迷茫。

10 月 29 日，腾讯发表声明称“360 扣扣保镖”是非法外挂。

幕后的传言制造者变本加厉地为这场商业战提供火药。“360 扣扣保镖”推出前后，有人在网络上制作了一个让人哭笑不得的虚假网页，上面有一个粗糙的视频，场景显示好像是在 360 的会议室里，几个人正在演示着 PPT，讨论着有关 360 进军即时通信的计划。

---

[1]《经济观察报》，记者杨阳。

这段莫须有的视频无疑又起到了煽风点火的作用，令局势雪上加霜。我不知道这段视频是怎么炮制出来的，但是毫无疑问，这些林林总总的事件推波助澜把“3Q”大战推到了爆发边缘。

战局一触即发。

然而，更出人意料的事情发生了。就在我每天监测软件卸载数量，和公司高管商量对策的关口，一天早上，我和平时一样正准备从家里出发到位于四惠桥边上的公司上班，手机响了。我一看，是和我多年并肩战斗的老齐打来的。接通电话，我听到他说：“公司里来了 30 多个警察，你赶紧逃。”

我本能的反应是——事态升级了。

原来，随着“360 扣扣保镖”的装机量急速上升，有人已经举报到了公安部，希望将 360 的反击定义为“刑事犯罪”，认为 360 破坏了 QQ 的软件和计算机系统。本来是腾讯和 360 两家公司之间的商业竞争，现在已经上升到让公安机关来关注的高度。而且，这些警察来自外地。

30 多个警察当时出现在北京四惠桥畔的 360 公司总部，如果我出现，虽然不知道是否会被带走调查，但我和老齐都本能地知道，在一场大战即将爆发的生死关头，无须任何坐实的犯罪指控，只要传出 360 公司创始人被警察带走调查的消息，就算我们没有任何问题和错误，舆论天平也会不分青红皂白地向一边倾斜，我们可能连解释的机会都没有了。而一段时间公司没有核心领导人，就像战场上没有了将军，势必导致军心涣散，大军溃败。

这个时候，容不得丝毫闪失。

“你看看你现在能飞哪儿，就赶紧先飞过去。剩下的以后再说。”老齐对我说。

在车里，我翻出了自己随身携带的护照，看了看上面所有签证的有效日期。10 月 28 日我刚刚从香港回到北京，此时我还有香港的有效签注，因此返回香港是最便捷的选择。

“我有香港的签证，还有日本和美国的。”

“去香港吧！”

“嗯！”

这一刻，我好像来到了《盗梦空间》的某一个时刻，不知道处在梦境的第几个层次。

“掉头，直接去机场！”我对司机说。

车掉头后开向了首都机场，我直接飞到了香港。

确实如同《盗梦空间》里某一幕的重演，男主人公来不及最后看一眼自己的孩子，就被带走了。而此时此刻，我最想见到的也是自己的孩子。

一个艰难的决定

“真正的难题不是拥有伟大的梦想，而是你在半夜一身冷汗地惊醒时发现，梦想变成了一场噩梦。”这是《创业维艰》里的一句话。

我住进自己在香港的家，每天只有自己一个人。但是每天我都在和公司的高层以及媒体进行实时电话沟通。我一天吃两顿饭，一个人去。吃饭之后回到家里，密切观察媒体的各类报道，也接听记者和公司高层的电话。一分钟都不敢休息。我知道，此时此刻，事态肯定会向更加胶着的方向发展。[1]

终于，矛盾全面爆发了。

11 月 3 日，姚珏正在惠通时代广场 D 座的办公室办公，她桌上的电话不断响起。“360 扣扣保镖”刚刚推出，一边是狼烟四起，各种事情需要公

[1] 根据对 360 员工的采访，“3Q”大战期间，周去了香港，齐也不在公司，早已经离开公司的胡欢就去公司盯着。这时胡欢的到来对稳定军心起了很大作用。据胡欢的口述，周去香港有过最初的慌乱，但更多的是愤怒和不解。他不清楚到底有什么力量参与到商业竞争中。他反思了事情的起因、发展过程和整个事件可能的走向。他坚信：第一，公司没有做伤害公众的事情，也没有触犯法律；第二，这件事是商业竞争，360 要进行商业和技术策略上的自保。他有了这个思考之后，也给员工打电话。这相对稳定了员工的心境，让公司避免了如鸟兽散，也没有放弃继续上市的努力。胡欢说：“他不得已孤身在外，远离家庭、孩子和同事，内心肯定是沉重的，但是他并不慌乱。”

司内部充分沟通。另一边，公司上市各项工作刚刚正式启动，和重要投资人也需要紧密对接交谈。在这通电话中，我们的投资人沈南鹏问她："最近360和腾讯的战争会是什么样的走向？对360的业务影响到底有多大？"

姚珏沉吟了一下，说："最坏的结果，不排除腾讯会二选一。"

"是吗？"

"嗯！"

就在他们通话的同时，电话里的提示音提示着公司内部的一个电话正在打进姚珏的手机。她看了一眼来电号码，决定先和沈南鹏沟通完再说。挂了电话，她回拨了公司的这个号码。

电话那头的高管说："腾讯宣布二选一了。"

可怕的一幕终于发生。

2010年11月3日晚上，全国QQ用户的电脑右下角突然跳出来一个弹窗，腾讯发布了著名的"艰难的决定"——腾讯QQ与360安全卫士互不兼容。这就是史无前例的"二选一"。

致全国QQ用户的一封信

亲爱的QQ用户，当您看到这封信的时候，我们刚刚做出了一个非常艰难的决定。在360公司停止对QQ进行外挂侵犯和恶意诋毁之前，我们决定在装有360软件的电脑上停止运行QQ软件。

我们深知这样会给您造成一定的不便，我们诚恳地向您致歉，同时也把做出这一决定的原因写在下面，盼望得到您的理解和支持。

…………

这就是史无前例的、中国互联网的"二选一"事件。腾讯向上亿的QQ用户发出了最后通牒，在电脑上安装QQ软件还是360，你只能选择其中一个。

对于一个企业创始人来说，这是最考验人心的时刻。对于我来说，这次面临的商业危机已经超过了我人生中经历过的任何一次，3721与CNNIC、360与雅虎的口水战、360杀毒和其他病毒厂商的免费之争。在多年的创业生涯当中，我一直在创建公司，拥有一些追随者，受到了一系列崇拜，也受到鄙夷。我经历过种种骇人听闻的要挟和人身攻击，体验过各种巅峰对决、千钧一发的时刻，这些都没有将我置于死地。而这一次，风波之大已经超出我的想象，我们对事情似乎也已经失去了最终的控制。

即便经历了那么多次走在生死边缘的时刻，这个“二选一”时刻的到来，还是给我们带来了一种超现实的感受。这里除了涉及两家公司的商业竞争之外，还涉及几亿互联网用户对于过往使用习惯的放弃，涉及中国网民在社交与安全之间的权衡。

一时间网友的评论如潮水般汹涌而至。这几乎关乎每个每天都要上网的网民的选择，这个选择势必将影响互联网发展的进程，这个选择让我面临着生存与死亡的考验。

这个选择，让中国互联网在分秒必争的发展当中，竟然具备了一定的观赏性。

舆论转向和上市主承销商更换

腾讯公布“二选一”的时刻，也就是我把公司的命运交给上天的时刻。我觉得，我能做的不太多了，虽然我也必须力所能及地做一些事，但是听天由命的成分更多了一些。

我不合时宜地想起了《巴顿将军》，想起了战场。那部电影告诉我们一个道理：商场就是战场，我们同样是战场上的军人，商业竞争对手就是我们需要面对的敌人，他们就像饥饿的狼群一样守候在我们的身旁，随时准备吞噬着我们的客户。如果我们畏惧、退让，那么他们张开的血盆大口就会连我们一起吞噬。

当时的一些分析评论非常有道理，在中国互联网发展的过程中，常常有一些极端的场景出现，这映射出了互联网市场成长过程中的草莽气息，也让“3Q”大战不再仅仅是涉及两家企业的恩怨之争，而是有了更广泛、更深层的含义：互联网企业的规则是什么？是否有权干预用户的自由选择权？这对整个行业形成了考问。

显然，互联网企业是否有权干预用户自由的问题史无前例地摆到了中国几亿网民面前，用户被要求选择一款软件，必须放弃另一款软件，这对于曾经欢欣鼓舞、拥抱互联网自由精神的网民是绝无仅有的一次。因此，这个时刻也是一个值得载入史册的时刻。

一瞬间，网民的选择权问题浮出了水面。

“二选一”的决定一出，对于360的伤害毋庸置疑。对于安全与社交来说，社交软件显然更具有黏性，也是网民更加离不开的贴身工具，在鱼和熊掌不可兼得的情况下，安全是可以被迫牺牲的软件，因为失去它的后果不是显而易见的。不出所料，360安全软件卸载率开始飙升，市场份额出现断崖式下跌。

但是出乎我们意料的是，舆论天平此时倒向了弱小的一方，全国网民对于腾讯这种要挟用户的方式产生了愤怒。因此，线上线下爆发了经典的一幕，一方面，大量的用户被迫卸载了360安全卫士；另一方面，对腾讯的批评之声如潮水一般铺天盖地地涌来。

在网民看来，自己无异于被绑架了。虽然腾讯在公开信中义正词严地表示：不会让用户的电脑桌面成为战场，而把选择软件的权利交给用户。然而实际情况却是：用户的电脑已经被折腾成“硝烟四起”的战场了，腾讯此举更像是往这片战场上扔下了一枚原子弹。

“以前还在怀疑它们之间到底谁对谁错，没想到腾讯突然来个挟QQ以令网民，实在令人讨厌。”

“从3号晚上到现在，腾讯强制我QQ下线几十次了，越逼越愤怒，我在我所有的QQ群公号里都表达了气愤！”

“亿万网民遭殃！至少2亿以上的网民遭受其害！为了维护我们网民自身的利益，我建议大家组成一个‘网民利益联盟’，以亿万网民的名义坚决要求腾讯和360停止战争，还我桌面。”

“我们不管腾讯和360怎么打，但是我们的电脑用什么软件必须是我们自己说了算，我的电脑我做主。”

很多媒体都做了一些数据调查，新浪网的调查数据显示，如果在360软件与QQ软件之间必须卸载一个，46.6%的网友会卸载QQ，而选择卸载360的网友只有29.8%。从这一数据对比来看，腾讯这一行为不得人心。

和很多公众事件类似，在网民共同关注一件事情的同时，娱乐的元素也会同时出现。智慧的段子手们开始争先恐后地以“一个艰难的决定”为标题来造句娱乐，一些段子层出不穷。

百度版：我们刚刚做了一个艰难的决定，如果检测用户浏览器出现了“Google”，将自动启动电脑。

联通版：我们做了一个艰难的决定，如果方圆百里检测到有移动用户，将不间断拨打 110。

方便面版：康师傅做了一个艰难的决定，用户如果使用其他方便面，将没有配料。

微软版：我们刚刚做了一个艰难的决定，在腾讯停止对 360 进行外挂侵犯和恶意诋毁之前，我们决定在装有 QQ 软件的电脑上停止使用 Windows。您可以选择卸载 QQ 或者删掉 Windows，我们不会让用户的桌面成为战场。

就在网友讨论如何解决 360 和 QQ“打架”会给自己造成什么影响，以及如何应对时，人人网趁机推出了一款一劳永逸的兼容软件——“QQ 劝架补丁”。据说，“劝架补丁”能够有效防止 QQ 强制掉线，保证 QQ 与 360 同时正常运行。而就网友提出人人网是否早将软件准备在先的质疑，千橡公司公关部负责人没有正面回答：“我们肯定是跟大家一起知道的！”

11 月 3 日之后，对于 360 公司的命运来说，每天都是起承转合。民意倾斜并不能缓解我们对卸载率下降的担心，我们现在做什么似乎都是出于本能。

晚上 9 点，公司发表回应“保证 360 和 QQ 同时运行”。

我们推出了最新的聊天工具“360WebQQ 客户端”，既可以让用户继续聊天，也能避免用户被 QQ 软件扫描硬盘。

从大战爆发起，整个公司陷入了备战的状态。为了防止公司的内部通话被窃听，公司的副总裁谭晓生把一些员工的通信工具更换了，让员工用全新的手机和号码。为了防止泄密，谭晓生让他们通话拨 VPN 到美国之后通过 Skype 国际版通话。而公司负责 PR 的刘峻和李亮，跑到了北京郊区的一个宾馆里，连夜赶着写了一份给政府的材料，直到天亮才回单位。

11 月 6 日，马化腾主要邀请深圳的四家媒体做专访，在接下来的一周内，他接受了三次媒体群访，舆论开始听到他的声音。

记者：在你看来，这是不是腾讯历史上最大的灾难？

马化腾：肯定是，而且是人祸，不是天灾。360 真正的装机量在 1.2 亿到 1.5 亿，与我们的电脑重合度大概是 60%。估算下来，受影响的 QQ 用户大约有 1

亿。“360扣扣保镖”是上周五11时多发布的，周一已经有2000万用户感染，周二我们已经看到有用户生成图片进行传播，假设每个QQ用户有40个好友，那2000万用户就可以扩散到8亿，形势已经很危急，除了对抗和先下网，我们已经别无他法！[1]

当整个互联网都在经历一场波澜壮阔的论战时，外界只看到了轰轰烈烈的热闹，而真正的危机与焦灼往往埋藏在看不见的冰山下。对于360，“3Q”大战引发的另一个重要的，但不被媒体和公众知晓的危机是，我们的主承销商准备撤退了。

上市决定在10月28日的董事会上获得批准之后，我们和律师、审计师、投行约定的上市启动会定在了11月10日。但是，随着“360扣扣保镖”的发布、“3Q”大战的爆发，情况看上去已经脱离了360的掌控。原定的上市主承销商对我们的态度忽然有所转变，他们说：“你看，现在‘3Q’大战宣布了‘二选一’，目前你们的上市计划已经有了很大的不确定性。鉴于这样的情况，我们建议你们暂停启动上市，等到事情有了明确的结果再说。”

主承销商已经不来开会了。我、老齐还有姚珏都没有上市的经验，这个时候都有点蒙了。主承销商都撤退了，你还能上市吗？如果不能上市，你是不是就死了？

[1] 根据吴晓波《腾讯传》。

事态的白热化与上市准备会的同步

“3Q”大战爆发，互联网江湖震动。我们的投资人也表现出了相当的担忧，王功权说：“这太危险了！事关生死！”后来这个事件开始被国际媒体报道，引起了世界范围内的关注，一些中国的企业家也开始关注起中国市场秩序的问题。企业家们提议，应该有一个熟悉双方当事人的中间人去做一些调和斡旋，避免双方往死里打。

这个时候，有人想到了王功权。作为第一代风险投资家，王功权在圈子里有一定的威望。关键是，他既是我们的投资人，也和马化腾认识，是两个人都尊重的人。腾讯早期由IDG投资，尽管不是王功权直接带过的案例，但是在最初腾讯还没有找到自己的商业模式时，王功权还和王树一起连夜开过会，帮助马化腾探索腾讯的商业模式。可以说，他和马化腾的渊源跟他和我的渊源一样深厚。我俩都是王功权帮助过的第一代互联网创业者。

在企业家冯仑的劝说之下，“3Q”大战爆发之后，王功权和马化腾在香港的一个酒店房间里进行了两个小时的交谈。马化腾陈述了腾讯与360恩恩怨怨的过程，也充分表达了自己的观点。

马化腾对他说：“王总，不是我不想妥协，是我不能妥协。第一，QQ的客户端是我最核心的价值，很多收费都在这里进行，涉及很多的财产账号。周鸿祎说，他来给我做安全保卫，就是说，遇到了小偷他来打。那么以后出现了安全质量的问题，或者他什么时候再要求我在商业上妥协，那我就必须妥协，那么王总,如果是你,你会同意吗？第二,腾讯的很多收入实质上就是广告收入，是跟着 QQ 走的。我们是一个大的协议，相当于已经把用户的同意授权一次性要到手了，每次推送新软件的时候并不需要再经过用户确认。但是，360 安全卫士的做法是，只要我再一次推出东西用户没有确认，它就一律当作病毒删掉。这不合理。这就像电视台播出广告，每一次插播广告并不需要观众同意，但是它给了用户一个选择，就是你可以不看这个台。现在，QQ 的广告收入断崖式地下滑，用不了多久，我们的收入会跌到零。所以，这事关乎公司的命脉，我必须保卫我的公司。”

在谈话中，马化腾表示了对王功权的尊重和感谢，但是也重申了不能妥协的立场。[1]

事后，王功权通过电话告知了我交谈的结果。这和我的预测完全一致，这件事情已经关乎双方公司的生死存亡，相信任何人都不会轻言放弃。而只要双方不让步，腾讯和 360 的僵持将持续下去。对于我来说，当然也是难以妥协的。

在我看来，马化腾的说法并没有什么道理。让用户选择“不看这个台”，也就相当于让用户自主放弃 QQ，如果使用，就必须接受捆绑的一切软件。这就是一切“山寨”可以迅速横行的根本原因。

拿这次事情的发端——QQ 电脑管家来说，这并不是第一次了，我们看到 QQ 强制弹窗、强制升级、强制扫描、强制推广。腾讯的商业模式就是建立在“强制”这两个字上。“360 扣扣保镖”让用户的 QQ 更安全，用户还可以管理 QQ 的弹窗和插件。它让用户更自由，所以用户很喜欢“360 扣扣保镖”。

但是“360 扣扣保镖”对腾讯的收入产生了威胁，于是被腾讯定义为非法外挂、超级大病毒。腾讯不但利用自己的门户网站张贴针对 360 的大字报，而且把一个受到用户狂热欢迎、主动下载量三天就超千万的软件说成“感染”了 2000 万用户。

---

[1] 此段是根据王功权口述采访写作。

在带领 360 往前冲的这几年，我曾经遇到过很多困难时刻。与既得利益集团做斗争，我承认有时候我会沮丧，会失望。但我还是有些个人英雄主义情结的，我想改变一些东西，让人们生活得更好。

在 360 与腾讯僵持的 24 小时之内，网民对于腾讯的不满铺天盖地而来。很多人，甚至一些媒体，都在怀疑 360 是否使用了水军，但是了解真实情况的人都知道，360 的公关费用很少，根本不可能雇用这个数量的水军。所有的民意都是网民发自内心的表达。或者换一种说法，360 至少有三亿水军，每个 360 的用户都是 360 的志愿军，不但自发自愿，还都是免费和义务地在帮 360 发帖。这让我感觉到，我不是一个人在战斗。

为了向网民示好，从维护用户利益的角度出发，我们内部决定，主动撤下“360 扣扣保镖”，这必然能再次为 360 赢得认可。

11 月 4 日，我们发表了公开信，愿搁置争议，让网络恢复平静，“360 扣扣保镖”正式下线。

其实，“360 扣扣保镖”的初衷本就是以战求和，从来没有想到将冲突进行到底。因此，当下载量已经达到 1700 万的时候，我们主动提出软件下线。我们是通过弹窗公告请求用户卸载的。

11 月 3 日，我们与亿万互联网用户一起度过了中国互联网上最惊心动魄的一个不眠夜。360 和腾讯之间由产品的争执上升到公司之间的对抗，继而又演变成互联网用户必须做非此即彼选择的站队大战，这样的局面是任何人都不愿看到的。

11 月 4 日一早，腾讯又召开了一场新闻发布会，这场发布会始终将矛头指向了 360 公司的产品。对此，我们感到非常遗憾。360 公司的安全产品，包括 360 扣扣保镖的源代码，已经托管到中国信息安全测评中心，随时接受用户监督。同时，360 也率先发布了《360 用户隐私保护白皮书》，全面讲述了旗下产品的工作原理。对这场旷日持久的争议，360 不愿再将亿万网民牵涉进去，但我们必须要对腾讯公司的新闻发布会做出两点回应：

第一，360 扣扣保镖根本不存在腾讯公司指称的后门程序；

第二，360 扣扣保镖根本没有窃取 QQ 用户隐私信息的软件行为。

在目前的情况下，我们将保持克制，但我们保留以法律手段追究腾讯公司诬蔑 360 安全产品的权利。

我们始终坚信用户是自己电脑的主人，中国互联网的发展始终是由每一个用户推动的。所以，我们本着对用户负责的精神，决定搁置公司与公司之间的争执。在这里，我们向每一位受这个事件影响的用户表示我们心中的歉意。

我们也在反思：我们推出一款产品，本着从用户出发的精神，希望能为用户创造价值。但是，如果因为各种原因，反而给用户造成了困扰，那我们必须为此承担责任。因此，我们决定召回 360 扣扣保镖。此举同样也是着眼于用户的利益，希望为用户创造一个安静的、健康的互联网环境，不用再做非此即彼的艰难选择。

同时，我们也愿意让中国互联网尽快恢复平静。我们希望经历过这个不眠之夜的互联网用户以理性、平静的心态对待此次突发事件。而且，我们坚信，是非曲直自有公道，事态平静下来之后再论是非为宜。

360 公司

2010 年 11 月 4 日星期四

中国互联网的竞争就像在一个没有规矩的竞技场里，角斗士战斗到死。作为当事人的我，更感受到了民营企业在竞争最为激烈的互联网领域的紧张，从擦枪走火到来往攻防，再到超越极限，是一种偶然，更像是一种宿命。现在回过头来看，真是步步惊心。

当两个拥有巨大网民数量的互联网企业兵戎相见，其引发的海啸必然会引起政府部门的重视。两个企业的领导人都曾向政府部门申诉过、请求过，而政府的介入或许是迟早的事情。在双方僵持不下的阶段，似乎也只有政府的介入才能让兵戎相见的双方放下武器。

但是谁也不知道，救兵什么时候能够到来。

与此同时，要不要如期上市的问题依然考验着企业的高管和领导层。我们预定的主承销商已经明确告诉我们，需要等到“3Q”大战有一个结果之后，才能决定是否继续参与我们的上市工作。言下之意是，如果我们坚持如期启动上市，他们就不再参与我们的案子了。

此时此刻，我们的律师和审计师团队还没有一个人知晓这个消息。

在这个全球互联网的大事件之下，我们一边经受着难以想象的压力，一方面缺乏上市的经验，在这个问题面前，我们都显得十分茫然。“3Q”大战的发生只是决定投资人要不要买你，而如果不做一些基础工作，比如审计、评估和招股说明书的准备工作，就意味着整个上市工作被迫中止了。这无论如何都是我们不愿意见到的现实。

瑞银是我们的副承销商，他们并不是最大的投行，相对来说没有那么大的包袱。最后，我们和瑞信经过协商一致决定——如期启动上市工作，而瑞银也愿意承接我们的案子，成了我们的主承销商。

在“3Q”大战爆发期间，上市启动会在北京的一个酒店召开了。我在香港没有办法出席，而公司的人也很长时间联系不上老齐。为了躲避意外事件，他也躲在了北京郊区的一个地方。公司的首席财务官姚珏辗转联系到他，终于让他在这个至关重要的会上露了一面。

自从创业以来，我和团队成员几乎每天都见面，聊工作，几乎没有时隔这么久没有见过面。而姚珏，当时已经两个星期没有见老齐了。这是有史以来的第一次。

姚珏后来对我说：“当时两个星期没有见老齐了，瞬间感觉他头发长长了，变卷了。我第一次知道，老齐原来是个自来卷！”

就是在这样的氛围之下，360 的上市工作如期启动了。在一种巨大的未知里，团队屏气凝神、潜心配合，似乎要在这样的灾难里迸发出特别的力量。

政府介入和“3Q”大战的终结

等待灾难结束的每一分钟都如烈火烹油，但是灾难的结束又让人有病去如抽丝之感。

政府的介入终于让不愿意妥协让步的双方放弃了争执。11 月 5 日，工业和信息化部、中国互联网协会通过行政命令的方式要求双方不要再争执。11 月 10 日，360 宣布 QQ 和 360 恢复兼容。

11 月 20 日，工业和信息化部又发布了《关于批评北京 360 科技有限公司和深圳市腾讯计算机系统有限公司的通报》，对 360 和腾讯两家公司提出严厉批评，责令两公司停止互相攻击，确保相关软件兼容和正常使用，同时也责令两公司自该通报发布 5 个工作日内向社会公开道歉。

我们和腾讯在政府部门的介入之下，终于鸣金收兵，对外做了道歉声明，并表达了始终和广大网民站在一起的决心。

一场生死大戏，就这样戛然而止。至少在表面上，大家都已经趋于缓和。一场史无前例的、引发全国几亿网友关注的争端渐渐平息。然而，这件事情对整个中国互联网产生的深远影响却根本没有结束。或者说，当尘埃慢慢落下来了，冷静后的一些深度思考才得以慢慢地浮出水面。

360和腾讯的相互诉讼也最大限度地延伸了这场讨论和关注。双方的争论在司法层面继续进行着。有关竞争，有关创新，有关垄断，“3Q”大战引发的思考在几年之间都在持续发酵着。争论对中国互联网环境发生的改变是潜移默化的，其影响也是逐渐显现的。

2012年4月，腾讯指责“360扣扣保镖”涉嫌不正当竞争，向法院提出了诉讼。我们本应该反诉腾讯的不正当竞争，但是，我们希望将社会关注度提升一个层面，通过“3Q”大战，我们希望成为受到打压的那些企业的代言人，希望司法层面让大家注意到腾讯对国内创新环境的扼杀，我们希望通过这个案例，给同行创造一个可以呼吸的空间。

可惜的是，我们的不正当竞争官司输了，反垄断官司也没有赢。这让我深感法律和科技之间的距离，也深感推动产业环境的想法是无比艰巨的。我们尊重法律判决的结果，但也在一封公开信里表示了自己的观点——在互联网巨头对创业公司的诉讼中，法律应该更多地倾听创业公司的声音。

2014年2月24日，由当时的最高人民法院副院长奚晓明[1]担任审判长的五人合议庭进行了宣判，维持此前广东省高院一审认定的“360构成不正当竞争并赔偿腾讯500万元”的判决结果。

最高人民法院认定，腾讯免费+广告的模式并不违规，360干扰了腾讯的正常经营，一审法院认定并无不当，“360扣扣保镖”对QQ的评价，难以认定为客观结果，并认定360的行为构成了不正当竞争。

从“360扣扣保镖”开发上线，到终审判决，一共经历了1210天。我对判决结果相当遗憾。2010年，360面对腾讯垄断巨头的打压，用户面临被腾讯剥夺知情权和选择权，“360扣扣保镖”作为第三方工具，虽然不是最完美的，但这是我们争取公司生存权的必然选择。

我始终认为，360用户有权利使用“360扣扣保镖”修改自己电脑里下载的QQ软件，而当时的判决结果将可能鼓励腾讯进一步滥用市场地位。

---

[1]2015年7月12日（农历五月廿七），最高人民法院副院长奚晓明被查。2017年2月16日，天津市第二中级人民法院公开宣判最高人民法院原副院长奚晓明受贿案，对被告人奚晓明以受贿罪判处无期徒刑，剥夺政治权利终身。

在这封公开信里，我们开诚布公地将自己的想法和盘托出：

我们认为任何软件只要下载到用户电脑里，就成为用户的私产。用户安装了微软的 Windows，用户就有权利使用各种第三方工具对 Windows 进行修改。同样，用户下载了腾讯 QQ 软件，也完全有权利使用第三方软件对腾讯 QQ 进行修改。对用户来说，“360 扣扣保镖”就是第三方软件。同理，360 从来不反对腾讯开发第三方工具对 360 进行修改。

在用户未知情的情况下，腾讯 QQ 扫描用户电脑硬盘；腾讯 QQ 强制进行弹窗，不能正常关闭；腾讯 QQ 强制捆绑各种软件；这些都是对用户知情权和选择权的蔑视和践踏。用户使用第三方工具“360 扣扣保镖”对自己电脑中的 QQ 软件进行修改，这是用户不可剥夺的权利。而现在的法律框架在案件审理中将用户的权利排除在外，说明关于互联网的法律框架在保护用户权利方面需要与时俱进。

任何创业公司发展到一定阶段，必然会遭遇腾讯“抄袭 + 捆绑”的“水泥天花板”。在这层天花板的挤压下，中国互联网出现创新荒漠化，我国互联网产业已经出现了垄断现象，在互联网的部分领域，已经从垄断竞争阶段，逐步跨入到寡头垄断阶段。从市场集中度来看，即时通信和搜索最为明显，分别出现以腾讯和百度为首稳定的寡头垄断市场。

在强大的垄断巨头面前，创业公司就是弱势群体。如果现有法律框架无法为创业公司提供足够的支持以抗衡垄断巨头，其结果必将是法律向拥有更强大资源的互联网巨头倾斜。虽然法律面前人人平等，但平等应该建立在公正的基础上。在互联网巨头对创业公司的诉讼中，法律应该更多地倾听创业公司的声音。

这也是 360 坚持对腾讯提起反垄断诉讼的原因。

相对于不正当竞争一案，360 对腾讯提起的反垄断诉讼聚集了更多产业内外的声音。众所周知，这场轰动全国的案子，我们也没有取得最终的胜利。最高法院判定：

基于中国大陆即时通信服务市场竞争比较充分、市场进入较为容易、大量新兴即时通信服务提供商成功进入市场等因素，本案现有证据并不足以支持被上诉人具有市场支配地位的结论。同时，腾讯公司实施的“产品不兼容”行为仅持续一天，却给该市场带来了更活跃的竞争；也没有证据表明通过实施“产品不兼容”和将ＱＱ软件与其他软件打包安装的行为，腾讯公司将其在即时通信市场的领先地位延伸到安全软件市场。尽管上述行为对用户造成了不便，但是并未导致排除或者限制竞争的明显效果，腾讯公司不构成反垄断法所禁止的滥用市场支配地位行为。

对于结果，我当然感觉到非常遗憾。也有很多人把我挑战腾讯视为堂吉诃德冲向风车之举，但是在我的心目当中，360 也不是完全的输家。我想：“市场份额大并不一定是垄断，但是利用市场支配地位去进行不正当竞争才是垄断。和十年前相比，现在在互联网行业中创业，虽然投资变多了，但是创业难度加大了很多。做一个小公司很容易，但是想做大，到哪里都会碰到巨头已经形成的壁垒。如果司法都不能成为遏制巨头的最后方法，那行业就会大者恒大，强者恒强，产业发展不可能持续进行。”

这个案子在法学界引发了很多讨论。一些专家认为：“目前我国互联网行业的知识产权和版权保护力量还不够，确实存在有的大企业模仿、抄袭小公司的创新成果，使得小公司很容易被挤垮，加大了创业和创新的难度。对于互联网行业‘大鱼吃快鱼’的现象，应该通过调整竞争规则加以解决。”

今天我回想“3Q”大战的一个重要的深层次原因是，Windows 的软件推荐机制被中国互联网公司滥用了。这种推荐方式在法律上不能说不合法，也不能说用户不知情，这是行业的普遍现象。有专家说要以法律的手段来解决，但是法律的解决方式很慢，而且效果也不会很好。现在，技术的进步已经解决了这个问题，苹果把软件的推荐权掌握在自己手里，而且形成了商业模式，下载软件再也不能像 Windows 那样捆绑，安卓操作系统也类似于这样。所以，在手机上没有发生在用户不知情的情况下下载很多软件的情况。

“3Q”大战引发的“腾讯垄断案”前后历经四年，这四年恰逢 3G 技术、智能手机、云计算、大数据的普及。针对腾讯的反垄断调查，客观上迫使巨头放弃“模仿＋捆绑”的模式，为中国互联网创业、创新营造了更为良好的环境，一时间也让中国移动互联网的发展出现了勃勃生机。反垄断带来公平竞争、促进互联网回归创新本质正是本案的积极意义之所在。

我想，作为中国《反垄断法》在互联网领域的第一个典型案例，360诉腾讯滥用市场支配地位一案引发了行业、用户和法律界各方的关注，本身就促进了中国互联网企业创新生态的营造，也推动了中国市场经济的开放与竞争。虽然360没有取得最终的胜诉，但通过反垄断诉讼的四年，互联网反垄断的积极影响已经开始显现，正能量正不断释放。

腾讯反思　谁是赢家？

“3Q”大战对于360和腾讯来说，都是一场难忘的商业大战。这里面充满了厮杀与愤怒，充满了冲动和决绝，而结束之后，硝烟逐渐散去，一切的反思和纠正才慢慢地开始。

深层次的反思让企业开始发生变化，而一切的后果也慢慢地显现出来。

我喜欢纳西姆·尼古拉斯·塔勒布的《反脆弱》里面的描述和理论。塔勒布的想法是，如果我们能够掌握反脆弱的机制，那么我们就具备了从随机、波动和无序中获益的能力，在外部环境不断地变化、冲击中，使得我们自身变得更加强大。

他说，正如人体骨骼在负重和压力下反而会越发强壮，谣言和暴动在遏制和镇压下反而愈演愈烈一样，我们生活中的许许多多事物也会从压力、混乱、波动和动荡中受益。

塔勒布在《反脆弱》一书中所定义的“反脆弱性”，是那些不仅能从混乱和波动中受益，而且需要这种混乱和波动才能维持生存和实现繁荣的事物的特性。

事实证明，在一场史无前例的大战之后，就是史无前例的反思。这种反思最终对中国互联网的生态环境起了至关重要的作用，“3Q”大战也许就是一个企业从混乱和波动中受益的经典案例。

当然，腾讯从来不“脆弱”，但是“3Q”大战对于两家企业都是某种历史的节点，经历过当时的风波和巨浪，这种考验不可能不留下某种痕迹。时过境迁，现在冷静客观地看一下，当时两家公司的激烈碰撞都是出于本能，也都不成熟。360 这边没有深思熟虑，腾讯也没有深思熟虑。但是今天，进行反思过后的腾讯，已经变得前所未有地强大。

以前，确实每一个做客户端软件的企业都害怕腾讯。我曾经和李学凌在广东讨论，大家都心知肚明腾讯对每一个做客户端的企业造成的潜在威胁，每个人都觉得腾讯是一把剑。当时腾讯并没有做生态的概念，做的是一个一个的产品，它是鲨鱼，别的互联网公司都是小鱼。鲨鱼总是要吃小鱼，直到赶尽杀绝。

经过了这场风波，腾讯展开了反思，邀请专家做了很多次“诊断腾讯”的研讨会。可以看出，腾讯是真心希望结束大鱼吃小鱼的状态，为未来的企业制定下更加开放的战略。“诊断腾讯”最早从 2011 年 2 月底开始举办，共有 10 场，历时一个多月。

专家在“诊断腾讯”的会上各抒己见，正望咨询总裁兼首席分析师吕伯望说，腾讯应从“开放平台”和“输出文化”两方面解决问题。任何应用、服务不是非要自己单独做，可以和别人联手，兼并、收购也是一种办法。“腾讯不应该扼杀创新，而是要鼓励创新，培育那些有创新思想却没有资金和资源的人。”

说实话，这是我最敬佩腾讯的地方，它并非只是形而上地做样子、摆架子，而是抱着一个真正优秀的民营企业和互联网企业的心态，去学习、去调整、去做真正的改变。

腾讯变得更加开放，它变成了一个平台，变成了容纳众多小鱼的海洋，也变成了一个更加强大、更令人尊重的企业。今天，它的规模早已让人望尘莫及，而 360 很多产品的入口也使用微信账号登录。

从“3Q”大战开始，腾讯开始反思过去的商业模式，逐渐由自建网络帝国的模式，过渡为通过收购、投资和兼并方式构建以腾讯为核心的产业生态圈这一商业模式。

马化腾曾经这样评论“3Q”大战：“我把‘3Q’大战视为一次积极事件，它让我们很多潜在的问题提前暴露出来，这就像地震，通过不断挤压让危机爆发出来。”

此后，阿里、新浪等众多中国互联网公司纷纷宣布实施开放平台策略，中国互联网就像久旱逢甘霖一般，大踏步地进入开放时代，2011 年因而被誉为中国互联网的“开放元年”。

灾难往往意味着重生。马化腾曾经在一封内部信中写道：“如果没有对手的发难我们可能不会有这么多的痛苦、不会有这么多的反思。未来某一天，当我们走上一个新高度的时候，我们要感谢今天的对手给予我们的磨砺。”

对于 360 来说，这一战我们受伤很重。虽然在舆论上我们暂时赢得了民意，也一度通过战役让更多的用户知道了 360。但是，我们被迫迎战，涉险过关，其实只是让 360 幸存下来。我们毫无疑问给外界留下了“刺头青”和“非常好战”的印象，这对公司的品牌形象肯定不是一件很好的事情。事后，我们在公关上遭遇了系统性抹黑，在其他关系方面也遭遇了一些压力。

而我也成了知名的“红衣大炮”，成为一个知名的“斗士”。到今天，我也已经开始反思自己的一些做法。随着时间的流逝，我不会像以往那样在公关方面“肆意妄为”了，我希望给 360 一个和平发展的环境。

其实看了《反脆弱》后，我更加感同身受。外来刺激可以激发强大的自愈能力。一件坏事可以慢慢地转化为激发整个互联网生态健康发展的好事，而一件短期看起来的好事也可能不知不觉地影响着未来。到今天，腾讯是我可望而不可即以及非常尊敬的一个对手。而 360 还要在安全领域继续做大做强，同时在新的领域不断尝试。

“3Q”大战是我毕生难忘的一场战役，那种出生入死的感受至今让我记忆犹新。尽管作为创业者，我出道算早的，经历的江湖风雨也算多的，但是正如《创业维艰》的作者本·霍洛维茨所说的那样，我所感觉到的，即使企业在每天长大，那种创业的艰难感，或者企业起死回生感总是挥之不去。

本·霍洛维茨在接受《财富》杂志的采访时说：“创业就像是搏击，不仅是因为要不停地痛击你的对手。创业艰辛而孤独，需要持续不断地集中注意力。

无论你做得多好，你都必须时刻准备又一次出拳打击。在搏击中，你被打了，感到痛苦不堪，然后你坐在场边，等肾上腺素消失以后，你才真切感受到那疼痛，然后，你要再去打下一回合。”

我的感受正是如此。

360 登陆纽交所

第十三章

一波三折的 360 上市

2010 年 11 月 10 日，就在我们宣布 360 与腾讯恢复兼容的当天，我们的上市工作会正式启动了。众所周知，我们在纽交所挂牌的时间是 2011 年的 3 月 30 日。在外界看来，360 上市的速度简直迅速非常，短短四个月就完成了整个过程，令人不可思议，但是其中的曲折并非常人能够想象。

如前所述，很多艰难的决策是在“3Q”大战爆发之后短时间做出的，其间，我们经历了一次主承销商的变更。这对任何一家上市公司都是大事，这也让 360 的上市工作从一开始就注定充满了戏剧性。

赶在圣诞节之前，我们在 2010 年 12 月 23 日对美国证监会做了所有文件的密交工作，这是所有企业在纽交所上市前的重要一步。所谓密交，就是和公开递交正好相反。在密交阶段，美国证监会可以针对公司的招股说明书提出问题，由我们来回答、修改，直到美国证监会同意所有的修改。

一般来说，所有文件一旦公开递交，就意味着所有的投资人可以看到公开的信息和数据了，此时投资人要不要买你的股票，全凭你在纽交所公布的招股说明书。如果企业做了公开递交之后再对数据做改动，可能会引发投资人的疑虑，以至于影响路演的认购倍数。

因此，一般公司在公开递交之前都会做“清密交”的工作，以保证公开信息的连续性。所谓“清密交”，就是公司的上市团队和美国证监会进行来回几轮的沟通，把美国证监会的所有问题清理干净之后，才会做公开递交，之后的信息不会有任何改动。清密交这样的流程，可以最大限度地保证公开信息的连续性，也会给投资人留下良好的印象。

但是，360 上市的时间安排得非常紧密，在做完密交之后，分析师路演和投资者路演的时间早已经安排妥当。因此，我们需要赶在路演开始之前将清密交的工作完成。

刚开始我们的流程进行得非常顺利，一般公司在第一轮回答证监会提问时都会面临几十个问题。而第一轮美国证监会只给了我们十几个问题，都非常简单容易。但是第二轮的问题稍显复杂，我们需要一段时间的整理才能解释清楚。这两个问题一个和业务理解有关，一个和会计理解有关。但是最终的落脚点都落到了中美之间的会计准则的理解差异上。美国的会计准则就是反映公司发展的实质，之所以和我们的理解不一样，就是两国在财务计算方法上的不同。

当时中国企业赴美上市的很多，因此美国证监会非常忙。按照时间的推算，再来一轮“清密交”工作，等待证监会同意我们所有的修改，将影响我们早已安排好的一系列日程，所有的路演安排，包括上市日期会被推迟。

另一种可能是，我们提前进行公开递交，如期进行各项路演，但是要承受一个风险——如果我们在各项路演做完之后依然没能回答完证监会的问题，那么我们挂牌的时间就要往后延。再或者，证监会要求我们改动已经公开递交的文件，投资人看到数据变动之后会产生疑虑，从而对我们的股票价值产生疑问。

总之，要不要在此时公开递交文件成了一个两难的问题，无论是哪一种情况，总会引发一些不确定性。

这对于第一次经历上市过程的我们，无疑是一个很大的考验。

到了必须决定的最后期限。那天凌晨三四点，关于公开递交还是全盘推翻之前的日程安排，我、齐向东、姚珏三人依然举棋不定。姚珏当时也是第一次经历这种重大的抉择，虽然她很有信心，但是希望我和老齐能够给她做出最后的拍板决定。而老齐在这个问题上也有些犹豫。

凌晨 3 点半，姚珏和投行修改完了招股说明书，此时已经到了必须做出决定的时刻。她拿起电话打给老齐，问：“我们的决定是什么？”

“这样吧，你给有资本操作经验、CFO 背景的投资人沈南鹏、李曙军打个电话，听听他们的意见，看看他们怎么建议。”姚珏打了，但是，当时的时间已经太晚，毫不意外，他们不是没接就是手机关机了。

场外求助的机会彻底失去了，老齐和姚珏最后决定让我拍板。

此时的我已经累得昏昏沉沉。这段时间我整个白天都是在做 360 上市路演的彩排工作。一方面，我把做产品追求完美主义的那一套发挥到了极致，每天对路演 PPT 进行着修改。我总是不满意，只要有可能，我就逼着团队继续修改。另一方面，我操着一口流利的中式英文在练习演讲，争取把英文讲到最好，能够让投资人彻底明白我们的模式。

360 在美国上市本身是一个相对特殊的案例，当其他的中国企业都可以找到一个美国对标公司，说这是中国的 Google、中国的亚马逊时，360 无法一目了然地给美国投资者提供一个对标的美国企业，因此解释起来有些复杂。免费杀毒在当时听起来还有些惊世骇俗，我们还是通过浏览器这样的增值服务来赚钱的，这听上去更加不可思议。在美国，在微软当年把 Netscape 干掉之后，美国人都知道浏览器就是微软的天下了，为什么中国人不是全部用 IE 呢？所以要把这些东西说清楚。可是谈何容易。

凌晨 4 点，我的手机响了，是老齐打来的。我努力从深度睡眠里清醒过来，看到窗外还是一片漆黑。最终，在这样劳累的夜里，最重大的决定还是需要我们两个人来做。老齐说：“你看事情到了这个地步，我们是不是要给证监会做公开递交？”

这是企业创始人经常面对的一幕，从昏沉的睡梦里被电话铃声叫醒，面临着一个两难的问题，但是这个时候，你通常必须做出一个选择，尽管你不知道对错。有人说，胆怯与勇敢只有一线之隔，你的决策决定了你公司的未来。你的公司是勇往直前还是畏首畏尾，完全取决于你的选择。

我想了想，在黑暗中努力睁着一双困倦发红的眼睛，说：“我们相信姚珏，公开递交吧！”

就这样，我和老齐一起，又做了一个相对激进的选择。

上市路演与“突发事件”

“3Q”大战之后，我的愿望是能够特别快地上市。上市除了在融资方面带来的诸多好处，最大的好处是让我们变成一个公众公司，这样我们将少遭遇一些“3Q”大战之类的事情。因此，速度成了更高的要求。

2011 年 3 月 11 日，日本发生了大地震，随后引发了福岛核电站泄漏。而股票市场也一路下跌，全球资本市场笼罩着一片愁云。此时又有人在点醒我们，现在上市必遇到股价的低迷时期，你们要不要推迟上市的时间，以便找到最好的时机。“当然不！”我坚决地回答。一路走来，似乎阻碍上市的因素从来没有中断过，但是我们希望上市的决心已经冲破了一切主观和客观的阻碍。

担心从未停止。虽然财务数据良好，但当时我对我们的模式也并非有百分百的信心。不过，作为企业的最高领导者，我必须显示出最强的信心，让自己和投资人相信我们的模式最终能够获得认可。这和《创业维艰》里写的很像，似乎每个创业者在外界看来都是气势汹汹，但是每个人内心都有很多不踏实的地方，没有安全感。也许正是这种特质，造成了这类人容易成就一番事业。一个容易骄傲自满的人，不可能走得长远。

在几乎逼疯我的团队准备了 57 版 PPT、演练了无数遍我的中式英文演讲之后，我们终于踏上了海外路演的征程。本来我们预先设定的路线里有日本和新加坡两站，但是我们最终认为中国香港和美国的投资者可能更能理解我们的创新模式。于是，我们将路演的主战场锁定在了中国香港和美国。

在美国，第一站我们到了纽约，租用了一架湾流公务机，开始了演讲—转场—再演讲的路演模式。我记得人生第一次，我为了这些正式场合买了一身杰尼亚西装，一打崭新的衬衫，每天换一件。以我们当时的日程安排，我连让酒店帮我洗衬衫的时间都没有，往往是白天一早坐公务机出发去美国的某个城市，深夜忙完了才回到酒店。第二天一早继续飞行，在飞机上，我和投行的人继续研究路演的情况。

我参加很多的早餐会和午餐会，往往我在台上演讲，台下的投资人在倾听。一般演讲的时间在十多分钟，可我往往要讲半个小时。中间还有一对一的问答时间。站在台上，我用英文告诉投资者：

2011 年 1 月，360 的活跃互联网用户为 3.39 亿，在中国的用户渗透率为 85.8%。按照用户数计算，我们是中国第三大互联网公司、第二大浏览器提供商、第一大互联网 / 移动安全公司。

这些数据同时被放在了 360 招股说明书中最醒目的位置，足以吸引海外投资者的眼球。

投资者显示了他们的热情，当然也有个别的十分冷淡。不过事实证明，大多数投资人还是听懂了这个故事——360 如何先做安全、满足用户安全需求，然后通过浏览器搭建上网平台、通过桌面管家等提供增值服务。很多投资者表示，这是一家很有创意的公司。

一路上我们辗转数站，我充分感受到了湾流公务机的方便之处，飞机起飞都在很小的机场，不需要检票。我们一路飞到华盛顿、堪萨斯、波士顿、芝加哥、盐湖城等地，横跨了美国的中西海岸。

上市之旅堪比一场跌宕起伏的大戏，但没有想到，本来就不是一帆风顺的上市之路，在 3 月中旬的时候又出现了突发状况——360 总部发生了危机。在得知 360 启动上市的消息后，网络上关于 360 的负面消息陡然多了起来，各种匿名信、告状信飞向了北京的监管部门。

3 月 16 日晚上 10 点，原本兴致勃勃打算参加香港路演的老齐刚下飞机就接到了公关部门的紧急报告——公司出事儿了。没有办法，齐向东只能乘坐第二天最早一班飞机回到了北京，应付层出不穷的各种阻碍。我们不知道谁在试图阻止 360 上市，我们只能努力地去四处平息来自监管部门、媒体和投资界的质疑。

后方大本营出现这样那样的问题，老齐为了公司牺牲了自己的路演体验，马上回去处理棘手的难题。这时我还在路演的过程，帮不上忙。我开始感到非常沮丧，也开始有些焦虑担心——目前发生的这些事情会不会让 360 的上市最终夭折？

一种无能为力之感扑面而来。不过，无论遇到什么样的情况，此时此刻我的身边有和我一起奋战的同事，有一起完成项目的投行的团队，我有必须进行下去的路演任务，我还不能够让外界感知我的情绪。

这是我创业之后常常遇到的情况，有压力自己扛着。压力来的时候，我会出现身体反应，有时候我的胃不由自主地开始痉挛。说实话，现在我虽然只有四十多岁，但是已经有了胃病。不过，这么多年，经历的风雨多了，我学会了至少不让自己失控。

在飞机上，我依然和投行的人有说有笑。飞机飞到了旧金山，投行的人安排所有的人去纳帕溪谷的酒庄吃饭——一个特别好的米其林餐厅。但是我的心思已经完全不在饭桌上，而是关注着总部那里的一举一动。也许是忧虑过度，我竟然躺在一张凳子上睡着了。

为了释放压力，我已经总结出一套自己独特的方法。那天饭局结束后，我把大家拉到了旧金山机场的一个靶场里，打了一通枪。打完枪之后，投行的朋友都很高兴，纷纷在那里拍照合影，而我感觉那种憋屈得到了极大的缓解。我又能继续上路演讲了。

记得《创业维艰》里有段话：“人们总是问我：‘当一名成功的 CEO 的秘诀是什么？’遗憾的是，根本没有秘诀。如果说存在这样一种技巧，那就是看其专心致志的能力和在无路可走时选择最佳路线的能力。与普通人相比，那些令你最想躲藏起来或干脆死掉的时刻，就是你作为一名 CEO 所要经历的不同于常人的东西。”

深以为然。

密交通过和上市敲钟

2011年3月14日，360向美国证监会（SEC）提交了首次公开募股（IPO）招股说明书。3月17日，360科技有限公司在香港启动全球路演，第一天便实现了三倍多的超额认购。

接近路演的尾声之际，我们已经实现了超额认购50倍，马上就要分股票了。这是一个令人振奋的成绩，一般公司的超额认购只有两三倍。

然而，就在我们的全球路演接近尾声的时候，实际上我们的SEC清密交工作还没有完成。这个问题一分钟不解决，一分钟就会成为悬在我们头上的一把剑，整个团队都在全力以赴。此时我们的律师团队非常给力，在路演的尾声约到了SEC组的一个电话会议，这样我们可以就最后两个问题和SEC的专业人员进行直接交涉。

财务总监姚珏准备了A和B两组方案。虽然她很有信心说服SEC按照原来的方案不做修改，但是她也已经预判到了如果SEC不同意我们原本的方案，他们的修改意见是什么。原本我们准备的招股书和审计报告是A方案，不过在一个周末的时间内，律师和中介团队又一起准备了B方案。因此，如果SEC同意我们的意见，那我们还是执行A方案。如果SEC不同意，我们也有应对的 B 方案。

在香港，我们的路演还在继续。表面上看波澜不惊，其实水面之下还是很惊心动魄的。往往是我被送到某一站去路演，姚珏在车里和律师团队与 SEC 的人开电话会议，解释我们对业务的理解。坐镇北京的齐向东也通过电话加入进来，在电话会议中，齐向东通过翻译详细地向 SEC 解释了我们的云安全查杀和 360 的运作机制。最后，SEC 被说服了，我们的方案无须做任何最后的修改。在路演的最后，这是我听到的最好的一个消息。

在这个节骨眼上，投行人员告诉我们投资人的反馈，因为认购踊跃，我们有机会可以涨价。这意味着每一股的价格上升之后，我们可以融到更多的钱。在和老齐、姚珏商量之后，我们认为时间就是金钱，在经历了这么多风波之后，如期上市才是最重要的事情。

我说："现在抠股价是没有意义的事情。我以后做得好了，可以通过业务让投资者赚到更多的钱！"

如此一来，我们一天都没有耽误——360 在纽交所如期上市了。

在上市敲钟之前，我的老搭档齐向东也准备来纽约，甚至订好了机票，但最终还是被后方的种种事情所耽误。在本应走到台前露面的时刻，他选择坐镇北京，保卫公司的安全。在这一点上，我至今对他十分感谢。在敲钟仪式之后的晚宴上，姚珏播放了一个 PPT，她有心地把齐向东的照片也 PS 了上去。这代表了一种我们对他的想念与感恩的心情。

上市敲钟的那一刻，我和姚珏、王功权等人在一起。那一瞬间，姚珏一下子落泪了，而我也感慨万千。

确实，在这三四个月中，我们经历了太多太多。很多人惊讶于 360 完成上市的速度，其实这得益于我们的基础工作启动得非常早，在上市批准启动之后，公司的三年审计已经做得差不多了。因此，在恰当的时机做恰当的事情、掌握事情的节奏至关重要，这是我们能够排除一切阻碍的基础。

对于 360 上市，我们创造了很多令人欣喜的数据。360 在开盘后便大涨 86.2% 报 27 美元，此后一路狂涨，盘中最高涨至 34.4 美元；最终收报于 34 美元，首日涨幅达 134.48%。

鼎晖创业投资基金 2006 年投资 360 公司 500 万美元，按当天股价计算已赚回2亿美元，回报达40倍之多；红杉资本2006年向360投资600万美元，2006年11月第二轮投资中注资100万美元，红杉持股8.5%，价值5.05亿美元，红杉的700万美元投资五年获得72倍回报，净赚4.98亿美元。

对于不了解我们故事的人，有人说：“从360社区搜索到360安全卫士，再到360平台，周鸿祎的计划很完美，环环相扣，像一串排布好的多米诺骨牌，只要碰倒了头一张就会不停地连动，直到终点。他希望这个终点是把红旗插上纽交所，这一天，他期待了很多年。”

而我知道，这根本不是我的完美计划，从“3Q”大战到密交通过，从突发事件到上市敲钟，这一切的一切，只是一场惊天动地的华丽冒险而已。

QIHU
LISTED
NYSE
360
WWW.360.cn
QIHU
LISTED
NYSE
Trusted Platform for Internet and Mobile Life
NYSE Euronext
360
MARCH
30
WEDNESDAY
QIHU
LISTED
NYSE

360 上市当天

后记

B面老周

2014 年年中，我从美国回国度假，周鸿祎找到我说要合作一本他的传记。这个时机刚刚好，当时我已经感觉到了美国生活的沉闷，正希望回国将我所学的专业——口述历史学以致用，因此有了这本出生异常艰难的——《颠覆者》。

周鸿祎的传记是我出版的第三本书。前两本书写得非常顺利，尤其是和开复博士合作出版的《世界因你不同》，已经累计销售了超过 100 万册。这给当时初出茅庐的我在传记写作方面以极大的信心。不少企业家都对这本传记表示了认可，老周也是其中之一。不过，当我兴致勃勃地准备大干一场时，我发现我低估了写这本书的困难。

离开媒体之前，我有很长一段时间在《北京青年报》担任 IT 跑口记者，对于老周在互联网江湖掀起的那些风起云涌的过往自然不会陌生，因此我对驾驭这个复杂人物和这些复杂的题材有一定的心理准备，尤其是，在美国两年关于记录历史的学习，让我也对呈现这些冲突“倍出”的故事跃跃欲试。

老周的任性，我早有耳闻。但是在写作的过程中，我才感觉到他的变化莫测。

他的任性和他超强的工作节奏有关，导致了采访时间的不确定性。这对于一个传记作家来说，是件挺折磨人的事情。尤其我们这次写作还是决定采取第一人称的写法，这对传记作家和传主的沟通要求很高，而对于老周这样一个经常“随需而变”的企业家，采访时间的更改和采访的突然取消是家常便饭。

另外，口述历史的采访和一般的访谈要求不一样，两者最大的区别是，口述历史的提问需要最大的“开放性”，也就是你需要把回答者的回答可能性放置得越宽越好。结果老周经常表示：“你别问这么宽的问题，你还是找几个具体的问题来问，我来答，这样比较轻松！”

可以想象，我当时头脑里出现三根黑线的样子。

和其他的采访对象相比，老周经常显示出他的特质——喜欢自己把控节奏，不喜欢说话的中间被打断。一旦我想抓住某个细节进行追问，他总会说：“你先让我说完！”

我经常感觉到——“现实扭曲力场”！那是一种在老周身边经常会感觉到的气场，他身边的人也能感觉到。因此，只有内心特别强大的人才会和老周据理力争。

在传记写作的过程中，我一度对这本书能不能出版充满了怀疑。有一段时间，我被这个项目卡在中间，和老周直言不讳地说过自己的担心，也一度想扬长而去。但是，老周对他青少年时期的生活的全面开放，以及我们之间的反复沟通，最终没有使这个项目流产。

在这个漫长的过程中，我渐渐地体会到了作为一个“一线人物”的难处。只要身处其中，无论对于谁来说，互联网这个虎狼环伺的环境都不能让企业的领导者有一丝一毫的放松。而对于老周这样一个颇为异类又十分倔强的人，如何带领着这家 6000 人的公司继续奔跑突围，抓准未来的方向，部署未来的产品线，一定是他首要的课题。他和任何一个创业者一样，每一天都在为工作奔忙着，还在公司抓着产品，助理们也经常可以在门外听到他在会议中的大声咆哮。在对待公司的产品宣传方面，他从来不遗余力。在西雅图参加中美互联网论坛时，他当着不少手机业大佬，甚至苹果公司 CEO 库克的面，展示自己公司生产的手机，获得了“西雅图最忠实的推销员”的称号。

老周对未来有强烈的直觉和自信，也经常保持着极其旺盛的精力。当然，有时候我见到他时，他也一脸疲惫，调侃着自己的生活质量其实真的挺低。这可能是外人很难看到的老周最真实的一面。

有人曾经说，也许周鸿祎是中国互联网界最像乔布斯的人。对于这点，我想他指的是老周的个性——一方面有着特立独行的叛逆思维，另一方面也有着对产品的极致完美追求，还有他不满意时就口不择言的直率。《史蒂夫·乔布斯传》中的那句话——“乔布斯这种攻击性的言行，一定程度上受到了他完美主义的驱使。他是个控制欲极强的完美主义者”，也时常让我想起老周。我觉得这几句话用在老周身上也十分贴合。

我逐渐认识到了老周这个人物的意义。就像每份口述历史证词一样，每本传记后面都有着其社会学意义。我们可以通过老周的个人历史，看到时代的变迁以及个人与时代之间的关系，也可以追寻一个单独个体背后的偶然与必然。

通过书写，我们可以看到这样一个争议颇多的第一代互联网创业者是怎样经过市场的风雨，跟随着中国改革开放的节奏和互联网的出生、成长走到今天的。我们可以追寻，一个 20 世纪 70 年代出生、在年轻时就对计算机产生热爱的年轻人，在这个高度开放的市场上走向成功的路径。我们可以跟随他的脚步感受中国互联网发展的风风雨雨，看到商场的残酷、商战的无情，了解一家民营企业从出生到发展的艰辛过程，由此看出时代造就人的意义。我们更可以窥探，像这样一个出身平凡、背景平凡、个性叛逆的人如何在这个竞争最白热化的市场中脱颖而出。这是老周个人的阶层突破，也是这个时代值得深思的样本之一。

在美国学习口述历史期间，我的教授经常告诉我们，口述历史是帮助一个人走进记忆隧道，最大限度帮助个体表达个体的方式。而口述历史的呈现也可以帮助大家认识一个“公众人物”与以往不同的层面。

在本次写作的过程中，我有机会认识了一个与以往不同的周鸿祎。除了老周的心直口快，随需所变以外，我还了解到了一个很立体多面的老周。和我以前想象的不一样。

比如说，老周其实很文艺，说起话来经常引经据典，出口成章。原来他年轻的时候爱好文学，曾经参加文学社，还尝试写过小说。一直到今天，他最大的闲暇爱好，还是大量地阅读。每次在机场候机，他必做的事情就是买上一大兜子书等着在飞机上阅读。

比如，老周确实还保持着年轻人的好奇心，对体力强度要求高的运动充满了挑战精神。除了众所周知的射击，他还喜欢滑雪。到了雪场，他专门挑战那里最难的高级赛道，还会不断地问东问西，打听清楚造雪机的工作原理是什么、一个雪场究竟是怎么运营的。

他喜欢探寻一切未知的事物，奇异的事情天然地唤起他的好奇精神。有一次，在调节空客飞机的座椅时，我忘记了正在插电的苹果电脑电源，结果一个白色方形的电源竟然被调节座椅的力度压碎了，他当场饶有兴趣地拿着破碎的电源把玩了半天，最后他看着暴露的电路兴奋地说：“我知道它是怎么做成的了。其实，我也可以焊一个。”

老周确实还保留着很感性的一面。比如他有时会谈起2008年汶川地震时，